KB270130

The Enneagram Guide to Waking Up

에니어그램으로 깨어나기

비어트리스 체스넛, 우라니오 파에스 지음
한병복, 박지애, 이성심, 권현숙, 노신애 옮김

에니어그램으로 깨어나기

발행일	2023년 8월 16일
지은이	비어트리스 체스넛, 우라니오 파에스
옮긴이	한병복, 박지애, 이성심, 권현숙, 노신애
표지 그림	정미랑
펴낸이	이정수
책임 편집	최민서 · 신지항
펴낸곳	연경문화사
등록	1–995호
주소	서울시 강서구 양천로 551–24 한화비즈메트로 2차 807호
대표전화	02–332–3923
팩시밀리	02–332–3928
이메일	ykmedia@naver.com
값	22,000원
ISBN	978–89–8298–210–1 (03180)

본서의 무단 복제 행위를 금하며, 잘못된 책은 바꾸어 드립니다.

목차
Contents

추천사   5

서문   7

5유형 탐욕에서 내려놓음으로 가는 여정   15

6유형 두려움에서 용기로 가는 여정   51

7유형 탐닉에서 진중함으로 가는 여정   87

8유형 정욕에서 순수로 가는 여정   119

9유형 나태에서 올바른 행동으로 가는 여정   153

1유형 분노에서 평온으로 가는 여정   187

2유형 교만에서 겸손으로 가는 여정   223

3유형 기만에서 진실로 가는 여정   261

4유형 시기에서 평정심으로 가는 여정   297

결론   332

저자와 역자   334

추천사

이 책은 에니어그램을 실용적인 방식으로 소개하며 아홉 가지 핵심 성격 패턴과 그것이 우리의 삶을 어떻게 형성해가는지에 대해 알려준다. 이 패턴은 중요한 정신적, 정서적, 행동적 습관의 원천이며, 이는 우리가 자신을 누구라고 믿는지와 어떤 삶을 살아가는지에 영향을 준다. 그 패턴들의 의미를 파악함으로써, 우리는 무의식적인 방어를 알아차리고 거기에서 벗어나 정서적인 자유와 높은 수준의 자기 인식을 얻을 수 있다.

각 장은 이러한 방어가 실제로 어떻게 작동하는지를 보여주며 '깨어나기' 위한 단계를 안내한다. '깨어난' 상태란 생각, 감정, 행동을 유발하는 자기 제한적인 '습관'에 영향받지 않음을 뜻한다. 모든 사람에게 이런 습관이 있으며, 지금까지 살아오는 동안 너무나 익숙하고 편안해서 이를 알아차리기가 어려울 수 있다. 왜냐하면 이런 습관이 우리가 세상을 이해하고 사람들과 관계를 형성하기 위해 배운 방식들에 깊이 뿌리박혀 있기 때문이다. 이 책은 이러한 패턴들을 알아차리도록 가치 있는 방법을 제시한다. 이 과정에서 우리는 어린 시절의 기쁨과 트라우마, 그것이 성인이 되어 살아가는 방식에 끼치는 영향 등 개인적인 이야기를 새로운 시각으로 바라볼 수 있게 된다.

나는 이 책의 저자들과 마찬가지로, 개인적인 성격의 차이는 타고난 선천적 요인과 후천적 양육의 결합으로 생긴 결과로 본다. 즉 성격은 타고난 성향과 개인이 겪는 삶의 경험에 따라 다르게 형성된다. 우리 팀의 에니어그램 연구는 데이비드 대니엘과 헬렌 팔머, 그들의 Narrative Enneagram School의 선구적인 작업의 성과들로부터 시작되었다.

우리 팀은 이러한 성격 패턴을 대인 관계적 신경생물학의 관점에서 살펴본다. 힘과 주체성, 대인관계, 안전과 확신을 추구할 때 작동하는 각자의 사고 체계가 어떻게 그들의 패턴으로 드러나는지를 연구하고 있다. 이런 패턴에 대한 깊은 이해를 통해 사람들이 깨어나도록 도울 수 있다는 관점에 공감한다. 이것이 에니어그램의 진정한 목표이다.

많은 사람이 에니어그램을 접하고 자신의 핵심 패턴을 발견한 후에 성장하기 위해 '무엇을 해야 하는가'에 관한 명확한 안내를 원한다. 수십 년간 에니어그램을 연구하고 가르친 경험을 바탕으로 저자들은 이에 대한 해답을 제시한다. 이 책이 데이비드 대니엘과 헬렌 팔머의 가르침에 확고한 기반을 두고 쓰였음에 감사한다. 그분들의 가르침은 에니어그램이라는 놀라운 도구를 사용하여 '자동 조종 상태'에 갇혀 살아가는 에고나 성격을 뛰어넘어 각 유형의 사람이 성장하는 방법을 명확하게 알려준다.

이 책이 제공하는 가치 있는 정보를 최대한 활용하기 위해서는 호기심과 결단이 필요하다. 사람의 마음과 정신은 현혹되기 쉬워 그 부분을 건강하게 변화시키기 위해서는 반드시 내면 작업이 수반되어야 한다. 자신을 발견해가는 이 흥미진진한 접근을 통해 성장과 확장으로의 여정을 누리는 기회를 잡기 바란다. 이 책에 제시된 신중한 전략과 현명한 조언은 각자가 더 자유로운 삶을 살고 더욱 풍성한 관계를 맺으며 세상에 평화를 가져올 수 있도록 도와줄 것이다.

- 대니얼 J. 시겔, MD

서문

나와 나의 성격은 동의어가 아니다. 그렇다면 나는 누구인가? 대부분의 사람처럼 지금의 내가 어떻게 형성되었는지 이해하고 싶어서 이 책을 펼쳤을 것이다. 나는 어떤 동기로 행동하며, 왜 특정한 방식으로 반응할까? 몇 번이고 배웠는데도 같은 실수를 반복하는 이유는 무엇일까? 관계를 어떻게 개선할 수 있으며, 잘 풀리지 않는 관계에는 무슨 일이 있었던 것일까? 왜 어떤 관계는 해결하지 못하고 유독 걸려 넘어질까?

모든 일에는 이유가 있듯이, 내가 왜 특정한 행동을 하는지 이해하기는 어렵지만 다 이유가 있다. 단순하게 말하면 눈은 뜨고 몸은 움직이지만, 의식은 잠들어 있는 것이다. 우리 대부분은 '자동 조종 상태'로 살아가고 있으며 참 자아와 내면에서 실제로 일어나는 일에 대해서는 '잠든 상태'이다.

이 책은 시대를 초월한 지혜이자 강력한 성장 도구인 에니어그램을 활용해서 참 자아를 알게 하고, 잠든 상태로부터 깨어나게 하는 데 도움을 준다. 에니어그램은 우리가 방어적이고 자기 제한적인 패턴에서 자유롭게 되어, 의식이 확장된 상태로 살아가게 도와주며, 자신이 누구라고 '생각하는지'를 보여줌으로 진정한 자신이 누구인지 알려준다. 이를 깨달았을 때 비로소 내가 '실제로' 누구인지를 알 수 있다.

에니어그램이란 무엇인가?

에니어그램은 심리학, 우주론, 수학을 포함한 여러 가지 다른 지식 체계와 관련된 복잡하고 의미 있는 상징이다. 이는 확실하게 구분되는 아홉 가지 성격 유형을 설명하는 정확도가 높은 유형론이며, 인간의 에고를 이해하고 성장 과정을 보여주는 감각적인 틀이다. 자기계발의 구체적인 길을 제시하는 심리적, 영적 모델로서 성장과 변화를 제한하는 습관적 패턴들과 맹점들을 알아차려서 스스로 '깨어나도록' 돕는다.

에니어그램은 우리가 외부 세계로부터 정보를 받아들이고 처리하는 방식을 결정하는 세 가지 '중심 지능'에 기반을 둔 아홉 가지 성격 유형이다.

- 머리 중심 지능은 생각하고 분석하는 기능을 담당한다. 5유형, 6유형, 7유형은 이 지능에 지배적 영향을 받으며 이들의 경험은 생각에 의해 형성된다. 이들은 분석적이고 상상력이 풍부하며 계획을 짜고 작동 방식을 이해하지만, 지나치게 논리적이고 감정과는 분리될 수 있다.
- 가슴 중심 지능은 감정을 느끼고 다른 사람과 관계를 맺는데 작용한다. 2유형, 3유형, 4유형은 이 지능에 지배적 영향을 받으며 이들의 경험은 감정에 의해 형성된다. 이들은 대체로 감성 지능이 높으며 공감 능력이 뛰어나고 관계를 중요시하지만, 자신이 어떻게 보일지에 대한 이미지에 지나치게 주의를 두고 거절을 두려워할 수 있다.
- 장 중심 지능은 몸의 감각을 통해 삶을 경험하게 한다. 8유형, 9유형, 1유형은 이 지능에 지배적 영향을 받으며 이들의 경험은 감각에 의해 형성된다. 이들은 결단력과 책임감이 있으며 진실과 명예를 중요시하지만, 비판적이고 융통성이 없을 수 있다.

모든 사람은 이 세 가지 지능 중 한 가지를 다른 두 가지보다 더 많이 사용함으로 '균형을 잃게' 되며, 에니어그램은 우리가 이 불균형을 인식하고 바로잡을 수 있도록 도와준다.

아홉 가지 유형은 습관적 패턴들과 내면 동기로 구성된 생존 전략에 따라 분류할 수 있다. 우리는 살아가면서 고통과 불편함을 피하려고 무의식적 패턴을 사용하는데 이 패턴을 자신이라고 여긴다면, 각자의 참 자아와 가능성에 대한 시각을 놓치게 된다. 이런 패턴들은 무의식적이기에 그것을 인식하고 넘어서기가 어렵지만, 사실 우리는 자신이 생각하는 것보다 훨씬 큰 존재이며 에니어그램은 이를 깨닫도록 도와준다.

에니어그램의 각 유형은 또다시 각각 세 가지 '하위유형'으로 구분되어 총 스물일곱 가지의 유형을 이룬다. 이 하위유형은 각 유형의 격정에 자기보존, 사회적 소속감, 성적 혹은 일대일 연합의 세 가지 본능적인 충동이 결합해서 미묘하게 구분된다. 각 하위유형은 각자의 행동을 유발하는 본능과 핵심 정서적 동기인 격정이 어떻게 나타나는지를 보여준다. 같은 유형안에서도 하위유형별로 조금씩 차이를 보이며, 정서적 움직임과 본능적 충동이 그 유형의 일반적인 흐름과는 반대로 가는 '역 유형'도 있다.

에니어그램의 놀라운 통찰력이 발휘되기 위해서는 우선 아홉 가지 유형 중에 자신의 성격과 가까운 유형을 파악한 후 자기 성격을 가장 정확하게 묘사하는 하위유형을 찾아야 한다. 서로 다른 유형이지만 겉으로 보기에는 유사할 수도 있고 한 가지 이상의 유형에 공감할 수도 있기에 자신의 유형을 찾는 것이 어려울 수 있다. 사실 유형에 관한 설명이 '무의식적' 습관들 또는 맹점들을 포함하기에 유형을 찾기란 상당히 도전적인 과제이다.

성격 유형은 '세상을 살아가면서 어디에 주의를 두는가'라는 단순한 질문에 기초해서 아홉가지로 나눈다. 그러나 우리가 무엇인가를 본다는 것은 우리가 보지 못하거나 보지 않는 것이 있음을 시사한다. 이것이 우리가 가진 맹점이며 이를 인지하지 못한다면, 우리의 생각, 느낌, 행동이 자신이 보지 못하는 측면에 어떤 영향을 받는지 이해할 수 없다. 그래서 우리는 이런 상태를 '잠든 상태'라고 말할 수 있다.

잠든 상태에서 '깨어나기' 위해서는 자신의 에고와 에고로 인해 드리워진 그림자를 대면해야 한다. 우리는 페르소나를 이루고 있는 자동적 습관과 에고의 자기 방어와 관련해 인지하지 못하는 모든 측면을 의식의 영역으로 가져올 필요가 있다. 자기 방어적인 페르소나는 에고의 욕구에 따라 움직일 뿐 자신의 참 자아와 가능성에 대해 알지 못하게 된다. 이로 인해 고통이나 기쁨을 느끼지 못하게 되고, 눈은 뜨고 있으나 잠들게 된다. 우리는 고통을 유발하거나 자아상에 도전하는 이러한 그림자 요소들을 억압하지만, 실은 이를 제대로 의식해야만 더 많이 자각하며 온전하게 된다. 그림자를 대면하지 않고서는 진정한 자신이 누구인지를 절대로 알 수 없다. 무의식적인 성격대로 살다보면, 내가 생각하는 나, 내가 두려워하는 나, 혹은 내가 되고 싶어하는 나에게 인질로 붙잡혀 일생을 살아가게 된다. 하지만 에고를 넘어서 적극적으로 에니어그램이 제시하는 성장의 경로를 따라간다면, 각자의 잠재력의 최대치에 눈을 뜨게 된다.

모든 사람은 고유하며 특별한 존재로 태어나지만, 시간이 지남에 따라 우리는 자신을 에고와 동일시하고 거짓 자아나 페르소나를 만들어낸다. 의존적인 어린아이로서 환경에 적응하는 데 도움이 되는 생존 전략을 채택하며, 큰 세상 속의 작은 존재인 자신을 보호하기 위한 대처전략을 사용해 인생을 헤쳐 나가는 기발한 방식들을 만들어낸다.

그러나 '나'와 '나의 성격'은 동의어가 아니다. 성격은 어린 시절에 생존하도록 도와주지만, 어른으로 성숙하게 하는 모든 가능성에 대한 의식적인 인식을 제한한다. 시간이 흐르면서 세상에서 살아남고자 하는 욕구는 천천히 참 자아를 대신해 거짓 자아를 만들어낸다. 나이가 들어갈수록 각자가 받아들인 방어적인 전략들로 인해 참 자아는 흐릿해진다. 알아차리기 어려운 습관적인 패턴들에 갇혀 익숙해지고 길들여질수록 이를 넘어 성장하기는 더욱 어려워진다. 힘들고 어려운 상황에서도 에고의 습관은 적응과 생존에 도움이 되기에 우리가 알아채지 못하는 방식으로 더욱 고착되고 굳어진다. 이런 전략들에 익숙해질수록 우리는 자신도 모르는 사이에 점점 깊은 잠에 빠져들게 된다.

에니어그램은 어린 시절의 생존 전략들이 삶의 후반부에서 우리를 어떻게 잠들게 하는지 이해하도록 도우며, 참 자아를 발견할 수 있도록 의식적으로 깨어나는 방법을 제시한다. 참 자아와 거대한 잠재력에 대해 '잠들면' 우리는 에고 이상으로 성장할 수 있는 타고난 능력을 보지 못한다. 그래서 건강한 의식의 상태를 선택할 수 있다는 사실을 잊고 낮은 수준의 의식에 갇히게 된다.

우리가 참 자아를 깨우고 건강한 의식으로 나아가는 데는 엄청난 양의 의식적인 노력이 필요하다. 먼저 자신의 상태를 인지하고 잠든 상태에 머물려는 습관에 맞서는 적극적인 결단이 있어야 한다. 자신이 곧 자신의 성격이라고 생각하여 사로잡히게 된 에고에서 깨어나기 위해서는 진중하게 내면 작업을 해야만 한다. 깊이 뿌리내린 에고의 습관을 극복하기 위해 매 순간의 경험을 제대로 알아차리고 현재에 주의를 두도록 계속해서 상기해야 한다. 이런 의식적인 노력 없이는 평생 잠들어 있을 수 있으며, 실제로 많은 사람이 그렇게 살아간다. 에니어그램은 자신의 깨어남을 가로막고 있는 패턴들과 경향들을 이해하도록 돕는다.

이 책의 사용 방법

각 장은 아홉 가지 유형을 위한 서로 다른 뚜렷한 변화의 경로를 설명한다. 에고의 패턴을 인식하고 자기 발견을 위해 구체적인 걸음을 내디디며 자기 제한적인 구속의 상태에서 벗어나 자유를 경험하게 하는 개별화된 여정을 보여준다. 따라서 처음부터 끝까지 읽는 대신 바로 자신에게 해당하는 장을 읽어도 무방하다.

유형을 찾는 그 자체로도 많은 것을 배울 수 있다. 먼저, 각 장의 도입부에 제시된 질문을 사용해 어떤 유형이 자신을 잘 설명해주는지 찾아보도록 하자. 진실하게 와 닿는 표현이 무엇인지 찾아보고, 신뢰할 만한 사람들로부터 맹점에 관해 조언을 구해보자. 유형 판별과 특징에 집중한 나머지 성장경로를 뒷전으로 하지 않도록 주의해야 한다. 일부 내용만으로는 답을 얻을 수 없으며 모든 내용을 종합해서 내면을 보아야 제대로 알 수 있다.

　자신의 유형을 찾았을 때 인정하고 싶지 않은 면을 마주할 수도 있지만, 용기를 내서 그런 측면을 수용해야 한다. 혹자는 판단 받는다고 느껴서 에니어그램을 부정적으로 보기도 하지만, 사실은 아무도 우리를 판단하지 않으니 스스로도 판단하지 말고 따뜻한 연민으로 바라보자. 에니어그램을 통해 자신의 성격에 대한 진실을 이해할 수 있지만, 깨어나는 작업은 힘들기에 이 때 고통을 피하고 싶은 것도 자연스러운 반응이다. 그러나 이 고통을 감수했을 때 깨어날 수 있음을 기억하자.

　각 장은 그 유형의 핵심적 특징을 소개하는 우화로 시작하여 변화를 위한 세 단계의 여정을 제시하고 그 과정에서 대면해야 할 맹점과 겪을 수 있는 고통을 설명한다. 이 여정에서 자신의 유형에 관한 통찰력을 어떻게 사용하여 성장할지 구체적인 방법을 제안한다. 에니어그램에서는 자신의 유형 양옆의 두 유형인 '날개'와 선으로 연결된 '화살' 유형을 통해 값진 통찰력을 얻을 수 있다. 날개를 사용한 성장의 경로는 우리가 취할 수 있는 완만한 발달 단계를 제시하며, 화살은 의식적 노력을 통해 얻을 수 있는 급진적인 변화의 길에 대해 알려준다. 자기 유형의 무의식적 성향에 대해 충분히 알게 된 후, 날개와 화살 유형의 건강한 특성들을 통합하여 참 자아로 살아가고 자신의 여정을 향해 앞으로 나아간다면 유형의 고착된 관점을 넘어 더 많은 의식적인 성장과 변화를 만들 수 있을 것이다.

　각 장은 각 유형의 핵심적인 정서적 동기로 작용하는 격정과 깨어난 상태를 상징하는 미덕으로 인해 발생하는 '역설'을 설명한다. 각 유형의 격정은 정서적 충동의 렌즈를 통해 세상을 바라보는 방식을 반영하며, 각 유형의 미덕은 변화의 여정에 있어서 그 유형이 걸어가야 할 목표를 보여준다.

각 유형의 그림자, 즉 유형의 어두운 면과 특징이 되는 습관적인 패턴과 맹점을 통합함으로써 성장의 여정으로 나아가게 된다. 그림자를 마주할 때의 '의식적인 고통'을 인내함으로써 마침내 깨어나기 위한 큰 발걸음을 떼게 된다.

에니어그램은 자신의 '건강한 측면'을 깨우려 할 때 대면하게 되는 도전 과제들을 다룬다. 또한 무의식적 행동을 드러내 보여줌으로써 우리가 잠든 상태로 살아가고 있음을 의식하게 한다. 각자는 자신이 누구인지 잊음으로 잠이 들며, 유형의 특정한 무의식적 습관들에 갇혀 헤어 나오지 못한다. 이 책을 통해 자신의 고유한 깨어남의 여정에 올라 참 자아를 발견하는 방법을 알게 될 것이다.

이 여정에 올라 모험을 누리기를 바란다!

탐욕에서 내려놓음으로 가는 여정

> 우리는 고립되지 않은 관계 속에서만 사람이 된다.
> - 데스몬드 투투

옛날에 5라는 사람이 살았다. 그녀는 모든 사람 및 사물과 깊이 연결되는 사명을 가지고 태어났다. 그러나 동시에 자신의 마음 및 다른 사람들로부터 분리하려는 경향이 있었다.

어렸을 때 5는 진심 어린 관계를 맺으려고 노력했다. 그러나 사람들은 그녀가 혼자 있고 싶을 때 그녀의 영역을 침범하는 경향이 있었고, 정작 함께 있기를 원할 때 그들은 곁에 없었다. 영역 침범과 부재 모두 지속적인 걱정거리였기에, 무시당하거나 침범당한다고 느낄 때 사람들과 어떻게 관계를 맺어야 할지 알기가 어려웠다. 그녀는 속으로 자신이 부족하며 주변 사람들과 다르다고 느꼈고, 사람들과 연결할 방법을 찾으려 노력했지만 좌절하게 되었다. 시간이 지나면서 5는 포기했고 자신의 감정과 다른 사람들에게서 점점 더 단절되었다.

5는 혼자 있을 때 차분하고 편안해지는 것을 알았고, 세월이 지날수록 그 감정은 더 강해졌다. 결국 5는 사람들과 친해지고 싶을 때 다가가는 능력을 잃어버렸으며, 많은 시간을 혼자 보냈기에 사람들과 친해지고 싶거나 보고 싶다고 표현하는 방법을 잊어버렸다. 전에 느꼈던 좌절감을 다시 맛보고 싶지 않았기에 자신이 혼자라고 느낄 때 사람들이 알아주기를 기다렸으나 불행하게도 아무도 이를 눈치채지 못했다. 그녀는 나이가 들면서 자신도 모르게 관계의 필요성을 잊어버렸으며 혼자 지내는 상황이 익숙해졌다. 이런 시간의 편안함과 안전을 좋아했으며, 이는 사람들과 함께 지내는 상황보다 훨씬 쉬웠다.

5는 배우는 것을 좋아했는데, 그것을 통해 자신이 똑똑하고 더 적절하다고 느낄 수 있었으며 혼자 할 수 있는 일이었기 때문이었다. 그녀는 많은 것을 앎으로 자급자족하고 자립적인 사람이라는 자신의 정체성에 만족했으며, 무언가에 대해 아는 것을 남몰래 즐겼고 아는 만큼 더 자신감을 가지게 되었다. 여전히 자신과 가까워지고 싶어 하는 사람을 피했으며, 혼자 있고 싶을 때 방해받거나 함께 있고 싶을 때 홀로 남겨지는 고통도 피하고 싶었다. 자신의 머릿속에서 지낼 때 느끼는 안정감을 잃고 싶지 않았으며 자신에 대해 더 많은 것을 드러내는 위험을 감수하고 싶지 않았고, 심지어 자신의 책이나 소중한 물건들도 나누기 싫었다.

어른이 되었을 때, 5의 타고난 지적 예리함과 지식 습득을 위한 노력은 그녀가 자율적이고 자급자족할 수 있는 전문 분야에서 편안한 위치를 얻는 데 도움이 되었다. 그녀는 전문가로서 자영업을 하며 스포트라이트를 피할 수 있었고, 매일 해야 할 일을 마친 후에는 개인적인 공간에 숨어서 새로운 것을 배우며 가장 좋아하는 시간을 보냈다.

그러던 어느 날, 5는 자신이 하는 모든 것이 예측 가능하다는 사실을 알아차렸다. 그녀는 에너지가 적었고 생기 있기보다는 보통 피곤했으며 사람들 사이에 있을 때 더욱 그랬다. 사람들이 감정을 말하거나 그녀에 대해 질문하면 에너지를 뺏기는 듯했다. 집에 와서는 불안해하면서 이를 성찰하다가 잠이 들었고 꿈을 꾸었다. 꿈속에서 그녀는 외로움을 느꼈고 공부하거나 새로운 것을 배우고 싶은 의욕도 없었다. 이상하게도 자신의 의지와는 무관하게 주변 사람들에게 엄청난 사랑을 느꼈고, 더는 혼자 있고 싶지 않고 그 사람들과 가까워지고 싶었다. 마치 온 세상이 거꾸로 뒤집힌 것 같아 어쩔 줄 몰라 하다 잠에서 깼다.

이 꿈이 좋은 꿈인지 악몽인지 알 수 없었다. 이에 대해 조금 생각해 보다가 곧 잊어버리고 다시 일상으로 돌아가 혼자서 늘 하던 일을 했다.

이렇게 5는 잠들어 버렸다. 매우 개인적이고 자족적이며 조용하지만, 그저 잠든 상태일 뿐이었다.

다음 문장 중 대부분 혹은 전부에 공감한다면 5유형일 수 있다.

✓ 어떤 목적을 이루기 위한 수단이 아니라 새로운 것을 배우는 것 자체를 목적
  으로 삼고 상당한 관심을 쏟는다.

✓ 개인적인 시간과 공간이 침범당할까 걱정하고, 외부세계로부터 요구받는 상황
  을 피한다.

✓ 무슨 일이 벌어지는지 이해하기 위해 사물과 사람에게서 물러나 관찰한다.

✓ 습관적으로 보통 사람들보다 더 많은 정보와 지식을 모은다.

✓ 자신의 감정 및 사람들과 연결되거나 관계를 유지하는 데 어려움을 겪는다.

✓ 일이 논리적이고 이치에 맞는 것이 중요하다.

✓ 시간을 통제하려고 하며 원하는 시간 이상으로 사람과 교류해야 하는 상황에
  민감하다.

✓ 사람들이 감정을 나누자고 하거나 뭔가를 계속 요구하면 진이 빠진다.

✓ 특정 관심 분야에 깊이 빠지고 전문가가 되기를 선호한다.

5유형은 다음과 같은 세 단계의 경로를 따라 성장할 수 있다.

먼저, 자신만의 공간과 에너지를 보존하기 위해 사람들이나 감정과 단절하는 습관적인 패턴을 관찰함으로써 자신에 대해 알아가는 성장의 여정을 시작할 수 있다.

다음은, 나만의 지식을 쌓거나 혼자만 있으려는 태도는 결국 감정적 욕구를 충족시켜주지 못한다는 사실을 더 잘 인식하기 위해 자신의 그림자와 직면해야 한다. 이런 패턴이 마음에서 깊은 결핍감을 만들어 낸다는 것을 인식하면 자기 제한적인 성격의 습관을 넘어서서 성장하기 시작한다.

마지막 단계에서, 고갈에 대한 두려움으로 사람들을 피하거나 지식을 비축하던 방식을 하지 않음으로써 5유형의 건강한 측면을 향하여 나아갈 수 있다. 자신에게 가장 필요한 것을 차단하는 태도를 더 의식하고, 먼저 자신의 감정과 더 깊이 연결되고 나면 사람들과의 연결도 힘들지 않음을 알게 될 것이다.

나의 비밀은 무슨 일이 일어나든 전혀 상관하지 않는다는 것이다.
- 지두 크리슈나무르티

여정을 시작하기

5유형이 깨어나기 위한 첫 단계는, 자신의 사고 패턴을 알아차릴 공간을 의식적으로 확보하고 어떻게 감정에서 물러나는지를 알아차리는 것이다. 충분한 돌봄과 사랑을 받지 못한다고 여길 때 어떤 방식으로 사람들의 관심과 사랑을 거부하는지를 관찰함으로써 자신이 만들어 낸, 전혀 도움이 되지 않는 악순환을 인지할 수 있게 된다.

5유형이 자기 삶에서 지적 접근에 많은 관심을 두고 몸과 마음에는 거의 주의를 두지 않음을 인식하기 시작하면 자기 제한적인 관점을 넘어 성장하게 된다. 삶에 대해 머리로만 접근함으로써 발생하는 문제점을 비판 없이 관찰하고, 자급자족하려는 모든 방식과 이런 태도가 무시당하는 것에 대한 두려움에서 나왔음을 인식함으로써 성장의 여정에서 첫걸음을 뗄 수 있다.

5유형의 핵심 패턴

5유형은 다음의 다섯 가지 습관적인 패턴을 더 관찰하고 의식함으로써 성장의 여정에 오를 수 있다.

과도한 생각

생각과 분석이 상황을 파악하고 통제력을 얻는 데 도움이 되는 것은 사실이지만, 이것이 내면의 성장에 도움이 되지 않음도 알아야 한다. 몸은 '머리를 받쳐주는 지지대' 이상이며 마음은 무엇을 해야 하는지와 우선순위를 어떻게 정해야 하는지를 알려주는 가장 좋은 나침반이다. 합리성, 분석, 관찰에 지나치게 가치를 둔다면 지식은 습득할 수 있겠지만 경험을 통해서만 알 수 있는 지혜는 얻을 수 없다.

관계를 두려워하여 외로워짐

사람들이 개인적 공간을 침범하거나 시간을 통제하는 것을 좋아하지 않기에, 이런 일이 생기지 않게 해야 한다는 걱정은 선택과 행동에 많은 영향을 끼친다. 혼자 있을 때 기분 좋게 지내는 방법을 알고 있겠지만 사람들과 더 깊은 관계를 맺고자 하는 무의식적인 큰 욕구도 있을 것이다. 혼자 더 많은 시간을 보내고 싶어 하는 것과 사람들과 더 연결되고 싶어 하는 상반되는 욕구가 내면에서 어떻게 작동하는지 탐색해 보자. 그리고 이런 '혼합된 메시지'가 다른 사람들과의 관계를 얼마나 어렵게 만드는지 탐구해 보자.

스스로 고립함

신체적, 정서적으로 스스로 고립되는 경향을 그저 하나의 개인적인 성향이라 여길 수 있다. 그러나 이렇게 자주 떨어져 나오는 행위는 사람들로부터 상처를 받았거나 상처받을까 하는 두려움에서 비롯될 수 있다. 깊은 차원에서 이러한 상처에 대한 두려움이 얼마나 자주 생기는지 알아차리자.

자신이 생각보다 훨씬 더 민감한지 살펴보자. 이 과민증은 자신의 감정에서 단절된 이유를 설명해줄 수도 있다.

풍부함에 대한 두려움

무엇인가 '너무 많아'지고 압도당하는 느낌이 들 때, 자동으로 반응하는 자신을 알아차릴 수 있을 것이다. 사람들이 이야기를 너무 많이 하거나 너무 많은 것을 요구하거나 너무 오랫동안 너무 가까이 있고 싶을 때 뒤로 물러나려는 경향이 있다. 좋은 것이 너무 많으면 미루고, 너무 재미있거나 즐거운 것, '너무 과한 사랑'에 부정적으로 반응할 수 있다. 이것이 풍부함에 대한 두려움에서 비롯되었는지 관찰해보자. 또 삶에는 그리 많은 것이 필요하지 않으며 단순하고 간결한 삶을 사는 것이 더 낫다고 믿게 만드는 신념을 근거 삼아 잠재적으로 만족감을 주는 경험으로부터 숨는지 살펴보자.

지나치게 통제하고 자제함

분별력 있고 자립적인 자신을 자랑스러워할 수 있다. 지나치게 자기 통제를 함으로써 즐거움과 즉흥성을 차단하는지 관찰하자. 다른 사람을 통제하는 것을 좋아하지는 않으나 자신과 가까운 사람들에 대해서는 특정한 방식으로 통제할 수 있다. 이러한 경향은 개인적 공간에 침입하거나 시간을 뺏거나 자신의 소중한 에너지를 고갈시키거나, 계획을 망치는 것을 방지하려는 선제 대응일 수 있다. 이런 습관이 삶을 편안하고 예측을 가능하게 할 수는 있으나 강렬하거나 즐겁게 하지는 못한다. 또 깨닫지 못한 채 사랑하는 사람을 밀쳐낼 수 있으며 무의식적으로 머릿속에서 일어나는 안전한 삶에 의존하고 있을 수 있다. 그러나 이러한 안일함 속에 머물면 자신에게 열려있는 충만하고 깊은 삶을 경험할 기회를 놓치게 된다.

> 고독은 중요하며, 어떤 사람에게는 숨 쉴 공기와도 같다.
> - 수잔 케인

5유형의 정서적 격정

탐욕은 5유형을 움직이게 만드는 격정이며 정서적 핵심 동기이다. 이는 주고받는 마음을 닫는 것으로 드러난다. 이 격정을 더 의식할 때 성장의 여정에서 의미 있는 진척을 이룰 수 있다.

탐욕이라는 격정은 흔히들 생각하는 돈과 관련된 것이 아니며, 에니어그램에서는 마음을 닫는 것과 관련이 있다. 5유형은 삶에서 마음을 열고 자신을 드러내며 자신의 모든 감정과 연결되는 것을 어려워한다. 감정보다는 지성을 더 신뢰하도록 배워서 감정에 마음을 여는 것은 미지의 영역이다. 트라우마, 어린 시절 충족되지 못한 욕구, 사랑하는 관계에서의 실망, 배신, 채워지지 않는 기대, 심지어 삶의 전반적인 어려움까지도 마음을 닫는 이유가 될 수 있다. 이유가 무엇이든 간에 눈에 띄게 마음을 닫아버리면서 자신의 감정을 전혀 느끼지 못하게 된다. 사실 5유형은 감정에 대한 두려움으로 고통받고 있다.

5유형은 상처받거나 무시당할 때 연결을 끊고 싶은 충동을 느낀다. 이 단절은 여러 영역에서 일어난다. 물리적으로는 상대 곁에 있지 않으려 하고, 정서적으로는 마음을 닫아 아무 감정도 느끼지 못하며, 정신적으로는 누군가의 존재를 지워버리고, 본능적으로는 긍정적인 기분을 갑자기 끊어버린다. 더 나아가 사람들과 친해지거나 관계를 유지하는 데 어려움을 겪는다. 자신은 그저 사람들보다 내성적이라 생각할 수 있지만, 유대감을 형성하기 어려워하는 성향은 사실 상대로부터 필요한 무엇인가를 얻지 못할 것 같은 깊은 두려움을 반영한다. 또 자신의 모든 것을 누군가와 공유한다면 자신이 고갈될까 염려할 수도 있다. 실제로 어떤 5유형은 누군가와 감정적으로 연결된 상태를 유지한다면 자신이 가진 모든 에너지, 삶 그 자체가 고갈될 것이라고 말했다. 사람들이 자신에게 너무 많은 요구를 하거나, 말로든 아니든 너무 빈번하거나 과도하게 기대할까 봐 자주 두려워한다. 또한, 친해지고 싶은 사람에게서 자신이 필요하다고 느끼는 만큼 받지 못할 때는 박탈감을 느낀다.

이런 식으로 탐욕은 삶 자체에 대한 위축처럼 보일 수 있다. 세상에서 누릴 수 있는 모든 풍요로운 생명력과 우주의 무한한 본성 앞에서, 탐욕으로 자신을 더 작게 만든다. 어떤 의미에서 탐욕은 인간으로서의 무궁한 가능성으로부터의 단절이라고 볼 수 있다. 5유형은 결핍감에 대한 신념으로 인해 좀 덜 가져도 만족하며 보다 적은 자원으로 잘 버틴다. 그리고 인생에서의 가능성과 풍요함의 아름다움을 닫아버리는 것은 매우 슬프기에 자신의 마음까지도 닫아 그 고통을 느끼지 않으려 한다. 성장의 여정에서 앞으로 나아가기 위해서는 단절의 고통과 기쁨 없이 사는 삶이 주는 슬픔을 느껴봐야만 한다.

5유형이 깨어나기 위해서는 탐욕이 드러나는 다음과 같은 징후를 관찰하고 주의를 기울여야 한다.

- ✓ 대화할 때 말수가 적고 조용히 말하며 중립적이거나 감정적이지 않은 언어를 사용한다.
- ✓ 시간, 공간, 에너지에 명확한 경계를 선호하고, 대인관계에 한정된 에너지만을 사용하려 하며, 더 많은 에너지가 필요한 예상 밖의 상황을 피한다.
- ✓ 사람이나 감정과 단절하려는 방식으로 지식에 관심을 가진다.
- ✓ 사람들을 그리워하지만, 그들과 대화할 필요성을 느끼지 못한다.
- ✓ 자신의 감정이나 개인적 정보를 공유하기 꺼리며 사람들 앞에서 눈물을 흘리거나 감정에 공감하는 것이 어렵다.
- ✓ 사람이나 감정과 단절된 채 생각에 깊이 잠기는 경향이 있다.
- ✓ 갑작스럽게 혼자 있고 싶거나 사적인 공간을 갖고 싶은 욕구가 있으며, 숨고 싶다는 생각이 든다.
- ✓ 상황에 즉각 반응하기 어려우며, 사람들과 함께 있을 때는 감정을 느끼려고 하지 않고 혼자 있을 때 느끼려고 한다. 반응을 표현하지 않고 내면에만 간직하는 경향이 있다.
- ✓ 물러나서 분석하며, 냉정하고 침착한 상태로 거리를 두고 무슨 일이 일어나는지 관찰한다.

> 지식을 얻기 위해서는 매일 더해야 하며,
> 지혜를 얻기 위해서는 매일 비워내야 한다.
> - 라오체

날개를 이용한 성장 경로

5유형은 옆에 있는 날개 4유형과 6유형을 통합함으로써 성장할 수 있다. 4유형의 긍정적 특성을 사용해 정서적 수용력을 확장하고 6유형의 통찰력을 통합해 자신의 두려움을 의식함으로써 5유형은 자신의 지적인 성향을 넘어 시야를 확장할 수 있다.

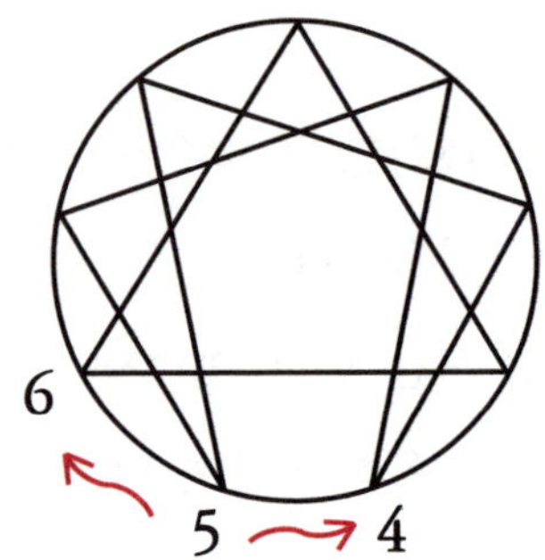

4유형의 특성을 사용해 자신의 감정 상태에 주의를 기울여보자. 감정을 인정하고 그 감정에 머물러 있자. 감정을 이해할 필요 없이 그냥 느끼면 된다. 더 즉흥적이고 관대하게 자신을 표현할 수 있게 하자. 자신을 사람들에게 표현하고 내면의 것들을 세상에 드러낼 수 있게 하는 프로젝트나 취미활동을 시작함으로써 삶에 창의성을 더하자. 강렬하게 느끼는 일에 대해 신뢰하는 사람과 길게 대화함으로 경험의 강도를 높이자.

6유형의 특성을 통합하여 불안해지더라도, 두려움을 의식적으로 더 느끼고 덜 침착해지자. 침착함은 좋은 의미의 '평화로운' 상태가 아니라 탐욕의 신호이며, 일어나고 있는 일에 닫혀있음을 말해준다. 불안과 두려움을 느낄 수 있는 공간을 확장하자. 두려움을 느끼는 것은 우리 신체에 있는 인간 경보 시스템의 지혜라는 것을 기억하자. 냉담해지는 대신 두려움을 느끼고 두려움이 행동에 동기를 부여하게 하자. 예리한 집중력으로 문제에 접근해 능동적으로 대응하자. 확신하기 전에 일이 어떻게 잘못될 수 있는지 다른 사람을 귀찮게 할 정도로 자기 생각과 걱정을 이야기해 보자. 이것은 어려울 수 있지만, 사람이나 삶의 더 깊은 경험에서 떨어져 있는 사람에게는 도움이 될 것이다.

사색이란 그림자를 보는 것이다.
- 빅토르 위고

5유형의 그림자 마주하기

　　5유형 성장 경로의 두 번째 여정은, 지적인 관점으로만 삶을 살아간다면 자신의 중요한 부분과 온전한 관계를 형성하지 못한다는 것을 이해하는 것이다. 자신의 감정과 연결 능력을 내 것으로 만들고 삶의 풍성함을 받아들임으로써 그림자 요소를 통합하게 된다. 이를 통해 결핍에 대한 신념 때문에 훨씬 충만하고 만족스러운 삶을 살지 못했음을 알아차릴 수 있다.

　　건강한 의식 상태에서 5유형은 자신이 좋다고 생각했던 합리적, 논리적, 실용적인 것에 집중하는 성향이 나쁠 수 있다는 것을 깨닫는다. 의식적으로는 머리를 적재적소에 쓰고 있다고 생각하지만, 자기 인식의 부족으로 관계를 맺지 못하고 무관심하게 된다. 감정적 경험의 공백을 정보와 지식으로 채워 넣느라 더 온전하게 사람답게 살기 위한 기회뿐만 아니라 중요한 성장 과정을 무심코 지나쳐 버릴 수 있다. 스스로 감정을 느끼지 않음으로써 자신과 사람들에게 둔감하고 냉담해진다. 자신을 안전하게 지켜왔던 생존 전략을 고수하느라 삶의 더 깊은 경험에서 단절되었음을 인지하고 해결하는 작업을 해야만 하기에 이 부분은 고통스럽고 불편할 수 있다.

5유형의 그림자 직면하기

다음은 이러한 5유형의 무의식적인 핵심 패턴과 맹점, 고통의 지점들을 표면 위로 가져와 더 잘 인식하고 대응하기 위해 할 수 있는 방법이다.

- ✓ 감정은 생각하는 것이 아니고 느끼는 것이므로, 자신의 감정을 알아주며 합리적이지 않아도 좋으니 그 감정을 말로 표현하자.
- ✓ 사람들 앞에 자신을 더 열어놓아서 자신이 원할 때만이 아니라 그들이 원할 때도 다가올 수 있게 하자.
- ✓ 일정을 관리해야 하는 필요를 내려놓고 시간을 어떻게 보낼지에 대해 사람들이 관여하게 하며 유연하게 접근하자.
- ✓ 집뿐 아니라 삶 전반의 개인적인 공간으로 사람들을 초대하자.
- ✓ 사람들이 그들의 감정을 나누지 않는다고 해도 자신의 감정을 나누도록 하자.
- ✓ 자급자족하려는 태도에서 벗어나서 도움을 요청하며 다른 사람의 의견을 신뢰하자.
- ✓ 피곤할 때 내가 가진 에너지의 분량이 부족하다는 거짓된 신념에 굴복하지 말고 무엇을 하든 강도를 높여 보자. 에너지가 한정적이라고 생각하기에 그렇게 느끼는 것이다.
- ✓ 모든 것을 다 안다고 생각하기 전에 의견을 나누자.
- ✓ 완전하게 계획을 세우기 전에 행동하고, 어느 정도 임기응변과 즉흥성을 허용하자.

앞으로 나아가는 방법은 여러 가지가 있지만,
가만히 서 있는 방법은 한 가지뿐이다.
- 프랭클린 D. 루즈벨트

5유형의 맹점

많은 5유형이 이미 자신에 대해 잘 알고 있다고 생각하기에 맹점을 탐색하기를 원하지 않는다. 보이는 모습 이면에는 불안을 느끼는데, 생존 전략이 그 감정을 피하도록 도와준다. 감정이 드러나는 것을 방어하기 위해 자신이 남들보다 지적으로 우월하다고 가정하거나, 그러한 인상을 줄 수도 있다. 내면에 주의를 두거나 안전한 거리에서 관찰함으로써 실제로 경험하는 것에 저항한다. 혼자 있을 때 가장 편안해하며 안전지대에 너무 오래 머무르느라 사생활에 대한 욕구 이면에 실제로 무엇이 있는지 보지 않아 자신의 성장을 저해한다. 잠든 상태에서는, 자신과 삶에 깊이 참여하기 위해서 자신을 여는 불편함을 어떻게든 피하려고 할 것이다.

스스로 맹점을 관찰하며 생기는 고통을 감내할 의지가 있다면 결국에는 자신을 포함한 모든 것과 연결되는 경이로운 경험을 할 수 있다. 감정, 감각 및 사람들 사이에 진정으로 머물며 어느 정도의 불편을 감수한다면 사람들과의 관계가 주는 기쁨을 맛볼 수 있을 것이며, 뒤로 빠져있지 않아도 안도감을 느낄 것이다.

다음은 5유형이 깨어나기 위해 직면해야 할 맹점이자 무의식적으로 작동하는 패턴들의 구체적인 예시이다.

방어기제로 사용하는 지적 접근

일을 관리하기 위해 직접 경험하지 않고 논리적으로 이해하고 설명하려 하는가? 종종 단순한 것을 복잡하게 만들며 실질적인 것을 추상적이고 다루기 어렵게 만들지 않는가?

이러한 맹점을 통합하기 위해 취할 수 있는 행동은 다음과 같다.

- ✓ '감정과 감각은 이해하는 것이 아니라 경험해야 하는 것이다'라는 문구를 자주 떠올리자.
- ✓ 삶에서 부적절하거나 이상하다고 느꼈던 경험을 전문가 코치나 신뢰하는 친구와 함께 나누자.
- ✓ 기쁨을 느끼지 못하도록 가로막는 것이 무엇인지 살펴보자.
- ✓ 더 많이 웃고 덜 생각한다면 어떤 일이 생길지 상상해보자.
- ✓ 삶에서 단순하면서도 심오한 순간순간을 경험하는 것이 나쁘다고 생각하는 이유가 무엇인지 자문해 보자. 가볍고 즐거운 삶을 살 가능성에 대해 어떻게 생각하는가?
- ✓ 지식과 연관된 탐욕을 인식하고 사실은 아는 것이 그리 많지 않음을 인정함으로써 집착을 내려놓자. 가지고 있는 지식을 실제 삶의 경험에 적용하면서 실천하자.
- ✓ 감정을 느끼는 것이 두려워 지적인 접근으로 대체하는 방식을 인식해 보자.
- ✓ 자신이 너무 진지하거나 분석적이라고 생각할 때 사람들에게 부탁해서 유쾌한 일을 함께 시도하자.

배움 그 자체를 목적으로 삼음

삶에서 가장 동기부여가 되는 일이 배움인가? 최우선 순위에 새로운 것 배우기를 놓음으로써 다른 과업이나 인간관계를 소홀히 하는가? 더 많은 정보를 습득하는 데 집중한 나머지 행동으로 옮기지 못하는 경우가 있는가?

이러한 맹점을 통합하기 위해 취할 수 있는 행동은 다음과 같다.

✔ 더 많이 배우기 위해 더 많은 시간을 쓸 때마다 근본적인 동기가 무엇인지 자문하자. 진정으로 원하는 것은 무엇이며, 배움을 위해 어떤 대가를 치르고 있는가?

✔ 이미 어떻게 하는지 아는 일을 강제로 해야만 할 때 느끼는 분노를 인지하자.

✔ 지적으로 도전받지 못할 때 시선을 다른 곳으로 돌리는 경향을 관찰하자. 지적인 활동이 항상 활발해야 한다고 생각하는 이유는 무엇이며, 이때 어떤 부정적인 결과가 생기는가?

✔ 사람 자체보다 그들의 아이디어와 정보에 더 많은 관심이 있음을 인정하고, 이것이 의미 있는 관계의 형성을 방해함을 인지하자.

✔ 배우는 것이 아무것도 없는데 사람들과의 친목 도모에만 시간을 써야 한다는 두려움을 인지하자. 지식을 확장하는 데 치중함으로써 피하는 감정은 무엇인가?

✔ 관찰, 분석, 계획, 공부 등의 습관은 모두 배움에 대한 갈증을 채우려는 시도임을 인지하자. 지식에 대한 탐욕을 더 의식하고, 이것이 계속해서 자신을 안전지대인 머릿속에 머물게 하고 있음을 알아차려 보자.

> 새들이 마음대로 앉고 마음대로 떠나도록 두는 나무를 생각해 보자.
> 자신의 마음이 이와 같다면 깨달음에 가까이 온 것이다.
> — 젠

명확하게 의사소통하지 못함

사람들로부터 종종 무슨 생각을 하는지 모르겠다거나 의견이 무엇인지 듣지 못했다거나, 함께 있는 상황에 집중하지 않는다는 피드백을 받는가? 자신에 대해 공유하는 일이 어려운가?

이러한 맹점을 통합하기 위해 취할 수 있는 행동은 다음과 같다.

- ✓ 사람들과 개인적인 이야기를 나누는 일이 얼마나 어려운지 생각해 보자. 내가 이미 잘하고 있다고 여긴다면, 사람들이 했던 말을 떠올려보고 얼마나 자신을 공유하지 않고 있는지 인정하자.
- ✓ 효과적으로 소통하고 있는지 확인해보자. 나름 명확한 생각을 이야기한 것 같다고 여기지만 어쩌면 자기 생각을 전달하는 것을 잊었을 수도 있다.
- ✓ 누군가에게 마음이 상했다면 그 사람과 소통을 피하는 경향을 관찰하고, 이것이 성숙한 대처방식이 아님을 인정하자.
- ✓ 표정이나 몸짓보다 정확한 단어를 사용해 표현하려는 경향을 관찰하자. 비언어적 표현으로 소통의 80%가 이루어지기에 이를 어떻게 개선할지 생각해 보자.
- ✓ 아주 적은 수의 단어나 너무 많은 단어를 사용하면서 대화하는지, 격식을 차린 표현이나 학술적인 언어로 말하는지 살펴보자. 가슴 중심과 장 중심 사람은 이를 알아듣기 어려울 수 있다.
- ✓ 자신에 대해 더 많이 공유하는 것에 대한 두려움을 인지하고, 감정적으로 강렬해지거나 어리석은 말을 하거나 원하는 것보다 더 많이 표현할 것 같아서 두려워하는지 알아차려 보자. 무엇을 두려워하는지, 이러한 두려움이 어떻게 자신을 막아서는지 인지하자.
- ✓ 신뢰하는 몇 사람들과 깊은 교류를 하고, 점점 더 많은 사람에게 도전해보자.

5유형의 고통

5유형은 지식이 깊고 지략이 풍부하며 이러한 특성을 바탕으로 자아 개념을 구축한다. 감정과 감각을 피하는 생존 전략은 자신이 왠지 남들과 다른 것 같다는 걱정에서 기인하는 것으로, 감정에 압도당하거나 고갈 상태를 느끼는 것에 대한 두려움이 있다. 때때로 오만해 보이지만 실제로는 우월감 아래 열등감을 숨기고 있으며, '지적인' 또는 '더 많이 아는' 사람의 페르소나를 장착하여 대인관계에서 수줍어하거나 사회성이 부족하다고 여겨지는 것을 피하려 한다.

방어 전략으로써 지성의 뒤에 숨는 경향을 알아차리고 그 이면에 있는 감정을 볼 수 있어야 깨어날 수 있다. 어색하거나 이상해 보일 것 같은 염려를 내려놓고 긴장을 이완할 때 자연스럽게 재미있고 흥미로운 본성이 드러난다. 그러나 사회적으로나 감성적으로 부족하게 보일 것 같은 무의식적인 두려움으로 인해 즉흥성을 거부한다.

잠든 상태에서 깨어나기 위해서는 어색하고 불안하더라도 적절성 여부를 분석하기 전에 행동하거나 말하려는 충동을 받아들이는 것을 배워야 한다. 사람들과 더욱 깊은 관계를 맺는 데 방해가 되는 습관들로부터 자유로워지기 위해서는 숨겨진 불안과 정서적 고통을 마주해야 한다. 방어와 두려움, 특히 자신이 마음을 열었을 때 아무도 감정적 필요를 받아주지 않거나 곁에 없을 거라는 두려움을 느껴야 한다.

나는 내가 아무것도 모른다는 사실을 안다.
- 소크라테스

다음은 감정과 고통을 깊이 자주 경험하기 위해 할 수 있는 행동들이다.

- ✓ 감정에 관한 작업을 하기에 앞서 몸에 관한 작업을 하자. 이는 후에 마음을 열 때 심오하고 지속 가능한 경험을 하도록 도울 것이다.

- ✓ 감정을 느끼고자 할 때 마음이 텅 빈 공허함을 인지하고 이 공허함에 주의를 두고 의식할 때 느껴지는 고통을 수용하자. 이 고통을 느끼면서 감정과 연결되는 방식을 배울 수 있고 감정적 경험의 주체가 될 수 있다.

- ✓ 두려움이 생길 수 있는 상황을 피하는 경향이 있으므로 감정을 느끼는 것에 대한 두려움을 피하려고 사람들 및 감정을 분리하는지 알아차리자.

- ✓ 어린 시절 감정적 연결을 원할 때 누구도 곁에 있어 주지 않아서 외로움을 느꼈던 경험이 있는지 떠올려보자. 감정을 경험할 때 안전하게 느끼도록 도와줄 사람이 아무도 없었기에 마음을 닫아버렸을 수 있다.

- ✓ 습관적으로 분리하려는 감정을 느끼고, 사람들과 관계하지 못하며 고립되어 낭비한 시간에 대해 슬픔을 느끼도록 허락하자. 자신의 감정을 느끼지 못하고 사람들과 감정적 교류를 하지 못한 채 닫힌 마음으로 남은 인생을 살아가지 않게 하자.

- ✓ 사람들 앞에 자신을 열고 건강한 관계를 통해 더 지지받을 때 어떤 일이 일어나는지 관찰하자. 삶에서 풍요와 사랑을 허락할 때 느끼는 행복을 인지하자. 사람들이 떠나지 않으며, 그들과 연결되고 자신이 중요하게 여겨진다고 느낄 때 어떤 감정이 생기는지 보자.

- ✓ 마음을 열어 가장 중요하고 건강한 자양분이 되는 관계, 즉 자신과의 관계를 형성하자. 자기 사랑은 언제나 가능하며 중요하고도 멋진 일이다.

자신의 하위유형을 파악하면 맹점, 무의식적 경향, 숨겨진 상처를 다룰 때 구체적으로 접근할 수 있다. 각 하위유형의 특징적인 패턴과 경향은 다음 세 가지 본능 중 어느 것이 우세하게 작용하느냐에 따라 달라진다.

자기보존 5유형

사람들로부터 숨고 물리적인 경계를 만들어 자기 집이나 작은 개인적 공간으로 물러난다. 울타리 안에 사는 것과 사람들과 관계하며 사는 것은 양립하기 어렵고 바깥세상에서 너무 많은 시간을 보낼 때 위험을 느끼기에 이를 해결하는 방식으로 자신의 욕구를 최소화한다. 자신이 원할 때 안전한 곳으로 피신할 수 있어야 한다. 미니멀리즘을 추구하며 좋든 나쁘든 자신의 감정과 자신에 대한 것을 공유하기 어려워한다.

사회적 5유형

특정한 분야에 관한 모든 지식을 알고자 하며 관련된 소수의 전문가 그룹에 포함되기를 원한다. 매일의 생활 속에 만나는 사람보다 가치와 지적 관심사를 공유하는 사람과 더 많이 관계할 수 있다. 자기 개인적 공간의 침해보다도 '알지 못하는' 것을 더 두려워한다. 사회적이고 적극적으로 소통하며, 지적인 논의와 지식의 공유를 좋아하는 것처럼 보일 수 있으나, 감정적인 공유를 하지 않기 위해 지식과 정보에 의존한다.

일대일 5유형

이상적이고 궁극적인 관계를 추구하지만, 자신에게 가까이 올 수 있는 '적절한 사람'을 찾는 데 까다로우며 이를 판별하기 위해 많은 시험을 한다. 낭만적이고 예술적이며 상상력이 풍부하고 자신의 감정과 강렬한 연결이 있지만, 보통은 자기를 표현할 수 있는 어떤 매개체를 통해서만 간접적으로 소통을 한다. 다른 두 하위유형과 달리, 자신의 결점에도 불구하고 사랑해주리라 믿는 사람을 찾았을 때 친밀함에 대한 큰 욕구를 느낀다.

하위유형의 특징적인 그림자를 안다면 그림자 작업을 효과적으로 할 수 있다. 다음은 각 하위유형의 그림자에 대한 설명이다. 하위유형별 행동은 매우 자동적이며 무의식으로 이루어지기에 이런 특성들을 파악하거나 수용하기가 가장 어렵다.

자기보존 5유형의 그림자

비밀스럽고 은둔적인 삶을 살겠지만 이런 생활방식이 원하는 만큼 만족감을 주지 못할 수 있다. 사람들에 의해 개인적 공간이 '침범'당하는 느낌을 수용하기 어려워하고 자신에 관한 사실을 공유하지 않는데, 이는 에고의 한계를 넘어 성장하는 데 어려움을 준다. 사람들에게서 물리적으로 멀어짐으로써 더 냉담해지며 두려움을 다루지 않고 피하게 된다. 사람들과의 소통을 최소화함으로써 개입하지 않고, 특히 분노를 표현하지 않고 갈등을 일으키지 않으려 하는지 관찰해보자.

사회적 5유형의 그림자

이들은 똑똑하고 지적으로 보이려고 노력하지만, 이것이 진정한 지혜와 기쁨을 가져다주지는 못하며 이는 겸손한 삶의 자세도 아니다. 사람들을 자신의 기준에 의한 '특별한 그룹'에 속하는지 아닌지에 따라 다르게 대할 수도 있다. 선호하는 지식에 관한 관심사를 공유하거나 전문성의 정도가 비슷한 사람에게는 열려있고 따뜻하게 대하면서 그렇지 않은 사람에게는 냉랭하고 관심을 덜 두는지 관찰하자. 무의미에 대한 무의식적 두려움으로 대의와 지식 추구와 의미를 우선시할 수 있으나, 이는 사람들로부터 단절되고 사람들에게 진심으로 관심을 두지 못하도록 한다. 순수한 지적 활동을 추구하기 위해 감정의 계발을 간과하는 경향은 자신이 얼마나 지적인가에 대해 실제보다 과대평가하고 있다는 의미일 수 있다.

일대일 5유형의 그림자

개인적인 관계에서 매우 까다로운 기준을 적용하고 높은 수준의 신뢰를 요구함으로써 깊은 교류를 하는 사람의 수를 제한한다. 파트너와 깊은 친밀감을 원하지만, 마음을 열기 위해 요구하는 신뢰의 정도를 과장하고 관계를 통제하여 진정한 친밀감을 얻는 데 한계가 있다. 궁극적인 관계를 추구하기에 보통의 사람과 더욱 폭넓은 관계를 맺을 수 있는 인생의 기회들을 거부할 수 있다.

웃기를 잊어버리지 마라.
웃지 않은 날은 잃어버린 날이다.
- 찰리 채플린

5유형의 역설

5유형의 역설은 격정인 '탐욕'과 미덕인 '내려놓음nonattachment' 사이의 양극을 통해 경험된다. 내려놓음이란 생명력의 자연스러운 흐름에 완전히 자신을 열고, 이 생명력을 온전히 받아들이며 비축해두지 않고 세상에 돌려주는 상태이다. 사람, 감정, 삶 자체와 자신이 어떻게 단절되는지 인식하면 정서적 격정의 핵심을 알아차릴 수 있다. 명석하고 정교한 지성과 이에 반해 어리고 덜 계발된 마음의 간극을 볼 수 있을 때 성장하며, 감정에서 단절되고 냉담해져 다른 이들에게 상처를 주는 방식을 관찰함으로써 탐욕을 알아차릴 수 있다.

5유형은 탐욕이 어떻게 작동하는지 잘 알게 됨으로써 붙들지 않고 내려놓는 방향으로 나아갈 수 있다. 집착을 내려놓은 상태에서는 열린 마음으로 삶의 모든 일에 대한 경험과 다시 연결되며, 단절되고 마음을 닫는 대신 모든 일을 자연스럽게 허용하는 방법을 배운다. 발생하는 일을 숨기거나 통제하기보다 삶의 신비와 기쁨을 경험하며, 에너지를 억제하거나 과거의 일을 마음에 품지 않고 놓아버릴 수 있다.

성장의 여정에서 탐욕을 의식하고 건강한 차원인 내려놓음에 접근하기 위해 취할
수 있는 행동은 다음과 같은 것들이 있다.

✓ 마음을 닫아야겠다고 느끼는 때가 언제인지 관찰하고, 개방하는 위험을 감수
하자.

✓ 탐욕에 의해 행동할 때를 주의하되 비판하는 대신 현존하지 못하는 이유가 무
엇인지 자문하자.

✓ 사람들의 상처와 무관심에서 자신의 마음을 보호해야 하는 부분에 연민을 가
지고, 감정을 무시하거나 감정에 대해 생각하는 대신 다가오는 어떤 감정이든
느끼도록 허용하자.

✓ 에너지 수준이 낮아지고 강렬함을 잘 수용하지 못하는 느낌을 인식하자. 삶에
대한 열정을 경험할 가능성을 포기하는 순간을 알아차리자.

✓ 몸과의 단절을 인식하고, 감정이나 본능을 무시한 채 정신적으로만 삶을 경험
하려고 하는 자동적인 방식을 인지하자.

✓ 사람, 공동체, 상황과 자신을 철저하게 분리하는 방식을 알아차리고, 이러한 분
리가 어떻게 자신을 둘러싼 모든 경험에 현존하지 못하게 만드는지 관찰하자.

생명력이란 충만하고 무한한 기적이다.
이를 느끼고 삶으로 살아내자.
- 슈로쉬

화살을 사용한 5유형의 성장 경로

에니어그램 도형에서 5유형과 화살로 연결된 두 유형은 7유형과 8유형이다. 5유형은 8유형의 행동력을 통합해 힘과 강렬함을 계발할 수 있으며, 7유형의 통찰력을 적용함으로써 즉흥성, 유연성, 개방성을 계발할 수 있다. 이를 통해 경험보다 합리와 근거를 따지는 보통의 의식 상태를 벗어나 근본적인 성장과 변화에 이를 수 있다.

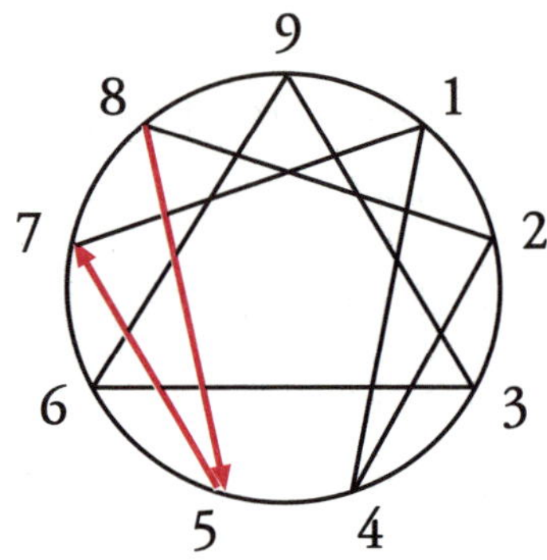

8유형의 강점을 활용해서 머리에만 머무르는 대신 온몸으로 현존하자. 배로 숨을 들이마시며 몸이 지금 여기 있음에 집중하고, 생각을 진정시키고 몸의 감각을 더 느껴 보자. 분노를 느끼도록 허락하고 그것을 에너지, 힘, 추진력으로 사용해서 실용적이며 효율적으로 행동할 자신감을 공급받도록 하자. 주장하고 빠르게 행동을 취함으로써 자신의 힘과 권위를 표현하고 머릿속에만 머무는 습관에 균형을 맞추도록 하자. 무엇인가에 대해 강렬하게 느낀다면 사람들에게 알리자.

7유형의 모험적이고 재치 있으며 즐겁고 행복하며 즉흥적이고 유연하며 창의적인 경향을 통합해 아이디어를 더 실험하고, 정보 수집을 마치기 전에 행동으로 옮기거나 생각을 말하도록 하자. 사람들과 같이 좋아하는 활동을 하면서 자신의 영역을 더 확장하고, 사람들과 더 많이 어울리며 '내면'과 '외부' 세계 사이의 균형을 잡자. 지식에 대한 배고픔보다 즐거움에 대한 갈망이 동기가 되는 것도 괜찮다.

부유함은 삶을 온전히 경험할 때 생긴다.
- 헨리 데이비드 소로

건강한 차원 받아들이기

여정의 세 번째 단계에서, 5유형은 이제 자신이 누구인지를 더 명확하게 볼 수 있다. 자신의 거짓 자아로부터 더 많이 분리되며 참 자아를 더 나타내기 시작한다. 마음을 열고 에너지의 흐름을 통제하는 대신 자유롭게 주고받으며 강렬하고 활력 있게 된다. 힘과 열정을 느낄 때 자신과 사람들과 삶에 깊이 연결될 수 있다.

건강한 5유형은 더 실용적이고 단순하며 직접적이고 결단력이 있다. 사람을 있는 그대로 바라볼 줄 알며 더 공감하고 그들의 필요를 고려한다. 탐욕을 자각하고 지나친 생각을 멈추면 삶은 나아지며 더는 자신의 공간, 시간, 힘을 보호할 필요를 느끼지 않는다. 즐겁게 느끼며 살아가고 자신의 자원을 나누더라도 고갈되지 않음을 경험하면, 결국 결핍에 대한 자신의 신념이 거짓임을 깨닫게 된다.

이러한 건강한 상태에서 5유형은 전에는 하지 못했던 일들을 할 수 있으며 성장을 위해 계속해서 노력할 수 있다.

✓ 시간, 에너지 및 다른 자원 비축에 신경 쓰지 말고, 활력을 느끼자.

✓ 다른 사람이 나에게 요구할 수 있는 상황을 피하지 말자. 이는 단지 상대가 나에 대해 더 많이 알고 싶어 하는 것일 수 있다.

✓ 즐겁게 시간을 보내자.

✓ 감정 및 다른 사람에게서 분리하거나 물러나지 말고, 숨어야 한다고 생각하지 말자.

✓ 몸과 마음에 내재된 힘을 느끼고 현존하자.

✓ 정기적으로 모습을 드러내고 사람 및 삶의 흐름에 연결하자.

✓ 맺고 있는 모든 관계가 훨씬 더 좋아질수 있음을 경험하자.

✓ 지성을 통해서뿐만 아니라 감각적으로도 사물을 이해하자. 감정과 직관을 포함하는 다른 형태의 지혜에도 접근하자.

✓ 나에게 사랑, 지지, 자양분이 풍성함을 알고 나에게 관심과 애정을 주는 사람들과 깊은 관계를 맺자.

> 집착이 없는 상태에 이르기가 얼마나 어려운지는
> 경험을 통해서만 알 수 있다.
> - 마하트마 간디

5유형의 미덕

'내려놓음'은 5유형의 미덕으로 탐욕이라는 격정의 해결책이 된다. 내려놓은 상태에서는 사람들이 관심과 사랑을 갖고 다가올 때 기쁘게 마음을 열어 감정을 느끼고, 쉽게 사람들과 친밀한 관계를 맺을 수 있다. 마음의 소리를 따라 행동하고 더 실질적으로 사는 방식을 배운다. 모든 사람 및 사물과의 연결을 느끼며 자기 몸과 감정을 사용하는 것을 두려워하지 않는다. 삶의 동력과 지속적인 접촉을 통해 에너지를 얻으며, 계획은 덜 하고 즐겁게 살아간다. 또한, 자신의 에너지가 한정적이라고 생각하지 않기에 비축하는 대신 더 많이 남에게 줄 수 있다.

5유형이 공간, 시간, 에너지뿐만 아니라 지식에 대해서도 집착하지 않는 상태에 이를 때 자신의 참 자아를 기억하며 모든 것을 알지 않아도 됨을 깨닫는다. 머릿속에 지식을 저장하는 일은 무의미하며, 건강한 차원으로 살 때 언제나 접근할 수 있는 보편적인 지식체계인 직감을 통해 모든 필요한 정보와 지혜를 얻을 수 있음을 깨닫는다.

내려놓은 상태에서는 사람들 및 우주와의 사랑, 연합, 연결의 특성이 나타나며, 머리가 아닌 마음으로 경험할 수 있다. 이는 현실에 존재하는 모든 것이 서로 연결되어 있고 상호의존적이며 본질적으로 떼어놓을 수 없다는 사실을 깨닫는 것이다. 또한, 사생활과 고립을 추구하지 않고 감정과 사람들, 이미 충만하게 주어진 삶의 흐름에서 벗어나려 하지 않음을 뜻한다. 이때 더 관대하게 자신을 다른 이들에게 내어줄 수 있다.

여기에서 '내려놓음'과 무심한 상태를 명확하게 구분할 필요가 있다. '내려놓음'은 마음이 완전히 열린 상태를 말하며, 무심함은 거짓 자아의 죽은 듯이 조용한 상태를 말한다. 5유형의 에고는 감정과 사람들과 연결할 가능성을 차단함으로써 단절되고 연결을 끊도록 한다. 반면에, '내려놓음'은 압도당하는 경험 및 공허한 감정을 두려워하지 않고 깨어나서 대담하게 진실한 감정과 인간관계에 대해 마음을 열 수 있도록 격려함으로 삶을 소생시킨다.

5유형이 미덕인 '내려놓음' 상태로 다가갈 때 다음을 경험하게 된다.

- ✓ 기대하는 사람들로부터 관심, 보살핌, 사랑을 충분히 받지 못하는 것에 대한 두려움을 극복한다.
- ✓ 사람들에게 기대하는 것을 거부하지 않고 진정한 소통을 위해 마음을 완전히 연 상태를 유지한다.
- ✓ 진정으로 마음을 연 상태에서 자발적으로 사람들에게 다가간다. 머리뿐만 아니라 마음과 본능으로 사람들을 마주하며 감정적, 감각적 상호작용에 완전히 참여할 수 있다.
- ✓ 지금 일어나고 있는 일과 이 순간 함께 있는 사람에게 현존한다. 삶에서 자연스럽게 일어나는 상황에 마음을 닫지 않고 자신을 충만하게 사랑할 수 있다.
- ✓ 일어나는 일을 통제하려 하지 않고 삶이 가져다주는 모든 것을 기꺼이 받아들이고 마음을 열 수 있다. 미리 계획할 필요 없이 인생에서 일어나는 모든 일의 흐름에 따라가게 된다.

✔ 생명력과 더 온전히 연결되고 더 적극적으로 삶에 대한 열정을 고취하게 된다.

✔ 삶의 단순한 경험을 가치 있게 여기고, 알지 못할 때도 감사히 받아들임으로써 모든 것을 알고 있음을 입증해야 할 필요를 내려놓을 수 있다.

✔ 물건과 경험을 쌓아두려는 욕구를 버리고, 물러나려는 경향에 저항하며, 위축이 안전한 느낌을 주지만 성취감은 줄 수 없음을 기억한다.

✔ 부족하거나 넘쳐나는 상황에서 위축되거나 물러서지 않고 용감하게 열린 자세로 인생에서 일어나는 일들의 자연스러운 흐름을 경험한다.

> 두려움으로 인해 가진 것을 꼭 움켜쥔다면,
> 결코 참 자아를 발견하지 못한다.
> - 스리 친모이

깨어나기

　5유형이 참 자아를 받아들일 때의 핵심은 자신에게 다가오거나 멀어지는 다른 사람들의 움직임을 통제하지 않으려는 것에 있다. 에고는 깨어나도록 하는 문을 열지 말라고 하기에, 이 여정이 어려워 보일 수 있다. 그러나 자신의 그림자와 고통을 직면함으로써 과거에 자신을 제한하던 모습에서 벗어나 건강한 수준의 자신을 알며 자기를 존중하고, 자신이 누구인지를 더 넓은 시각에서 볼 수 있어야 한다.

　실제로 이들이 살아오면서 많은 날 동안 더 깊고 자유로운 연결을 놓쳐왔음을 깨달을 때 사람들과 생각, 감정, 감각을 나누는 데 모든 의도와 관심을 집중할 수 있다. 사람들과 관계를 지속하면서 온전히 참여할 때만 참 자아를 통해 사람답게 사는 것, 삶을 누리는 것, 사회의 일부가 되는 것의 신비를 이해할 수 있다. 이 진리를 받아들이면, 이들은 삶에서 꽃을 피우게 되고 깊은 관대함으로 사람들에게 도움을 주며 참 자아의 삶을 누리게 된다.

　많은 나라의 문화가 지성을 가치 있게 여기고 개성, 자급자족 및 사생활 보호를 장려하기에 5유형은 변화하고자 하는 의지가 적을 수 있다. 이들이 자신의 공간과 의제를 '통제하고 있다'고 생각한다면 성장을 통해 오는 변화에 대한 열망이 없을 수도 있다. 그러나 내적 자원이 부족하다는 감각에서 비롯된 충동인 탐욕이 마음을 위축시키고 삶을 덜 흥미롭게 만든다는 것은 분명하다. 지식은 더 충만한 삶의 잃어버린 경험을 보상하지 않으며, 5유형으로 세상을 산다는 것은 아주 적은 것으로 삶을 사는 것이니 인생의 절반만 산다는 뜻이다. 힘을 내서 자신을 성찰하며 그림자를 마주하고 미지의 세계에 마음을 열 때 무의식적인 에고 중심의 상태에서 깨어나 진정한 지혜를 얻는다.

지혜에 대한 깊은 갈망이 있는 5유형은 알아야 할 모든 것을 아는 데 의존하는 것이 주요 생존 전략이다. 그러나 이러한 욕구는 삶에 대해 인지적으로 이해하기 위해 멀리서 삶을 관찰하는 것과 실제 경험을 맞바꾸도록 강요한다. 이 여정에서 앞으로 나아가기 위해서는 참 지혜가 무엇을 의미하는지 알아야 한다. 즉 몸, 정신, 마음, 영의 깊은 참여를 통해 오는 더 만족스러운 앎의 경험에 열려있는 것이 참 지혜이다. 삶의 경험을 받아들일 때, 단지 똑똑할 뿐만 아니라 진정으로 현명하게 되고 진정한 겸손을 깨닫게 된다. 생명력이 있는 겸손한 삶에서 이들은 지식을 더 많이 드러내지만, 또한 자신이 아무것도 모른다는 사실을 알게 된다. 이것은 줄곧 자신을 기다려온 건강한 수준의 자신과 일치할 수 있는 길을 열어준다.

6유형

두려움에서 용기로 가는 여정

> 두려움을 염려하지 마라.
> 두려움은 우리를 겁주려는 것이 아니다.
> 두려움은 우리에게 가치 있는 것이 무엇인지 알려주기 위해 존재한다.
> -조이벨 C.

옛날에 6이라는 사람이 살았다. 그녀는 용기 있게 행동할 수 있는 능력을 타고났지만, 자신을 실제보다 더 작고 겁이 많은 사람으로 여기는 경향이 있었다. 아주 어린 아이였을 때, 6은 행복하고 자유로웠으며 너무 많이 생각하지 않고도 원하는 것을 했다. 미리 계획하지도 않았고 세상의 위험에 대한 두려움 때문에 재미있고 즐겁게 사는 데 방해를 받지도 않았다. 친구들도 많이 있었으며 배우고 탐험하는 것도 잘했다. 심지어 시련조차도 침착하고 자신감 있게 겪어냈다.

그러나 6은 자라면서 두려움을 느끼게 하는 몇 가지 경험을 했다. 한번은 엄마가 학교에 그녀를 데리러 오는 것을 깜빡했는데, 그때의 기억은 너무나 무서웠다. 사람들이 살해당하는 장면이 나오는 영화를 보고 겁을 먹기도 했다. 혹시라도 잘못될 수 있는 모든 것이 눈에 띄었고, 나쁜 일이 실제로 일어난다는 것을 알게 되었다. 세상이 더 위험해 보이고 더 위협적으로 다가오기 시작했다.

어느 날 6은 시험 성적에 대해 매우 불안해졌다. 너무 걱정한 나머지 모든 답을 틀리게 쓰는 상상을 했으며 이런 구체적인 실패 장면이 머릿속에 너무나 생생했기에 그녀는 얼어버렸다. 그래서 실제로 시험을 망쳐버렸다. 비슷한 시기에 그녀는 사람들을 의심하기 시작했으며, 과연 사람들을 믿을 수 있는지 의문이 들었다. 그 후에 두렵고도 화가 나는 나쁜 경험을 몇 번 더 하게 되었다.

더 나이가 들면서 6은 몇몇 오랜 친구들의 의도를 의심하기 시작했다. '그들이 정말로 나를 좋아했나?' 그러다 보니 그녀는 새로운 친구들에 대해 편집증적인 생각을 하기 시작했다. '그들이 나에게 해코지하려는 걸까? 내가 그들을 완전히 신뢰할 때까지 기다렸다가 나에게 뭔가 나쁜 짓을 하려는 걸까?' 두려움과 의심이 생기면서 그녀는 자신에게 일어날 것 같은 모든 나쁜 일을 상상했다. '누군가 내 돈을 훔쳐 가면 어쩌지? 부모님이 교통사고로 돌아가시고 나 혼자 남으면 어떡하지? 내 고양이가 길을 잃거나 강아지가 다치면 어쩌지? 내가 이상한 병에 걸리면 어떡하지?' 6은 두려움과 의심으로 마비되었다. 예전처럼 안전하게 걱정하지 않고 살고 싶었지만 불가능해 보였고 세상은 근본적으로 위험한 곳 같았다. 그래서 일어날 수 있는 모든 나쁜 일들을 미리 상상하여 그런 일들이 일어나지 않게 확실히 해 두는 것만이 유일한 해결 방법이라고 생각했다. 하지만 그렇게 하더라도 안전하다는 느낌은 그저 일시적일 뿐이었다.

6은 최악의 상황에 대비하는 것으로 자신이 인지한 위협을 처리하려고 노력했으며, 이것이 생존전략의 큰 부분이 되었다. 잘못될 수 있는 모든 것들과 그것에 어떻게 대처할 것인지를 상상하는 데 매우 창의적이고 지략이 뛰어났지만, 여전히 두려운 생각에 사로잡혀 있었다. 얼마 지나지 않아 자신이 상상하는 두려움이 현실이 된다면 어떻게 할지 계획하는 데 많이 몰두하게 되었고, 그것은 상황을 더 악화시켰다.

명백히 위험하게만 보이는 세상에서 안전함을 느끼기 위해 6은 자기 주변의 수많은 위협을 모두 관리하려고 노력했다. 그렇게 하느라 지쳤지만, 머릿속에서 맴도는 생각들을 멈출 수가 없었다. 그녀는 안전을 최우선으로 해야 했다. 안전 제일! 항상! 그녀는 구급상자를 가지고 다녔다. 다시는 시험에서 나쁜 성적을 얻지 않으려고 더 열심히 공부했다. 그녀의 생존전략은 이제 걷잡을 수 없었다. 어디에서나 곧 일어날 것 같은 두려운 일들을 상상할 수 있었다. 그리고 다양한 종류의 위협을 상상하거나 수상해 보이는 주위 사람들에 대한 의심을 멈출 수가 없었다. 그녀는 그들의 궁극적 동기, 숨은 계획, 나쁜 의도에 대한 단서를 찾기 위해 주시했다. 그들에게 뭔가 꿍꿍이가 있다고 생각하게 되었다.

이렇게 6은 잠들어버렸다. 매우 신중하고 열심히 일하며 안전을 염두에 두고 있었지만 잠든 상태일 뿐이었다.

다음 문항 중 대부분 혹은 전부에 공감한다면 6유형일 수 있다.

- ✓ 불확실성, 위험, 위협에 주의를 많이 기울인다. 일어날 확률 20% 정도인 위험에 내 생각의 80%를 쓰고 있다.
- ✓ 잠재적 위험 요소를 예측하지 않으면 걱정이 된다. 모든 잠재적인 문제들을 예측하여 미리 막거나 관리할 준비를 한다.
- ✓ 다른 사람의 말에 자동으로 의문을 제기하거나 정반대의 것을 이야기한다. 이 문장을 읽자마자 반론하고 싶지 않은가?
- ✓ 습관적으로 경계 태세이며 잠재적 문제들을 줄줄이 훑어낸다. 이런 습관으로 더 긴장하고 불안해한다.
- ✓ 다른 사람을 신뢰하는 것이 어렵고 심지어 어떨 때는 자신도 믿기 어렵다.
- ✓ 일어나고 있는 일에 대해 질문을 던지면서 내 생각에 확신을 더하려고 노력한다.
- ✓ 행동하기도 전에 일어날 수 있는 일들을 상상함으로써 실제 상황을 통제하려고 애쓴다.
- ✓ 최악의 시나리오를 머릿속으로 정교하게 만들지 않으면 충분히 준비되었다고 느껴지지 않는다.
- ✓ 실제로 나쁜 일들이 일어났을 때는 침착하고 유능하게 반응하며 갑자기 용기를 내는 편이다.

6유형은 다음과 같은 세 단계의 경로를 따라 성장할 수 있다.

먼저, 다른 사람들이 보지 못하는 숨겨진 위험을 보고 그것에 대한 우려를 제기한다는 것을 인식함으로써 자신에 대해 알아가는 성장의 여정을 시작할 수 있다.

다음은, 안전에 대한 욕구에서 생긴 무의식적인 행동 즉 자신의 그림자와 대면해야만 한다. 이것은 책임져야 하는 문제나 상황을 다룰 때 자신이 얼마나 압도되는지, 최악의 상황을 상상하거나 두려움을 느낄 때 얼마나 불안해지는지를 인식하는 데 도움이 된다.

마지막 단계에서, 두려움을 느끼거나 위험과 위협에 직면했을 때도 긴장을 풀고 삶을 신뢰하며 더 자신 있게 앞으로 나아가는 방식을 배운다.

여정을 시작하기

6유형이 깨어나기 위한 첫 단계는, 자신이 두려움에서 오는 환상에 얼마나 끌려다니는지 의식적으로 알아차리는 것이다. 이 과정을 통해 두려움이 부채질하는 사고 패턴을 탐구할 수 있으며, 위험해 보이는 세상에서 안정감과 확신을 유지하는 데 얼마나 많이 집중하고 있는지를 열린 마음으로 인식할 수 있다. 또한, 잠재적 문제에 대해 시종일관 과도하게 분석하고 생각이 마비되는 것을 알아차리기 시작할 것이다.

6유형은 세상의 위험에 대해 경계를 게을리하지 않는다. 그러나 끊임없는 경계로 인해 오히려 두려움이 만들어 낸 패턴에 갇히게 된다. 두려움에서 기인한 것임을 알지 못한 채로 말이다. 자신이 준비를 잘하고 책임감이 강하다고 생각하겠지만, 역설적으로 6유형은 안전함을 유지하려는 욕구로 인하여 불안감과 안전하지 않다는 느낌을 떨쳐내지 못한 채 자신만의 생존전략에 갇히게 될 것이다.

그러나 성장의 여정에서 앞으로 나아가기를 원한다면, 이런 일이 일어나는 방식을 관찰하고 두려움을 있는 그대로 마주하며 이를 극복하기 위한 새로운 방법을 배워야 한다.

6유형은 다음의 다섯 가지 습관적인 패턴을 더 관찰하고 의식함으로써 성장의 여정에 오를 수 있다.

안전함에 대한 욕구

끊임없이 안전하길 원하며, 경계를 늦추면 정말로 나쁜 일이 일어난다고 믿으면서 안정감과 안전함에 우선순위를 두는지 스스로 관찰하자. 평소 자신이 어떻게 생각하고 느끼는지, 안전하지 않다고 느낄 때는 무엇을 하는지 인지하는 방법을 배우자. 안전하지 않다고 느낄 때는 내적 긴장감을 느끼는 경향이 있다. 이 긴장감은 무의식적으로 계속될 수 있는데 이것을 의식하기 위해 노력해야 한다. 안전함을 느끼려고 애쓸 때 오히려 긴장을 풀고 침착해져 보자. 그리고 이 느낌이 단지 일시적인지, 특히 해결해야 할 다음 문제로 초점이 빠르게 옮겨가는지를 살펴보자.

위험을 관리하려는 욕구

6유형은 위험 관리에 뛰어나고 항상 위협적인 것들을 찾아낸다. 주어진 상황에서 일어날 수 있는 모든 위험을 생각하기 위해 어떻게 지성과 상상을 사용하는지, 감지된 위험을 통제하기 위해 자료 수집, 관찰, 분석, 문제를 제기하며 어떻게 사람들을 시험하는지 스스로 보는 것이 중요하다. 위험을 관리하는 것이 내면에서 불안감을 만들지만, 그것을 알지 못하고 잘못될 수 있는 모든 것들에 대비함으로 평화와 안전감을 찾으려고 노력한다. 그러나 이것이 역효과를 내어 오히려 더 불안하게 만들 수 있는데, 문제에 대해 생각할수록 문제에만 빠지게 되고 그러한 태도로 인해 스트레스가 가중될 수 있다. 결국은 훌륭한 문제 해결사이지만, 동시에 계속 문제를 찾아다니는 사람이 되는 것이다.

준비되었다고 느끼고 싶은 욕구

무슨 일이 일어날까 염려하는 태도는 결과물을 만들어 낼 때까지 최선을 다해 준비하고 노력하게 한다. 이런 태도 덕분에 6유형은 다양한 시나리오를 만들어 발생할 수 있는 모든 문제가 잘 처리될 수 있도록 미리 준비하는 것에 능숙하다. 아마도 더 많이 준비할수록 더 안전감을 얻을 수 있다고 생각할 것이다. 그러나 최악의 상황에 대비하려는 욕구로 인해 준비를 아무리 많이 하더라도 충분하게 여겨지지 않아서 준비를 끝낼 수가 없다. 그래서 결국 안전하다고 느낄 수 없음을 관찰하는 것이 중요하다.

사람과 상황을 시험하는 것

6유형은 신뢰할 만한 관계를 구축하는 편이지만, 실제로 신뢰하기 전에 믿을 만한지를 파악하기 위해 수많은 시험을 한다. 충분한 정보가 없을 때 누군가를 믿는다는 것이 부자연스럽고 무서운 느낌이 드는지 살펴보자. 모순을 찾고자 사람들을 면밀하게 관찰하고 있는가? 사람들은 자기들이 하겠다고 말한 것을 하는가? 사람들의 행동은 그들이 말하는 가치나 의도에 부합하는가? 자동으로 경계를 세울 때 사람들을 신뢰하는지 아니면 사람들의 숨은 의도를 보게 되는지 알아보자. 자신이 거짓말이나 위선적 인물을 잘 찾아낸다는 것에 대한 자부심이 있을 것이다. 신뢰에 관한 신중한 태도는 6유형이 나쁜 의도를 찾아내려고 애쓰거나 존재하지도 않는 문제를 상상해 내고 있다는 뜻일 수 있다.

권위와 관련된 어려움

6유형은 일반 사람들보다 권위에 대해 주의를 더 기울인다. 힘의 역동을 탐지하는 민감한 안테나가 있는지 살펴보자. 만약 그렇다면 이는 여러 모습으로 나타나는데, 권위를 가진 사람에게 문제를 제기하기도 하고 그를 신뢰하기까지 많은 시간이 걸릴 수도 있다. 처음에는 훌륭한 권위자에게 보호받고 싶은 욕구로 인해 권위를 가진 어떤 인물을 신뢰하였다가 곧 의심하게 될 수도 있다. 또한 권위에 반항하며 반대파의 역할을 할 수도 있다. 사람들을 위해서든 명분을 위해서든 '약자'를 보호하기 위해 권위에 도전하는 경향이 있는지 알아차리자. 때때로 권위를 가진 인물을 너무 신뢰하면 상황이 불안해질까 봐 두려운 마음이 들 수도 있다. 6유형은 스스로 권위자의 자리에 가는 것을 피하고 리더 역할을 하는 것을 불편해할 수 있다.

해안을 볼 수 있는 용기가 생기기 전에는
새로운 지평을 향해 헤엄칠 수 없다.
- 윌리엄 포크너

6유형의 정서적 격정

두려움은 6유형을 움직이게 만드는 격정이며 정서적 핵심 동기이다. 이 두려움은 불확실성을 견딜 수 없고 나쁜 일이 일어날 가능성으로 인해 마음이 '흔들리는' 상태이다. 아마도 6유형은 미지의 것에 대처하기 위해 발생할 수 있는 위협을 예상하고 대비하는데 주의를 집중하는 경향이 있기에 더 두려워하기 쉽다.

물론 우리는 모두 두려움을 느낀다. 그리고 우리 각자는 특정한 것을 두려워한다. 그러나 6유형은 전반적으로 두려움을 더 경험하며, 계속하여 그 두려움의 근원을 찾는다. 사실 이들에게는 그 원인이 되는 사람이나 상황이 무엇이든 상관없이 두렵다. 그들은 실제로 주변에 있는 다양한 사람과 상황에 두려움을 투사한다. 이들은 여러 종류의 두려움을 느끼는데, 심지어 구체적인 원인이나 이유가 없기도 하다. 두려움 그 자체를 두려워하고 왜 이렇게 두려운가를 자신에게 질문할지도 모른다. 또 두렵게 느껴지지 않는다는 사실조차 두려워할 수 있다. 예를 들면 그들이 아직 발견하지 못한 위험한 무언가가 있을지도 모른다는 두려움이 있을 수 있다.

6유형의 두려움은 단지 구체적인 순간에 특정 행동을 일으키는 감정이 아니라 마음에서 일어나는 지속적 감정 상태이다. 이들의 두려움은 대부분 객관적인 것, 즉 실제로 일어나는 일에 대한 경험에서 오는 것이 아니라, 대체로 무슨 일이 일어날지도 모른다는 주관적인 인식에 근거한다. 게다가 이들은 두려움을 두려움으로 인식하지 못할 수도 있다. 그저 자신이 대비하거나 문제를 해결하는 데 유능하다고 생각할 것이다. 모든 유형이 마찬가지겠지만, 각 유형을 움직이게 하는 격정은 실제로 그것이 어떻게 작동하는지 깨닫기 전까지는 대부분 무의식적인 경향이 있다. 따라서 그들은 자신을 움직이게 하는 것이 두려움이라고 말하지 않을 것이다. 결과적으로 그들의 두려움은 더욱 습관화되고 긴장을 풀기가 어렵다. 두려움을 피하지 않고 인식하여 완전히 느낀 후, 자신감을 계발하여 체화하는 것은 이들에게 도전적인 과제다.

두려움은 끊임없는 정서적·신체적 긴장을 동반한 불안을 만들어 내며, 이는 자신감 결여로 이어진다. 두려움은 6유형이 현실을 보는 관점을 훼손하고 결정을 어렵게 만들며, 일을 미루게 할 것이다. 그러나 이들이 두려운 경험에 더 익숙해질 때, 오히려 두려운 순간에도 앞으로 나아갈 수 있는 용기를 낼 수 있다. 두려움을 더 많이 의식하고 거기에 사로잡히지 않겠다고 결심할 때, 두려움의 반대쪽에 있는 건강한 측면인 용기를 드러낼 수 있을 것이다.

　6유형이 깨어나기 위해서는 두려움이 드러나는 다음과 같은 징후를 관찰하고 주의를 기울여야 한다.

✓ 반대하는 사고습관이 있어 다른 사람들이 말하는 것에 반대하거나 심지어 자기가 생각한 것에도 반대한다.

✓ '~하면 어쩌지?'와 '그건 상황에 따라 다르지'와 같이, 불확실하거나 애매한 언어를 사용한다. 질문하면 또 다른 질문으로 대답한다.

✓ 자기의심을 포함하여 끊임없이 올라오는 의심에서 생긴 미루는 습관으로 인해 행동이나 성과를 지연시킨다.

✓ 나쁜 일들에 대해 예측하며 거짓 통제감을 느낄 수 있다.

✓ 좋은 일이 일어날 때도 놀라거나 걱정하며 나쁜 일이 일어날 거라고 예상한다. 가슴 졸이며 올 것은 결국 온다고 생각한다.

✓ 주변을 살피며 위험을 찾아내기에 긴장감이 생긴다.

✓ 과도하게 책임감을 느껴 문제를 처리하는 데만 전념한다. 믿을만하다는 것을 증명하려고 사람들에게 과도하게 충성한다.

✓ 불확실성을 없애기 위한 노력으로, 실제로는 일어나지 않을 여러 개의 시나리오를 만든다.

✓ 끊임없이 해결할 문제를 찾아내는 문제 해결사이므로, 결국은 늘 문제가 있다.

위험을 피하는 것은 전면적으로 위험에 노출되는 것보다 결국 더 안전하지 않다.
두려워하는 자도 두려워하지 않는 자만큼 걸려 넘어진다.
- 헬렌 켈러

날개를 이용한 성장 경로

6유형은 옆에 있는 날개 5유형과 7유형을 통합함으로써 성장할 수 있다. 5유형의 침착하고 신중한 특성을 통합하면 두려움에 직면했을 때 불안감을 누그러뜨리고 더 객관적인 성향이 될 수 있으며, 7유형의 긍정적이고 즉흥적인 면을 통합하면 걱정이 많고 조심스러운 경향을 완화할 수 있다. 이런 방식은 두려움과 위협에만 한정된 시각을 넘어서서 평상시의 시각을 넓히는 데 도움이 된다.

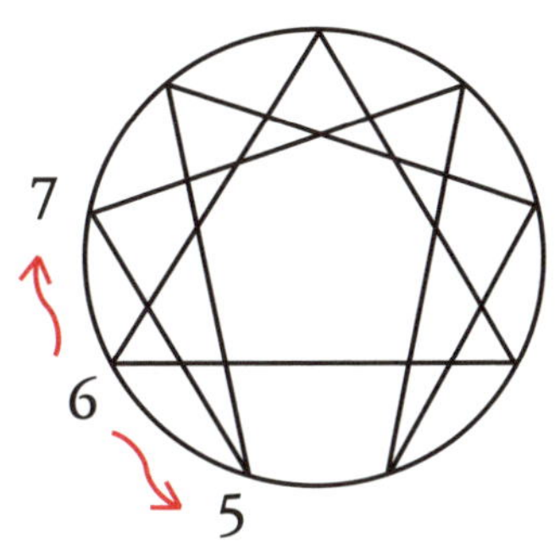

5유형의 침착한 특성을 의식적으로 추구해서 더 넓고 덜 감정적인, 즉 과도하게 두려워하지 않는 시각으로 상황을 보자. 이것은 데이터를 깊게 살피고 진실이 무엇인지 보기 위해 중립적으로 조사함으로써 불안을 낮추어 줄 수 있다. 상상했던 시나리오가 맞는지 아닌지에 대한 증거를 객관적으로 살펴봄으로써, 두려운 대상에 대한 현실을 확인하라. 권위자나 '전문가'의 역할을 하는 것을 즐기고, 나의 지적인 관심사나 나를 두렵게 하는 것에 관한 정보에 숙달하여 안전함을 느끼자.

7유형의 강점을 통합하여 위험을 무릅쓰고 세상에 나가며 세상을 탐험하고 더 즐기며 더 즉흥적으로 움직이자. 마음을 편하게 갖고 가벼운 마음으로 걱정이나 불안을 떨쳐 버리고 즐거움을 주는 것들에 더 집중하자. 미리 많이 준비해야 한다고 생각하지 말고 그저 행동으로 옮기자. 더 긍정적인 태도로 위협이 아닌 기회를 최대한 찾아보자. 덜 준비하고 더 '즉흥적'일 수 있게 내버려 두며, 7유형의 방식처럼 진짜로 해낼 수 있을 때까지는 그냥 시도함으로써 유연성과 자신감을 얻자.

6유형의 그림자 마주하기

6유형 성장 경로의 두 번째 여정은, 자신이 두려움에 쫓겨 다니고 있으며 이것이 삶을 살아가는 태도가 되고 있음을 인정하고 수용하며 통합하는 것이다. 이는 힘, 자신감, 믿음, 용기와 더 많이 연결되게 도와줄 수 있다.

건강한 의식 상태에서 6유형은, 안전하고 예측 가능한 삶에 초점을 맞추는 것이 나쁠 수 있다는 것을 깨닫게 된다. 자기 인식이 부족하면 6유형은 자신도 모르게 자기를 제한하거나 파괴하며, 심지어 의식적으로 자신이 분별력을 갖고 타당하게 행동한다고 생각한다. 자기 맹점을 무시하고 모든 것을 부정적으로 평가할 때, 이들은 옆에 있는 무고한 사람들을 탓하거나 끊임없이 자신을 몰아세우고 의심한다. 두려움이 자기 생각과 행동을 부채질하고 있음을 보지 못하면, 이들은 자기 동기는 알지 못한 채 다른 사람의 동기에 대해 불공평하게 여기거나 심지어 편집증적일 수 있다.

어둠을 피한다고 빛을 찾을 수 있는 것은 아니다.
S. 켈리 해럴

6유형의 그림자 직면하기

다음은 이러한 6유형의 무의식적인 핵심 패턴과 맹점, 고통의 지점들을 표면 위로 가져와 더 잘 인식하고 대응하기 위해 할 수 있는 방법이다.

✓ 경계와 불안이 정신적, 정서적, 신체적으로 어떻게 나타나는지 관찰하자. 조심하는 것이 내적 성장에 어떻게 불리하게 작용하는지 이해하자.

✓ 두려움과 불안 때문에 몸으로 오는 긴장감이 있는지 알아차리고 긴장 푸는 방법을 배우자.

✓ 내가 얼마나 과민한지 알아차리자. '부정 편향'으로 인해 안 좋은 일을 계속 찾고 있다는 것을 인식하자. 눈에 보이는 나쁜 일만큼 좋은 것들을 보려고 초점을 맞추자.

✓ 위험한 일을 찾아내거나 최악의 시나리오를 만드는 것을 줄이며, 긍정적 가능성을 찾아내자.

✓ 나에게 일어나는 좋은 일들의 목록을 만들어 보고 나쁜 일은 항상 일어난다는 신념에 맞서자.

✓ 부정적인 일을 생각하면 꼭 일어나게 된다는 식의 자성예언을 만들어 내는 경향이 있음을 의식하자. 그리고 그런 예상이 실현되는지 확인해보자.

✓ 주저하거나 남들 뒤로 숨지 말고 리더의 자리에 가자. 힘을 타인에게 투사하지 말고 자신의 힘을 소유하자. 더 결단력 있는 자세를 배우자.

✓ 살아오면서 고난에서도 용감했고 강했으며 유능했던 순간들을 찾아보자. 내가 얼마나 강했으며 지금도 강한지를 기억하자.

6유형은 불안을 '좋아'하는 것은 아니지만, 그 불안이 거짓된 안전한 느낌을 주기에 자기 맹점을 보고 싶지 않을 것이다. 이들은 최악의 상황을 예측한다면 피할 수 있다고 믿는다. 6유형은 너무 살피느라 피곤해하면서도, 그들의 생존전략이 계속 나타나서 경계를 멈추지 못한다. 그러나 항상 두려워하는 태도를 유지하고 있기에, 그 끊임없는 보호의 욕구 아래 무엇이 있는지를 보지 못함으로써 스스로 성장을 막는다.

이들이 맹점을 들여다보아 두려움을 볼 수 있게 되고 위험과 싸우는 데만 집중하느라 내면 보기를 피해왔다는 것을 인정한다면, 결국 진정한 용기와 믿음을 경험할 수 있다. 두려움을 직면하여 최악의 경우를 대비하겠다는 생각을 끊으면, 항상 불안해할 필요가 없다는 사실에 굉장한 안도감을 느낄 것이다.

다음은 6유형이 깨어나기 위해 직면해야 할 맹점이자 무의식적으로 작동하는 구체적인 예시이다.

스트레스와 두려움에 익숙함

항상 스트레스가 느껴지는가? 도움이 되기보다는 해를 끼치는 내면의 긴장 상태에 익숙한가? 내가 하는 모든 행동의 동기가 두려움인가?

이 맹점을 통합하기 위해 취해야 할 행동은 다음과 같다.

✓ 매일 일어나는 상황을 인식하고 평가할 때, 두려움과 불안이 어떤 방식으로 부정적인 영향을 주고 있는지를 더 의식하자.

✓ 매일 이 구절을 몇 번씩 반복하자. '나는 긴장을 풀 수 있으며 그래도 여전히 강하고 보호받을 수 있다.'

✓ 코치나 믿을만한 가까운 친구와 함께 현재의 걱정거리, 불안, 두려움에 관하여 이야기하자. 또 이에 대처하는 주된 전략에 관하여 대화하자.

✓ 인생과 사람들, 무엇보다도 나 자신을 신뢰하는 경험을 막고 있는 것이 무엇인가?

✓ 경계를 늦추면 무슨 일이 일어날지도 모른다는 생각에 두려운가? 두려움과 불안을 가장 심하게 부채질하는 것은 어떤 무의식적인 신념인가? 평화롭고 침착한 상태가 되었을 때 어떤 기분일지 상상해 보자. 그러려면 무엇을 해야 하는가?

✓ 자신감과 결단력을 갖고 미지의 세계로 나아갈 때, 두려움이 사라진다는 것을 인정하자.

✓ 아무 일이 없는데도 뭔가 끔찍한 일이 일어나고 있다고 상상하는 순간, 즉 스스로 투사하고 있을 때 깨우쳐 달라고 지인들에게 부탁하자.

잘못되지 않을 수도 있음을 보지 못함

위험을 잘 찾아내지만 좋은 일이 일어날 수 있다는 생각도 하는가? 이미 일어난 좋은 일들을 잊어버리는가?

이 맹점을 통합하기 위해 취해야 할 행동은 다음과 같다.

- ✓ 최악의 시나리오를 생각할 때마다 그 밑에 깔린 동기가 무엇인지 인식하자. '최선'의 시나리오를 의식적으로 더 많이 생각해 내자.
- ✓ 부정적인 가능성만 생각날 때도, 나쁜 일은 일어나지 않으리라는 '놀라운 생각'을 떠올려보자.
- ✓ 현재 일어나고 있는 좋은 일에 대해 인정하는 것도 두렵고, 앞으로 좋은 일이 일어날 것이라고 기대하는 것도 두려워하고 있다는 사실을 더 많이 의식하자.
- ✓ 자신의 무한한 잠재력에 대해 두려워하고 있음을 알아차리라. 앞으로 나아가거나 성과를 내는 데 저항하는 여러 가지 방식들에 대해 생각해 보자.
- ✓ 자신의 힘과 권위를 갖는 것이 얼마나 어려운지를 의식하자. 어떻게 하면 내 인생에서 전적으로 더 용감해지고 주도권을 잡을 수 있겠는가?
- ✓ 주로 두려워하면서 살기에 행복과 만족, 즐거움 같은 다른 중요한 감정을 느낄 여지가 없음을 인정하자.

자신의 힘을 소유하지 못함

다른 사람들이 6유형을 유능하고 강하다고 여기는데도 스스로 그것을 믿지 못하는 것은 아닌가? 이러한 인식의 차이를 설명할 수 있는 것은 무엇이라고 생각하는가? 이 맹점을 통합하기 위해 취해야 할 행동은 다음과 같다

- ✓ 잠들어 있는 상태에서는 위축되어 머물러 있는 것을 좋아하며, 준비되어 있다거나 할 수 있다고 느끼지 않는다. 도전을 피하고 자신에게 문제를 제기하며 그 속에서 안주하려는 태도를 알아차리자.
- ✓ 자신의 힘을 바깥 권위에 투사하는 다양한 방식을 알아차리자.
- ✓ 유능함을 갖는 것이 왜 어려운지 탐색해보자. 왜 성공이 두려운가? 원하는 것을 얻어내는 자기 모습을 상상하고 어떤 기분이 드는지 살펴보자.
- ✓ 미루는 이유를 살펴보라. 미루는 것보다 행동을 할 때 자신감이 생기는 것을 경험한 적이 있는가?
- ✓ 잘 모르는 것에 초점을 맞추는 경향을 살펴보자. 이런 경향이 일을 미루는 전략이 되고 있다는 것을 인식하자.
- ✓ 가까운 친구에게 야심에 찬 새로운 계획을 실행에 옮기는 날짜를 말하고 지지를 구하자.

> *우리가 가장 심하게 저항하는 희생은*
> *자신이 겪는 고통에 대한 희생이다.*
> *- 수피 격언*

6유형의 고통

그림자를 완전히 직면하기 위해서 6유형은 그동안 피해왔던 고통을 느끼는 법을 배워야 한다. 그러나 문제는 6유형이 고통을 피하는 것처럼 보이지 않는다는 것이다. 남들은 6유형을 부정적이고 회의적이라고 생각하지만, 정작 그들은 자신을 현실적인 사람으로 보며 무슨 일이 일어날지를 예측하여 미리 대비하려는 것뿐이라고 주장한다. 하지만 그들이 계속해서 최악을 상상하는 것은 어떤 특정한 불편들을 감수하고 있음을 의미한다.

두려움에 자동 반응하는 습관으로 인해 6유형은 특정 형태의 고통, 즉 불확실성, 의심, 불안전에서 오는 고통에 대해서는 참게 되며 의문을 품지도 않는다. 그들은 두려움에 근거한 대처 전략에만 집중하고 분노, 불안, 수치심 또는 두려움과 같은 고통스러운 감정의 일부와 의식적으로 관계 맺고 해결하기 위한 공간은 남기지 않는다. 자신이 느끼는 감정을 두려움이라 여기든 아니든, 6유형은 다양한 수준의 두려움을 느끼며 두려움을 피하는 방식도 다르다

6유형은 다음에 어떤 일이 일어날지 모를 때 고통을 겪는다. 그들은 알 수 없는 것에 대한 두려움이 고통스럽다. 현실로 일어날 수 있는 온갖 위협을 상상할 때도 고통스럽다. 또한 보호가 부족하다는 느낌이 들 때도 고통받는다. 또 상대방이 무모하거나 일관성이 없어 보일 때도 고통받는다. 항상 엄중한 경계 태세에 있어야 할 때도 고통받으며, 이상하게도 좋은 일이 일어날 때도 고통을 받는데, 바로 연이어 뭔가 나쁜 일이 일어날 것 같다는 느낌 때문이다. 하지만 6유형은 두려움에서 올라온 여러 형태의 고통을 경험할 때조차도, 다양한 대처 전략을 통해 더 깊은 수준에서 불안을 피하거나 놓아버리기에 이러한 고통을 제대로 인식하지 못할 수도 있다. 그들이 피하

는 더 깊은 고통, 즉 성장의 여정에서 겪을 필요가 있는 고통은 그보다 낮은 수준에 늘 존재하는 불안을 중화시킬 수 있도록 도와준다. 그러나 이렇게 하려면, 6유형은 앞으로 촉발될 두려움과 고통에도 불구하고 미지의 세계에 뛰어들어야만 한다.

6유형은 인생 초반에 실제로 보호가 결핍되었던 경험에 대해 인정해야 하는데, 안전한 치료환경에서 이 작업이 이루어진다면 이상적이다. 이렇게 해야만 이들은 그 인생 초기의 사건들을 어떻게 반복하여 경험하는지 파악하고 이해할 수 있을 것이다. 6유형은 다음에 나오는 특정한 고통스러운 감정들을 풀어내는 방법을 배워 참 자아가 더욱 충만하게 실현될 수 있도록 해야 한다.

- ✓ 너무나도 오랫동안 모든 사람과 모든 것에 대해 책임져야 한다는 부담감으로 지쳐있다.
- ✓ 신뢰할만한 사람들을 의심했던 것을 후회한다. 두려움 때문에 사람을 잘못 판단했던 순간을 생각해 보자. 이 일에 대해 생각하되 자신을 비판하지는 말자.
- ✓ 학대당했거나 보호받지 못했던 어린 시절의 경험에 대해 창피해한다. 아이들에게 이런 일이 생기면 그들은 생존하기 위해 의지했던 사람에 대한 그들의 감정을 보호하려고 무의식적으로 '속으로는 나쁜 아이'라는 생각으로 보호자를 나쁘게 여기기보다는 자신을 탓한다. 이 감정을 의식적으로 느끼되 마음에서 털어 내고 자신의 선함을 소유하기 위해 노력하자.

✓ 자신과 세상에 대한 왜곡된 관점으로 혼란을 느낀다. 두려움을 느낄 때 때때로 무엇이 진짜인지 알아내는 것이 어려울 수 있다. 즉 실제 위험을 직관적으로 알아차린 것인지 아니면 그것을 거짓으로 만들어 외부 사람이나 사물에 투사하는 것인지를 구별하기 어려운 것이다. 두려움이나 편집증적인 경향에 사로잡힐 때, 언제 자기 자신을 믿어야 하며 언제 자신이 내린 결론을 믿지 말아야 하는지를 배우도록 하자.

✓ 두려움으로부터 분노와 공격성이 생긴다. 이것은 하위유형에 따라 드물기도 하고 빈번하게 일어날 수도 있다. 분노에 대해 더 의식하고 그것을 건강한 방식으로 표현하는 방법을 배우자.

✓ 자기 의심은 책임감, 생생한 상상, 자신과 자신의 힘을 믿지 못하는 것의 근원이다. 자기 의심을 있는 그대로 명명해보자. 즉 이는 인생에 대한 두려움과 온전한 나 자신이 되는 것에 대한 두려움이다. 스스로 자기 의심을 완전히 파헤쳐 보고 자기 의심의 근원, 표현 방법, 그것이 나를 어떻게 몰고 가며 그 결과가 어떠한지 탐구해 보자. 스스로가 의식하며 생각하도록 하여 자기 의심을 효과적으로 처리하고 관리하는 방법을 배우자.

✓ 인생 초반에 갇혔던 경험에서 오는 두려움을 느껴보자. 이 경험을 탐색하되 무슨 일이 일어났으며 어떻게 느꼈는지를 완전히 직면하라. 직면하고 그것을 넘어서는 내적인 힘을 의식적으로 의지하자.

✓ 살면서 위협과 위험에 너무 많은 시간을 보내느라 행복, 만족, 기쁨의 감정을 느낄 여지가 없다.

> 취약한 상태로 있는 것은
> 너의 가슴이 진실한 기쁨을 느끼도록 하는 유일한 방법이다.
> - 밥 밀리

자신의 하위유형을 파악하면 맹점, 무의식적 경향, 숨겨진 상처를 다룰 때 구체적으로 접근할 수 있다. 각 하위유형의 특징적인 패턴과 경향은 다음 세 가지 본능 중 어느 것이 우세하게 작용하느냐에 따라 달라진다.

자기보존 6유형

자기보존 6유형은 따뜻하고 다정하며 부드럽고 친절하여, 공격적이지 않은 모습으로 자신의 두려움을 위장한다. 분리불안처럼 두려워하고 강력한 보호자를 끌어들이려고 노력하며 동맹을 맺어 더욱 보호받는다는 느낌을 확보한다. 이들은 드러나게 두려워하고 종종 공포증으로 인해 위험에서 싸우지 않고 도피하여 달아난다. 세 가지 하위유형 중에서 의심이나 불확실성을 가장 많이 경험하며 자신보다 남들을 더 믿는다. 하위유형 중 화난 상태에 대한 두려움이 가장 크고 가장 주저하며 질문을 가장 많이 던진다. 그러나 절대로 답은 하지 않는다.

사회적 6유형

사회적 6유형은 훌륭한 권위를 찾음으로써 두려움에 대처한다. 이들이 생각하는 안전한 길은 자신이 선택한 권위에서 오는 규칙들을 따르는 것이며, 그 권위는 사람일 수도 있고 시스템이나 이념일 수도 있다. 이들은 의무를 잘 이행하고 법을 존중하며, 지적이고 책임감이 강하며 유능하고 지침이나 기준을 따르는 것으로 안전을 확보한다. 불확실성과 모호함을 불안과 같다고 생각한다. 또한 '공포 순응(두려워하는 성향)'과 '공포 대항(두려움에 힘으로 맞서는 성향)'이 혼합된 행동 양상을 보이며 세상을 회색이 아닌 흑백논리로 본다.

일대일 6유형

이들은 다른 하위유형보다 더 대립적이며 강렬하고 위협적인 유형으로, 분노를 표현함으로써 두려움에 반응한다. 이들에게 최선의 방어는 적절한 공격으로, 강하다는 인상을 주고 대체로 두려움이나 취약함을 표현하지 않는다. 두려움에 몰려 행동할 때도 이를 의식하지 못할 수 있다. '공포 대항'형이며 위험을 인지하면 유리한 입장에서 그 위험에 맞선다. 이러한 면은 때때로 반역자, 위험을 감수하는 사람, 아드레날린 중독, 골칫거리 등의 모습으로 나타난다.

6유형의 하위유형별 그림자

하위유형의 특징적인 그림자를 안다면 그림자 작업을 효과적으로 할 수 있다. 다음은 각 하위유형의 그림자에 대한 설명이다. 하위유형별 행동은 매우 자동적이며 무의식으로 이루어지기에 이런 특성들을 파악하거나 수용하기가 가장 어렵다.

자기보존 6유형의 그림자

자기보존 6유형이 두려움에 대처하는 전략은 보호받기 위해 타인에게 의존하는 것이다. 이들은 따뜻하고 다정하게 행동함으로써 사람들이 자신을 공격하지 못하도록 하며, 두려운 상황이 생기면 안전을 위해 도망가고 싶어 한다. 타인의 공격성을 두려워하며 자신을 표현하는 것이 불편하고 의심과 불확실성으로 길을 잃어버릴 수도 있다. 확신을 얻고 싶지만, 심지어 자신이 의심하는 것도 의심하는 등 모든 것을 의심하기에 결단하고 행동하기가 어렵다. 이들은 자기 자신의 힘과 권위를 갖기가 어렵다.

사회적 6유형의 그림자

사회적 6유형은 엄청난 양의 의무를 떠맡으며, 의무에 묶여 상대방과 단체를 돌본다. 대의명분과 권위 있는 인물에 충성하며, 이는 안전하다고 느끼고 싶은 에고의 필요에 의한 것이다. 권위나 이념에 과도하게 헌신하여 지나친 '신봉자'가 될 수도 있다. 안전을 확보하고자 해야 할 일에 대한 지침을 찾을 때, 바깥 세계를 보는 것이 아니라 자신의 권위를 신뢰하는 법을 배워야 한다. 체계, 이상, 규칙에만 초점을 맞추면 자신의 감정이나 본능과 더 깊이 연결해야 할 필요성을 무시할 수도 있다. 머리뿐 아니라 가슴이나 장을 활용해야 한다.

일대일 6유형의 그림자

이들은 두려움을 무릅쓰고 나아가거나 힘과 공격성을 밖으로 표현하지만, 이는 용기가 아니라 두려움에 기인한 행동이다. 두려움에 대처하는 방법으로 상대방을 위협하며 공격을 막아낸다. 진정한 용기를 갖기 위해 이들은 강력한 갑옷 속에 있는 두려움이라는 감정과 만날 필요가 있다. 또한 현실에 더 기반을 두고 깨어있기 위해서는 취약함을 느끼는 경험을 견뎌냄으로써 정서적인 강함을 길러야 한다.

> 당신을 취약하게 만드는 것이 당신을 아름답게 만든다.
> - 브레네 브라운

6유형의 역설

6유형의 역설은 '용기'라는 미덕과 '두려움'이라는 격정의 양극을 통해 경험된다. 용기가 있다는 것은 예측 불가능할 때도 앞으로 나아감을 의미한다. 두려움이 작동하는 방식을 인식함으로써, 6유형은 개방적인 태도로 새로운 삶의 방식을 실험해 볼 수 있으며 마음을 열고 행동으로 옮길 수 있는 능력을 계발할 수 있다. 이를 통하여 결국은 평화와 자신감을 더욱 느낄 수 있으며, 일을 시작하기 전에 모든 것을 확실히 해 두려는 태도를 멈추고, 가슴과 몸에 더욱 연결된 느낌을 얻을 수 있다. 또한 머릿속에 머물러 있는 생각에서 자유로이 나올 수 있는 능력을 계발하여, 두려움이 아니라 믿음이 자신을 이끌고 있음을 느끼게 될 것이다.

성장의 여정에서 두려움을 의식하고 건강한 차원인 용기에 접근하기 위해 취할 수 있는 행동은 다음과 같은 것들이 있다.

- ✓ 불안을 느끼고 예측 가능함을 간절히 원하는 때를 알아차리자. 긴장을 풀고 지금 일어나고 있는 모든 좋은 일들, 아마도 앞으로 계속될 일들을 보자.
- ✓ 계획을 실천에 옮기려 할 때 올라오는 압박을 알아차리자. 분석하거나 리허설을 하려는 경향이 있음을 알아차리자. 불안함이 느껴져도 대기시간을 줄이고 바로 행동으로 옮기자.
- ✓ 안전함을 느끼고 싶어 하는 자신에게 연민을 갖자. 위협이 올 때 느껴지는 감정에 접촉하자.
- ✓ 두려움이 행동으로 나타날 때 그것을 인정하되 자신을 비판하지는 말자. 더 의식적으로 천천히 침착하게 호흡하자. 일어날 수 있는 온갖 나쁜 일들을 생각하는 대신 생각을 현재로 돌아오게 하자.

✓ 혹시 일어날 수도 있는 문제와 위험에 대해 과잉 분석하느라 탈진된 상태를 의식하자. 의도적으로 마음을 편안하게 할 때 경험할 수 있는 안도감 안으로 들어가자.

✓ 몸에 주의를 두자. 주의를 신체로 돌릴 수 있는 특정 형태의 움직임이나 운동을 하여 자신감과 현실감각을 느껴보자.

✓ 행동하는 것이 두려워지거나 행동을 주저하게 될 때 그 두려움을 그대로 느끼고 밀고 나가자. 이것이 너무 힘들면 친구에게 도움을 요청하자. 그렇게 하여 앞으로 나아가면서 용기라는 것이 어떤 느낌인지 알아가자.

> 용기란 두려움에 대한 저항이며 두려움을 통달하는 것이다.
> 두려움이 없는 상태가 아니다.
> - 마크 트웨인

화살을 사용한 6유형의 성장 경로

에니어그램 도형에서 6유형과 화살로 연결된
두 유형은 9유형과 3유형이다. 속도를 늦추고 사
람들과 연결할 수 있는 9유형의 건강한 측면을 구
현하고, 3유형의 행동을 취하는 능력을 통합하면,
위험에 집중하는 평상시의 태도에서 벗어나 의미
있는 성장을 시작할 수 있고 100% 준비되지 않아
도 일할 수 있는 능력을 기르는 데 집중할 수 있다.

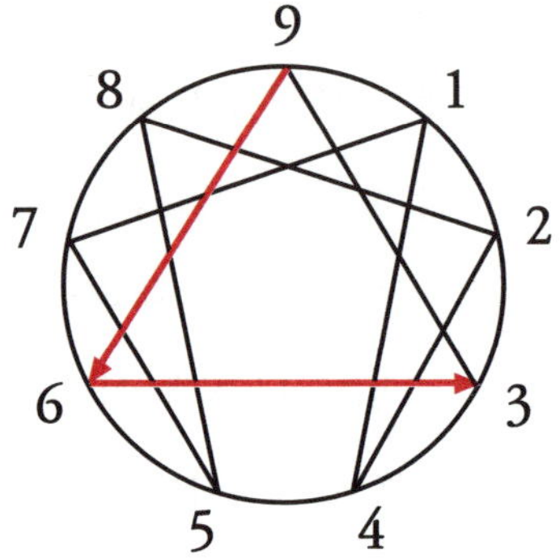

속도를 늦추고 주위 사람들과 더 연결함으로써 긴장을 푸는 9유형의 능력을 의
식적으로 취하자. 다른 사람에게 더 많이 귀를 기울이고 그들의 의도를 신뢰하
자. 방 안에서 가장 태평한 사람의 역할을 해보고 어떤 느낌이 드는지 살펴보자.
그저 '자신으로 존재할 수 있는' 활동을 하는 데에 전념해보자. 몸에 더 기반을
두고 힘을 기르며, 단전에 힘을 주고 그것을 느끼며 가슴을 가라앉히자. 더욱 현
존하며 온전하게 느끼는 방법으로 감정이 몸을 통과하는 것을 느껴 보자. 스스
로 머리에서 나와 흐름을 타고 나아가며 아무것도 묻지 말고 다른 사람들과 어울
려 보자.

3유형의 미루지 않고 행동하는 능력을 끌어다 쓰자. 자신의 힘으로 목표 리스트를 만들어 원하는 결과를 얻기 위해 집중하고 자기 자신의 유능함을 더 많이 인정하자. 자기 홍보를 더 많이 하고 자신의 긍정적인 면과 성취를 인정하자. 혹시라도 일어날 문제들을 해결할 방법을 생각하지 말고, 무엇이 자신을 돋보이게 만드는지 생각하자. 성공에 대한 두려움을 놓아버리는 연습을 하고 그냥 행동 하자! 감정과 더 많이 접촉하면서, 두려워서 머물러 있기보다는 앞으로 나아가고 싶은 열정을 느껴 보자.

성공은 최종목표가 아니며, 실패는 돌이킬 수 없는 일도 아니다.
중요한 건 계속할 수 있는 용기이다.
- 윈스턴 처칠

건강한 차원 받아들이기

　　여정의 세 번째 단계에서, 6유형은 침착하고 자신감 있는 태도를 배우고 긍정적인 방식으로 상황을 만들어 갈 수 있음을 깨닫게 된다. 6유형은 걱정하지 않고 내면의 강함을 느끼는 자신을 놀라움 속에서 발견하며, 세상이 무너지지 않는다는 것을 알게 된다. 이런 강한 느낌은 머리로부터 나와 가슴과 몸으로 더 많이 들어감으로써 얻게 된다. 6유형이 생각에 머무르던 세상에서 나와서 균형을 잡고자 감정과 직관의 지혜를 건드리는 법을 배우면, 의심과 불안에서 시작된 사고 패턴을 멈추는 방법을 찾을 수 있다. 또한 아무것도 두려워할 것이 없음을 알게 되고, 혹시라도 일어날 위협과 위험을 해결하기 위해 통제하려는 생각을 놓을 수 있게 된다. 아울러 모든 것이 잘 되리라고 믿는 법도 알게 된다. 일이 뜻대로 되지 않을 때도 다음에 무슨 일이 일어날지 곧바로 걱정하지 않고 배울 점을 찾을 수 있다.

이러한 건강한 상태에서 6유형은 전에는 하지 못했던 일들을 할 수 있으며 성장을 위해 계속해서 노력할 수 있다.

- ✓ 자연스러운 신뢰감으로 두려움과 맞서자.
- ✓ 타인을 시험하거나 의심하지 말고 믿자. 자신을 신뢰하고 자기 능력을 더 편안하고 당연하게 받아들이자.
- ✓ 상황을 너무 과도하게 생각하지 말고 미래의 시나리오를 계속 그려보는 태도를 멈추자.
- ✓ 직관과 투사의 차이를 구별하자. 실제로는 일어나지 않을 일인데도 긴장한 채 나쁜 일이 곧 일어날 거라는 상상을 할 때와 반대로, 긴장을 풀고 앞으로 일어날 일을 상상해 보자.
- ✓ 당신의 느낌과 직감을 참고하여 부정적 생각의 고리에서 탈출하자.
- ✓ 미래에 일어날 일들에 대한 걱정 없이 가볍고 편안하게 즉흥적으로 흘러가는 대로 인생을 살아보자.
- ✓ 자신을 진정시키는 능력을 더 많이 경험하고 더 행복하게 살자.
- ✓ 자신이 가진 강함과 힘, 권위를 느끼고 자신감을 계발하여 더 쉽게 결정하고, 필요하다면 행동을 취하여 자신에 대해 전반적으로 더 좋은 기분을 느끼자.
- ✓ 위험에 초점을 두는 만큼 똑같이 기회에도 집중하자.

> *사람이 할 수 있는 가장 위대한 발견인 동시에 가장 놀라운 순간은*
> *두려워서 할 수 없었으리라고 생각했던 일을 해냈을 때이다.*
> *- 헨리 포드*

6유형의 미덕

용기는 6유형의 미덕으로 두려움이라는 격정의 해결책이 된다. 용기를 통해 6유형은 일어나는 일들 혹은 일어날지도 모르는 일들에 맞서 가슴을 연 채로 침착하고 단호하게 조금씩 앞으로 나아갈 수 있다. 이들은 '도피 또는 투쟁' 반응에 사로잡혀서가 아니라 더 높은 수준의 필요나 의지로 인하여 계속 앞으로 나아갈 수 있을 것이다. 그들은 자신에게 다가오는 어떤 도전도 처리할 수 있다는 확고한 자신감이 있다. 자신과 세상을 믿으며, 앞으로 겪을지도 모를 모든 위험을 상상하지 않는다. 자기 삶에 대하여 전적으로 책임을 지며, 삶에서 무슨 일이 일어나든지 대처할 수 있음을 알고 있다.

용기는 두려움의 반대이며 삶에서 무슨 일이 일어나든지 계속하여 가슴을 열고 있는 태도이다. 용기가 있다는 것은 예측 불가능한 상태에서도 앞으로 나아가며 두려울 때도 행동을 취하는 것이다. 용기는 앞으로 나아가는 새롭고 명확한 길을 제공함으로써 두려움에 대처하는 건강한 방식을 알려준다. 6유형이 스스로가 정말 용감하다는 것을 알 때, 불안은 순수한 에너지가 된다. 엄청난 힘과 회복력으로 최악의 상황에 맞섰던 경험을 6유형은 기억한다. 또한 그들은 위기 상황에서 평정을 유지했던 순간을 기억한다. 그리고 그러한 순간에 약간의 용기라도 드러내었기에 이제는 어떤 일이 일어나든 상관없이 의식적인 방법으로 용기를 끌어낼 수 있음을 이해한다.

6유형은 두려움에서 시작된 성향들에 맞서 작업함으로써 용기의 진정한 깊이를 배울 수 있다. 6유형이 스스로 힘을 갖고 더욱 열린 가슴으로 용기 있는 상태로 다가갈때 다음을 경험하게 된다.

✓ 정신적인 활동을 멈추고 이제는 '그냥 할 수 있다.' 이 순간이 다시 오지 않음을 안다.

✓ 두려울 때 멈추지 말고 그냥 앞으로 나아간다. 두려울 수 있으나 그것 때문에 멈추지는 않는다.

✓ 불안 때문에 위축되지 않고 자기 자신 안에서 안전을 찾는다.

✓ 내면의 현실에 집중하며, 과거의 상처를 반추하지 않고 현재 이 순간에 뿌리를 내리고 존재한다.

✓ 자신의 힘과 안정감을 확인하는 긍정적인 피드백을 받아들인다.

✓ 내적인 힘과 권위를 회복한다.

✓ 명상을 연습하여 두려움에서 시작된 부정적인 생각들을 떨쳐 버리는 방법을 배운다.

✓ 안전한 환경이 갖추어진 상태에서 자신의 불안과 끝까지 이야기를 나누며 불안을 직면하고 증거로 현실을 체크한다. 그런 후 불안을 보내 버릴 수 있다.

✓ 힘, 신뢰, 자신감을 갖추고 구체적으로 새롭게 도전한다. 자신의 힘과 강함을 주어진 상황에 적용할 때 일이 잘 흘러감을 알아차리고 기억할 수 있다.

겁나는 것은 느낌일 뿐이며, 용기를 내는 것이 내가 할 일이다
- 엠마 도나휴

6유형이 참 자아를 받아들일 때의 핵심은 마음을 고요하게 하는 것이다. 존재하지도 않는 문제를 상상력으로 만들어내는 온갖 양상을 스스로 인식하게 되면, 6유형은 전형적인 사고 패턴을 멈추고 마음으로 들어가 더 확고한 안전감 속에서 쉴 수 있다. 위험과 문제에 초점을 맞추는 습관을 주기적으로 살펴서 놓아 버릴 때, 두려움 너머에 있는 삶의 가능성을 향해 마음을 열 수 있다. 안전할 수 있는 유일한 길은 잘못될 수 있는 모든 것들을 미리 생각하는 것뿐이라고 에고가 계속 말하기에, 이 여정이 어려워 보일 수도 있다. 그러나 자신을 제한하는 신념을 직면하고 그것을 넘어서 일어설 때, 6유형은 차분히 현실에 기반을 둔 자기 내면에 힘을 부여할 수 있으며 자기 지식과 자기 확신 안에 단단히 자리 잡은 더 높은 수준의 내적 강함을 갖게 된다. 다시 말해서 자신이 누구인가에 관하여 더 넓은 시야를 확보하게 된다.

자신이 의심과 준비에 갇혀 오히려 용기를 냈을 때의 평화를 경험치 못하게 된다는 사실을 알게되면, 6유형은 주의와 의지를 모아 진정한 강함 속으로 들어가 긴장을 푸는 방법을 배우게 된다. 이렇게 부정적인 생각이 만들어 낸 공허한 위협을 간파해 낼 때, 그들은 가능한 일들에 더 집중하기 시작하며 자신이 이미 최고의 결과를 위해 필요한 모든 힘을 갖고 있다는 믿음으로 확고해진다. 자신을 진정시키고 자신의 역량을 믿으며 미지의 세계로 나아갈 때 6유형은 진정한 잠재력을 깨닫게 되고, 온 우주가 사실은 협력하여 기쁨과 성공을 만들어낸다는 사실을 알게 될 것이다. 자신의 진정한 힘을 소유하고 연습하면, 그들은 태도와 관점을 완전히 바꿀 수 있으며 세상 속에서 창조해 낼 수 있는 모든 것들을 드러낼 수 있다.

다른 유형과 마찬가지로 6유형도 그림자와 어려움을 직면해야 하지만, 이들이 깨어나는 여정의 후반부는 예상했던 것보다 더 행복하고 평화로울 수 있다. 이들은 이제 벗어나야 할 어려움 속에서 살아가지 않으므로 더 큰 해방감을 느낄 것이다. 6유형의 생존전략은 문제를 찾는 데만 집중하게 만들며 의도치 않게 고통을 겪게 한다. 잠자는 상태에서 6유형은 모든 숨겨진 문제와 위협을 계속 찾아야 한다는 생각을 멈출 수가 없다. 그러나 이런 마음 상태가 계속 그들을 더 낮은 의식 수준에 가둬놓는다는 사실을 깨닫는다면, 6유형은 본향으로 돌아와 참 자아를 경험하게 된다. 방어를 내려놓아도 된다는 엄청난 안도감을 누릴 수 있을 것이며, 두려움과 이로 인한 스트레스를 다루느라 사용했던 에너지를 회복할 수 있을 것이다.

6유형은 신중함이 지혜라고 믿는다. 이런 잘못된 가정은 집요한 자기 제한적 패턴을 강화한다. 그러나 이 패턴을 내려놓고 결국 모든 것을 통제할 수 없음을 받아들일 때, 이들은 진정한 자신의 힘을 갖게 되어 삶에서 일어나는 모든 일에 대해 용기를 낼 수 있다. 무슨 일이 일어날까를 걱정하지 않을 때, 6유형은 현존하게 된다. 그저 주어지는 대로 살아갈 수 있는 역량을 기르게 되며, 그것은 참 자아가 태어날 때부터 가진 권리이다. 그리고 그들이 상상했던 문제가 정말로 일어날 때도 자연스럽게 본성이 가진 힘으로 그 문제들을 마주한다. 매 순간 무슨 일이 일어나더라도 이를 해낼 수 있는 힘이 자신에게 있음을 믿는다면, 신뢰를 경험하고 진정한 자신을 깨닫게 하는 통로가 되는 내재된 용기에 대해 더 온전하게 알게 된다.

탐닉에서 진중함으로 가는 여정

> 고통과 괴로움, 두려움은 그 누구도 피할 수 없다.
> - 에릭 그레이튼스

옛날에 7이라는 사람이 살았다. 날 때부터 호기심과 궁금증이 많았던 그는 고귀한 지혜를 얻고 진정한 기쁨을 누릴 수 있는 멋진 능력이 있었다. 한 번에 한 가지씩 집중하여 그 본질을 발견하고 즐기려는 열망이 강했으며, 깊이 배우고 알고 싶은 것에 온전히 집중하기를 좋아했다.

그러던 어느 날 자기 다리에 앉아 있던 벌을 유심히 살펴보며 놀고 있을 때, 벌이 그를 쏘고 말았다. 그는 울면서 달래줄 누군가를 찾았다. 조금이나마 위로받으려고 아빠에게 이야기했지만, 아빠는 뭔가에 화가 났는지 그에게 나가라고 했다. 그래서 엄마에게로 갔지만 엄마는 바빠서 그런 사소한 이야기는 들을 시간이 없었다. 이런 반응은 7에게 고통이 되었는데 이런 고통을 어떻게 처리해야 하는지 몰랐다.

7은 아픈 경험이 별로 없었고 고통을 싫어했기에 이런 불쾌감에서 벗어나고자 자신의 상상 속으로 도피했다. 친한 친구와 즐겁게 논다거나 하늘에 떠다니는 구름을 구경하는 등 흥미진진한 일들을 생각하기 시작했다. 그는 곧 자신이 즐겁고 흥미로운 것을 상상하는 데 남다르다는 것을 알게 되었고 시간이 지날수록, 고통이 위협하는 것 같을 때마다 이런 즐거운 생각들로 관심을 전환했다. 행복하고 좋은 것 외의 어떤 감정이 들 때, 그는 '좋은 듯 보이거나' '행복한 것 같은' 무언가를 생각하는 데 집중했다. 행복하지 않은 누군가를 보면, 왜 그들이 스스로 그렇게 내버려 두는지 의아했다. 기분 좋아지는 것들을 생각할 수 있는데 도대체 왜 안 좋은 것을 선택하는지 이해하기 어려웠다.

시간이 흐르면서 7은 주변에서 무슨 일이 일어나든 자신을 행복하게 만드는 능력을 계발했다. 어떤 상황에서도 행복한 것들을 생각해 냈고 생각 속에서 어디론가 좋은 곳으로 가서 슬프고 행복하지 않은 느낌을 피할 수 있었다. 그러던 어느 날, 친한 친구가 떠났고 미약하지만 7은 친구를 잃은 고통을 느끼기 시작했다. 그러나 감정이 인식될 만큼 커지기도 전에 지금 만날 수 있는 다른 친구들을 생각하기 시작했다. 금방 옮겨간 것이다. 왜 그랬을까? 새로운 친구와의 즐거운 미래를 생각하니 기분이 다시 좋아졌기 때문이다. 하지만 7은 그의 행복이 때로 얄팍하고 피상적이라는 것을 깨닫지 못했다. 단지 도피였을 뿐 진정한 기쁨이나 어릴 때 느끼던 순수한 즐거움은 아니었다.

7은 고통을 느끼는 것이 불편하고 좋지 않았기에 고통의 중요성도 알지 못했다. 행복과 즐거움을 추구하는 그의 관점에서는 행복하게 느껴지지 않는 그런 감정적 경험들이 실제로는 삶을 풍성하고 만족스럽게 할 수 있음을 알지 못했다. 때로 우리는 고통의 감정을 허용할 때 진정한 기쁨을 알 수 있다. 7은 친구를 정말로 좋아했고 그를 그리워한 것도 사실이었다. 고통은 그가 사랑을 인식하고 슬픔 또한 사랑과 연결되어 있음을 알 수 있는 기회였다.

하지만 7은 고통을 인식하기도 전에 자동으로 피했기에 사랑을 느낄 기회마저 피하게 된 셈이었다. 고통에서 도망치고 항상 행복한 감정에 머물다 보니 결국 진정한 여러 감정을 느끼지 못하게 되었다. 자신의 감정을 포함하여 한번에 한가지에만 깊이 집중할 때 느끼는 진정한 기쁨을 경험하고 실제적인 모든 것을 즐기는 능력을 상실한 것이었다.

이렇게 7은 잠들어 버렸다. 재미와 행복을 추구하지만, 그저 잠든 상태일 뿐이다.

다음 문장 중 대부분 혹은 전부에 공감한다면 7유형일 수 있다.

✓ 흥미로운 활동, 자극적인 아이디어, 미래 가능성에 관심이 집중돼 있다.

✓ 즐겁고 기분 좋은 활동에 참여할 기회를 적극적으로 찾으며 즐거움과 재미를 놓칠까 염려한다.

✓ 불편할 수도 있는 상황을 피하려고 여러 선택지를 열어놓고 모험의 기회를 찾으며 자유를 주장한다.

✓ 습관적으로 긍정적인 생각과 계획을 떠올리며 미래의 가능성에 집중한다.

✓ 삶에서 한계가 없는 것을 중요하게 여기며 다른 사람 혹은 상황으로 인해 제약받는 것을 원치 않는다.

✓ 권위에 있어 동등함을 추구하며 지시받거나 지시하는 것을 원치 않기에 계급이나 서열을 싫어한다.

✓ 지나치게 낙관적이며 미래는 항상 괜찮을 것이라 믿는다.

✓ 관심사가 많으나 특출나게 잘하지는 못하며 전문적이지도 않다.

✓ 삶에서 고통과 어려움을 직면하기가 어렵다.

7유형은 다음과 같은 세 단계의 경로를 따라 성장할 수 있다.

먼저, 무의식적으로 고통을 피하고자 긍정적인 일에 계속 집중하는 습관적 패턴을 관찰함으로써 자신을 알아가는 성장의 여정을 시작할 수 있다.

다음은, 특정한 감정과 경험을 피하려는 무의식적인 욕구가 오락에 빠지게 함을 알아차리고, 불편한 상황이나 감정에 갇히지 않으려고 대안을 찾는 자신의 그림자와 대면해야 한다.

마지막 단계에서, 주어진 순간에 삶이 가져다주는 모든 것을 받아들이는 수용력을 키우고 고통이 따를지라도 열린 마음으로 삶에 더 깊이 관여함으로써 건강한 측면을 향하여 나아갈 수 있다.

> 가장 중요한 것은 삶을 누리는 것이다. 행복이 가장 중요하다.
> - 오드리 헵번

여정을 시작하기

7유형이 깨어나기 위한 첫 단계는, 무슨 일이 생기든 자기 행복에만 관심이 있음을 의식적으로 알아차리는 것이다. 긍정적인 상태를 유지하려고 생각이 빠르게 여기저기로 움직이고 있음을 인지한다면, 늘 좋은 기분을 느끼기 위해서 어떤 부정적인 것에도 집중하지 못한다는 사실을 인식하기 시작한다. 이런 행복감은 피상적이며 결국 만족을 주지 못한다.

7유형의 핵심 패턴

7유형은 계속해서 긍정적인 상태를 유지하려고 할 것이다. 하지만 기분 좋게 있으려는 욕구는 그 순간 벌어지는 일에 현존할 때 오는 불안, 혹은 자유가 제한되는 두려움을 감추려는 것일 수 있다. '지금 바로 여기'의 경험에서 자신을 산만하게 하여 지루하거나 불편한 삶을 벗어나고자 한다. 이는 피할 수 없는 나쁜 감정에 갇히는 것에 대한 근원적인 두려움 때문이다. 불편함을 인내하는 법을 배운다면 고통은 생각만큼 나쁘지는 않을 것이며 반대로 좋은 일은 더욱 즐겁게 여겨질 것이다.

7유형은 다음의 다섯 가지 습관적인 패턴을 더 관찰하고 의식함으로써 성장의 여정에 오를 수 있다.

여러 선택지를 가지려는 욕구

7유형은 고를 수 있는 많은 선택지와 행동 방침이 필요하다고 여긴다. 첫 번째 선택한 것이 어떤 이유에서든 잘 안 풀리면 다음 선택으로 옮겨가려는 경향을 관찰하는 것은 중요하다. 불편하거나 최적이 아닌 상황을 벗어나고자 마지막 순간에 다른 선택을 한다. 제약받는 무엇인가를 피하고자 하기에, 두려움을 온전히 인정하거나 인식하지 못할 수 있다. 자신을 어떤 방식으로로든 제한하려는 상대에게 매력을 발산해서라도 무장해제 시킨다.

쾌락에 집중함

7유형은 즐거움을 탐닉하거나 자신을 행복하게 해줄 일을 우선으로 하며 때로 부정적인 결과에 대해서는 인정하지 않는다. 끝없는 고통에 사로잡힐까 두려워 더욱 재미와 즐거움에 집중한다. 인식 못 할 수도 있지만, 7유형은 고통스러운 느낌을 주는 어떤 것이든 피하고 싶은 마음, 즉 두려움과 연관된 숨겨진 욕구를 감추려고 즐거운 일에 집중할 수 있다. 기분 좋은 경험을 더 하고 좋지 않은 것은 덜 하는 선택을 정당화하기 위해 일부 경험을 이상화하고 어떤 부분은 평가 절하할 수 있다.

긍정에 치중하는 것을 합리화함

7유형은 원하는 것을 하기 위해 정당한 이유를 만들어내는 능력이 뛰어남을 알아차리는 것이 도움이 된다. 자신이 원하는 어떤 것이든 해야만 하는 멋진 이유가 항상 있을 것이고, 꼭 해야만 하는 것 혹은 즐기려는 것들이 왜 좋은지에 대한 그럴듯한 설명이 자동으로 나온다. 고통스럽고 불편한 것이 있을 수 있음을 부정하고 오직 긍정적인 면만 집중한다. 합리화는 무엇이든 자신이 원하는 것을 하고, 생각하고 싶은 대로 생각하며 느끼고 싶은 대로 느끼기 위해 타당한 이유를 찾는다는 뜻이다. 합리화는 7유형의 방어기제로 작동하며 나 자신, 내 즐거움, 내 관점, 내 계획을 그 무엇보다 우선으로 선택하는 모습을 정당화한다.

고통을 회피함

행복을 기반으로 삶의 시나리오를 쓰고 있는지 자문하며, 자동으로 부정적인 면을 긍정으로 재구성하는지, 밝은 면만 보고 무엇이든 긍정적으로 해석하는지 생각해 보자. 안 좋은 느낌은 피하고 기분 좋게 해주는 무엇인가에 집중함으로써 늘 밝은 기분을 유지하려고 하는데 이는 어떤 고통이라도 회피하려는 무의식적인 전략이다. 고통에 대한 두려움이 있음을 인지하지 못하거나 고통스러운 감정을 느끼도록 허용하는 것이 어려운지 관찰해보자. 고통을 느끼는 것이 왜 좋은지 아무런 이유를 찾지 못할 것이다. 그러나 안 좋은 느낌을 피하면, 현재 일어나는 일의 깊은 수준을 충분히 경험하지 못하고 삶의 표면만 스쳐 지나가게 될 뿐이다.

어려운 상황을 회피함

생각도 해보기 전에 고통을 피하는 7유형은 삶이나 관계에서 마주치는 어려운 상황을 다루려 하지 않는다. 관계에서 문제나 어려움을 만날 때 이것을 잘 해결하면 다른 사람과 더 깊고 강하게 연결된다. 7유형은 불편함을 마주하고 싶지 않아 의도치 않게 인간관계를 피상적으로 유지하고 있음을 알아차리는 것이 중요하다. 관계에서 부딪히는 상황이 생길 때, 돌려서 말하거나 불분명한 태도로 혹은 완전히 피함으로써 그저 편하게 스쳐 가려고 할 수 있다. 자신이 이렇게 하는지, 또 이런 경향이 때로 어떤 문제를 일으키는지 관찰해야만 한다.

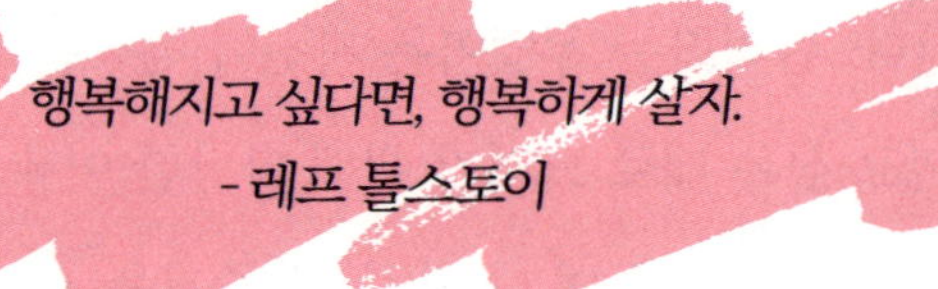

7유형의 정서적 격정

탐닉은 7유형을 움직이게 만드는 격정이며 정서적 핵심 동기이다. 이는 한계 없는 즐거움을 느끼고 모든 경험을 조금씩 맛보려 하며, 무수한 가능성을 열어놓으려는 욕구에 부채질 한다.

탐닉은 단지 음식이나 술에 대해서만이 아니라 다양함에 대한 지나친 욕구로 해석된다. 이는 7유형이 삶에서 모든 가능성을 경험하고, 또 원하는 바를 하지 못하게 막는 어떤 제약이든 피하도록 부추긴다. 이들은 다양한 즐거움을 만끽하며 원하는 것을 곧바로 충족시키기 위해 노력을 쏟아붓는데, 생각에서도 그렇게 하고 있다. 대부분의 7유형은 바쁘고 빠르며, 새로운 아이디어를 재빨리 떠올리고 상상 속에서 계획을 세우느라 두뇌가 활발히 움직인다. 그러나 성장을 위해서는 정신적인 즐거움을 추구하는 과한 욕구를 누그러뜨려야만 한다. 이들이 탐닉의 결점을 보기 시작한다면 속도를 늦추고 한 번에 하나의 경험을 제대로 할 수 있게 된다.

7유형은 삶에서 정말로 중요한 것으로부터 주의를 다른 데로 돌릴 위험이 많다. 예를 들어, 하던 일(아마 덜 재미있고 일상적인)을 계속하면 더 좋은 성과를 낼 수 있는데 그만두고 새로운 경험을 선택한다거나, 한 분야에서 전문가가 되기보다 여러 종류의 일을 하는 것이 우선시 되기도 한다. 지루함을 원치 않기에 뭔가를 잘하게 되면 다른 일로 옮겨 가야만 할 것처럼 느낄 수도 있다. 하나에 머물러 있기 어렵고 다양한 경험을 하지 못하면 가만히 있지를 못한다.

　7유형이 깨어나기 위해서는 탐닉이 드러나는 다음과 같은 징후를 관찰하고 주의를 기울여야 한다.

✓ 어떤 가능성이나 기회도 놓치지 않으려 한다.
✓ 한 번에 여러 흥미로운 일에 참여하고, 여러 가지 일을 동시에 하며 하나의 활동에서 다른 활동으로 옮겨간다.
✓ 사안을 좋은 쪽으로 해석하고 부정적인 것을 긍정적인 것으로 재구성하며 나쁘거나 지루해 보이는 것은 무엇이든 피한다.
✓ 새롭고 재미있으며 흥미로워 보이는 일에 쉽게 마음을 뺏긴다.
✓ 여러 주제에 대해 동시에 이야기하고 주제를 빠르게 전환한다.
✓ 놀라고 매혹되며 황홀해하고 활력을 느끼며 신나 한다.
✓ 긴박할 정도로 즐거움과 독특한 모험을 찾으며 더 기쁘고 재미있는 쪽으로 방향을 튼다.
✓ 서로 다른 것들 사이의 연관성을 생각해 내고 연결한다. 틀을 깨고 생각한다.
✓ 미래의 일을 상상하느라 지금 여기에 집중하지 않고, 시작한 것을 끝내지 못한다.

> 지나친 호기심은 탐닉을 부추기고 보는 것마다 손을 댄다.
> - 빅토르 위고

날개를 이용한 성장 경로

7유형은 옆에 있는 날개 6유형과 8유형을 통합
함으로써 성장할 수 있다. 일상적인 일을 잘 알고
해내는 6유형의 능력과 확실한 행동 방식을 취하
는 8유형의 능력을 통합하면 쉽게 산만해지고 지
나치게 낙관적인 습관적 패턴을 넘어설 수 있다.

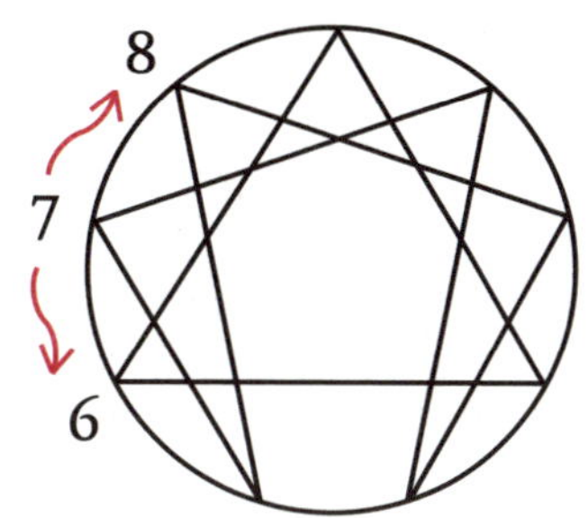

진행하는 계획과 프로젝트를 완수하지 않거나
세부 사항을 재확인하지 않을 때 6유형의 특성을 통합해서 발생할 수 있는 위험
성을 주의 깊게 생각해 보자. 두려움이나 염려는 하는 일을 더 잘할 수 있도록 돕
는다. 표면적으로만 관계를 맺고 있는지 생각해 보고, 책임감 있는 사람이 되고자
하는 마음으로 더 많이 헌신하고 충성하자. 필요하다면 불편한 대화도 하고 회피
하던 문제들을 해결하도록 힘쓰며, 해결하겠다고 장담한 문제에 대해서는 책임을
지도록 하자.

8유형의 특성을 통합해서 우선순위를 명확히 정하고 자신에게 큰 의미가 없거나
목표를 향해 나아가는 데 도움이 되지 않는 활동에는 참여하기를 멈추자. 새로
운 기회를 탐색하기보다는 현재의 어려움을 마주하고 어렵더라도 문제 해결을 위
한 직접적인 행동을 취하자. 현실적으로 생각하고, 마쳐야만 하는 일은 반드시 끝
내며 많은 아이디어를 떠올리기보다 한두 개의 아이디어를 실행에 옮기자. 좋아하
는 것 보다는 가장 중요한 것을 먼저 하고 대화할 때는 분명하고 직접적으로, 확
실하고 결단력 있는 태도로 하며 주의를 딴 데로 돌리지 말고 책임지며, 계획한
대로 밀고 나가자.

7유형의 그림자 마주하기

7유형 성장경로의 두 번째 여정은, 안 좋은 느낌을 피하려고 기분 좋아지는 것에 집중하는 경향을 인지하고 수용하며 통합하는 것이다. 진정한 기쁨은 고통을 받아들여야만 오는 것임을 배울 때, 이들은 자신이 좋다고 여겼던 긍정적인 것에만 집중하는 경향이 좋지 않음을 인식하고 깨달아가면서 성장한다. 이러한 자기 인식이 부족하면, 7유형은 어려운 일은 쳐다보지 않으려는 욕구에 굴복하고 만다. 그렇기에 이들이 잠든 상태에서 벗어나길 원한다면 고통을 피하려는 욕구를 직면하고 인식해야 한다.

부정적인 데이터나 불편한 감정을 무시할 때, 어려운 상황에 더 깊이 관여하고 힘든 감정을 느끼는 것의 가치를 전혀 보지 못한다. 이렇게 되면 불편하고 어려운 경험이 가져다주는 풍성함을 놓치고 삶을 피상적으로만 살아가게 된다. 현재의 일이 이상적인 기대감을 충족시키지 못하면 이들은 실망하고 낙담한다. 그림자를 마주하는 단계에서 7유형은 어려운 감정, 받아들이기 힘든 상황을 마주하는 능력을 키우며 회피하고 싶은 지속적인 문제들을 해결할 보다 성숙한 방법을 찾아야 한다. 이 과정은 더 깊이 있게 용기를 갖고 살아가기 위해서 고통과 두려움을 직면해야 함을 의미하기에 특히 더 어려울 수 있다.

7유형의 그림자 직면하기

다음은 이러한 7유형의 무의식적인 핵심 패턴과 맹점, 고통의 지점들을 표면 위로 가져와 더 잘 인식하고 대응하기 위해 할 수 있는 방법이다.

✔ 갈망을 촉발하는 것이 무엇인지 확인하자. 모든 사람에게 즐거운 경험이 필요하지만 기분 좋게만 있으려는 것은 인식되지 않은 두려움이나 슬픔에서 기인한 중독적인 행동을 부추길 수 있다.

✔ 지적인 대화나 이야기로 사람들을 혹하게 만들어 문제를 합리화하고 불편함을 모면하며 자유를 주장하는 방식을 관찰하자.

✔ 어떤 사람과 문제가 있을 때, 상대를 매혹하고 무장해제 시키는 방식이 어느 정도 도움이 되지만 결국에는 불화를 더 만드는지 살펴보자.

✔ '내면의 비관주의자' 모습을 마주하자. 낙관적으로 보이지만 긍정적인 상태 즉 밝은 면만 보지 않으면 영원히 좋지 않은 느낌에 사로잡힐 것이라 여기는 자신을 인지하고 인정하자.

✔ 고통을 느끼도록 허용하면 고통이 사라지지 않을 거라는 신념이 자신도 모르게 스스로를 제한하는지 생각해 보자.

✔ 흥미가 없어지면 그 일을 해내는 수준이 떨어지는지 자문하자.

✔ 마지막 순간까지도 선택지를 열어놓았다가 갑자기 약속을 깨뜨리거나 책임을 저버릴 때 사람들이 실망하는 것을 알아차리자.

✔ 즉각적인 만족을 갈망하는 것은 고통이나 제약을 직면하는 것이 두려워서 그럴 수 있음을 인정하자.

✔ 자신의 원함에 가장 관심을 두는 자기중심적 성향을 살펴보고 이것이 어떻게 타인을 공감하거나 지지하는 것을 어렵게 하는지 알아차리자.

> 우리에게 회복력이 있다면 고통에서 지혜가,
> 두려움에서 용기가, 고난에서 힘이 생겨난다.
> - 에릭 그레이튼스

7유형의 맹점

　7유형은 고통스러운 감정과 부정적인 경험을 습관적으로 피하기에 자기 맹점을 살펴보고 싶어 하지 않는다. 이들의 주요 생존전략으로 인해 7유형은 불편한 감정을 만나면 반사적으로 도망갈 길을 찾는다. 그러나 겉으로 행복해 보이는 모습 이면에 이따금 느껴지는 불안함, 염려와 같은 감정을 인지하는 것이 중요하다. 이들은 긍정적인 기회와 밝은 면에만 관심을 기울임으로써 두려움이나 슬픔을 가져올 수 있는 것은 아예 보지 않으려 한다. 또한 자신감 있고 걱정 없는 이미지 아래에 있는 염려를 숨기기도 한다. 더 나아가 오직 즐거운 경험만을 갈망하는 이들의 탐닉은 자신도 모르는 사이에 성장을 가로막을 수 있다.

　7유형이 자신을 알며 기꺼이 맹점을 보려고 하고 이로 인해 발생하는 고통을 느낀다면, 한층 성숙해져서 깊은 감정을 다루기가 쉬워질 것이다. 7유형은 '영원한 어린아이'의 전형과 비슷한데 여러 방식으로 어른으로 자라기를 거부한다. 이들은 고통을 마주하면서 자신감과 회복력을 키워나가면 이후에 보상이 있음을 기억해야 한다. 두려움을 느껴도 인생을 즐기고 재미있게 사는 능력을 잃어 버리지 않으며, 의식적으로 느끼기로 선택한 고통은 내가 알아야만 하는 정보를 준 뒤에는 사라질 것이다.

　다음은 7유형이 깨어나기 위해 직면해야 할 맹점이자 무의식적으로 작동하는 패턴들의 예시이다.

문제를 회피함

어려움을 만났을 때 주의를 돌릴 만한 것을 찾는가? 문제가 여전히 있다는 것을 알 때, 도망가려 하고 주의를 딴 데로 돌리고 빠른 해결책을 찾는가?

이러한 맹점을 통합하기 위해 취할 수 있는 행동은 다음과 같다.

✓ 자신의 기분과 관계없이, 매일 하기 싫어하는 일을 할 수 있는 시간을 따로 떼어 놓자. 해야 할 일은 반드시 하고 일을 마친 후에 놀며 이 과정을 반복하도록 하자.

✓ 살아오면서 주의를 딴 데로 돌리게 만들었던 모든 방법에 대해 코치나 신뢰하는 친구와 대화를 나누자. 100% 정직하지 않게 말하거나 변명을 하거나 눈가림하려고 하는지 알아차리도록 하자.

✓ 어렵거나 지루해 보이는 문제를 마주하지 않으려는 때는 언제이며 왜 그런지 생각해 보자. 이러한 문제를 다루려 할 때 무엇이 두려우며 지금 바로 이 문제를 다룰 때의 이점은 무엇일까? 또한 이 문제를 해결했을 때의 느낌은 어떨지 생각해 보자.

✓ 문제가 실제보다 더 심각하다고 여기게 하는 생각이나 느낌을 알아차리자. 혹은 이와는 반대로 문제가 아예 존재하지 않는다고 주장하는가?

✓ 어려운 일에 집중하기 위해서는 도움이 필요함을 인정하고 사람들에게 이 문제를 처리하면서 자신을 지도해 달라고 부탁하자.

✓ 어려운 상황을 모면하려 할 때 회피하는 감정에 대해 깊이 생각해 보자.

책임을 회피함

책임지는 것을 피하려고 합리화하며 문제를 외면하는가? 결점이 될까 두려워 이를 감추려고 사실을 왜곡하여 이야기를 꾸며내지는 않는가?

이러한 맹점을 통합하기 위해 취할 수 있는 행동은 다음과 같다.

- ✓ 상대의 책임으로 돌리거나 어떻게든 그렇게 나쁘지 않은 것으로 만들어서 책임을 최소화하려고 할 때마다 자신의 숨겨진 동기를 깨닫도록 하자.
- ✓ 책임을 지지 않는 자신을 합리화하기 위해 만들어낸 긍정적인 이야기를 알아차리고 이것이 의식하지 못하는 두려움이나 실패를 감추려는 것은 아닌지 자문하자.
- ✓ 지루하고 따분하며 제약이 되기에 성인으로서의 책임감을 마주하는 것이 어렵다는 것을 인정하자. '영원한 아이' 역할을 맡는 피터 팬 증후군이 있을 수 있다.
- ✓ 다른 사람과 책임을 나눠지고 싶은 마음이 어느 정도인지 알아차리자.
- ✓ 책임을 회피하려고 합리화하거나 그럴듯한 이유를 찾을 때 사람들에게 알려달라고 요청하자. 그들이 현실을 직시하도록 도와줄 때 생기는 감정을 알아차리고 받아들이자.
- ✓ 잘 풀리지 않는 일을 전적으로 책임지고 싶지 않아 도망가려는 경향이 있음을 스스로 인정하자. 책임이 자신의 몫이라는 것을 안다면 이 또한 기분이 좋을 수 있음을 알아차리자.

고통과 부정적인 정보를 무시함

안 좋은 느낌을 피하려고 기분 좋은 일에만 집중하거나 무언가를 회피하고 있음을 인지하지 못한 채 즐거운 상태를 추구하고 있는가? 무의식중에 부정을 긍정으로 재구성하거나 때로 부정적인 상황을 못 본 척하는가?

이러한 맹점을 통합하기 위해 취할 수 있는 행동은 다음과 같다.

✓ 부정적으로 보이는 것을 인정하는 것과 이에 대해 말하는 것이 얼마나 어려운지를 알아차리자. 기분이 좋지 않을 때 진실을 받아들이지 못하도록 방해하는 것은 무엇인가?

✓ 오로지 좋은 감정에만 집중하는 자체가 어떻게 고통스러운 감정을 못 느끼게 하는지를 알아차리고 힘든 감정에 머물러 있지 못하는 이유에 대해 깊이 생각해 보자.

✓ 살면서 두려움, 염려, 슬픔과 고통을 인정하지 않아 결과적으로 상황이 더 나빠진 경우가 있는지 생각해 보자. 지루하며 불편하다고 생각하면 그것을 외면하고 부정적인 감정을 회피하는 모습을 인정하자.

✓ 좋은 면만을 보려는 경향을 관찰하고 부정적인 데이터가 있을 때는 이런 경향이 더 심해짐을 알아차리자.

✓ 문제를 온전히 직면하지 않은 채 상황을 좋아지게 만드는 방법에 집중하는 경향을 파악하자.

✓ 상황이 원하는 대로 진행되지 않을 때도 실망감을 느끼는 것이 왜 어려운지를 인지하고 의식적으로 이러한 실망감을 느끼도록 허용하자.

> 합리화는 뭔가 잘못된 것을 내 마음이 감지할 때
> 변명의 이유를 찾도록 허용하는 것이다.
> - 브루스 에이먼 브라운

7유형의 고통

심리학과 영적 가르침은 우리가 삶의 즐거움만을 추구할 때 종종 불만족스러움과 더 안 좋은 결과가 생긴다고 이야기한다. 고통과 즐거움은 동전의 양면으로 고통을 접하는 것은 더 큰 기쁨을 느끼게 됨을 의미하며, 부정적인 감정을 피할 때 긍정적인 감정 역시 꺾이게 된다. 감정은 우리 자신의 중요한 면을 반영하고 우리에게 중요한 것이 무엇인지 깨닫게 하기에, 온전함을 얻기 위해서는 열린 마음으로 고통을 마주해야 한다.

고통을 대면하리라 결심할 때 7유형은 불안정하고 표면적인 행복이 아닌 현실에 기반을 둔, 평화로우며 진실한 행복을 향한 중요한 발걸음을 떼게 된다. 이때 고통은 영원하지 않다는 신념을 가지고 도움을 요청하며, 시간이 걸린다는 것을 받아들여야 한다.

우리는 모두 고통을 경험한다는 것을 기억하자. 고통을 느끼도록 허용하면 인내를 배워 기분이 나아지고, 회피한 고통이 오히려 더 큰 고통이 되는 것을 멈출 수 있다. 다음에 제시된 구체적인 고통의 감정을 경험하도록 천천히 배워나간다면 치유와 성장을 앞당길 수 있다.

✓ 벗어날 수 없는 불쾌한 감정적 경험에 갇히는 것에 대해 불안감을 느낀다. 7유형은 불편함과 부정적인 감정에서 주의를 돌리고 좋은 감정에 집중하도록 만드는 뛰어난 도망치기 선수일지 모른다. 그러나 두려움을 직면하지 못한다면 비교적 다루기 쉽고 덜 심각한 일에서 또 다른 고통스러운 감정을 경험하게 된다.

✓ 제한받는 것을 두려워한다. 자신의 자유에 대한 통제권을 원하고 지시받는 것을 싫어한다는 사실을 인정해야 한다. 원하는 것을 하려고 할 때 어떤 식으로든 제한받는 것을 불편해한다. 제한받는 것에 대한 두려움을 알아차리고 느끼며 이것을 피하려고 무엇을 하는지 보자.

✓ 부정적 경험을 두려워한다. 고통을 회피하려는 경향으로 인해 공감 능력이 적고 타인보다 자신의 내적 경험에 더 많이 관심을 기울이기에 자기중심적이다. 다른 사람들이 그들의 고통과 슬픔을 나눌 때 그저 '좋은 면을 보도록 해'라고 말할지 모른다. 이는 고통 속에서 가만히 앉아 있기가 어렵기 때문이다. 하지만 스스로 어려운 감정에 마음을 연다면 다른 사람과 더 풍성한 관계를 맺기 시작할 수 있다.

✓ 고통과 그것에 압도당하는 것을 두려워한다. 고통에 마음을 열지 않으면 고통을 피하려고 하는 행동, 예를 들어 음식 섭취나 일, 단순한 오락거리에서 안정을 찾기 등에 중독이 될 위험이 있다. 고통을 삶의 본질적인 충만함의 한 부분으로 재구성하자. 고통을 인식하게 될수록 고통을 받아들일 때만 가능한 멋진 경험에 자신을 열게 된다. 이웃과 진정으로 가까워지고 새로움을 경험하는 미지의 세계로 들어가게 되며 순간순간에 온전히 현존하여 살아가게 된다.

✓ 자연스러운 삶의 일부인 감정을 느끼도록 허용하지 않아서 슬픔을 느낄 수 있다. 어느 순간, 전에는 느끼지 못했던 감정과 고통이 슬픔으로 나타날 것이다. 이럴 때 두려울지라도 슬픔을 느끼도록 놔두자. 도와줄 친구나 코치를 찾고 슬픔의 고통은 영원할 수 없다는 것을 기억하자. 잠시 슬픔에 머물러 있으면서 자신에 대해 무엇을 가르쳐주는지 지켜보자.

자신의 하위유형을 파악하면 맹점, 무의식적 경향, 숨겨진 상처를 다룰 때 구체적으로 접근할 수 있다. 각 하위유형의 특징적인 패턴과 경향은 다음 세 가지 본능 중 어느 것이 우세하게 작용하느냐에 따라 달라진다.

자기보존 7유형

이들은 실용적이며 동맹 만들기에 뛰어나다. 필요를 채워줄 수 있는 가족 같은 네트워크를 만들고 즐거움과 이익을 얻을 수 있는 기회를 잘 파악하며 이에 대해 열려 있다. 발랄하고 말이 많으며 쾌락적인 면이 있다. 하위유형 중 자기중심적 성향이 가장 강하며, 공감 능력 면에서는 가장 뒤처져 있다.

사회적 7유형

타인을 돌보고 이기적이지 않은 방식으로 사람들을 위해 희생하는데, 이는 자신의 이익을 위해 기회를 이용하지 않으려고 조심하기 때문이다. 이들의 탐닉은 선하며 순수하고 싶은 마음이 있고 종종 세상의 고통을 줄이는 일을 하는 데 집중하며 이러한 직업에 마음이 끌린다. 공동체의 일에 집중하고 이상적인 세계에 대한 비전을 갖고 있어 더 나은 세상을 향한 열정을 보여준다.

일대일 7유형

이상적이고 더 나은 세상을 꿈꾼다. 바라는 것을 상상하며 살기에, 평범한 현실과 맞닿아 있기가 힘들다. 무척 행복하고 열정이 과한 경향이 있으며 세상을 실제보다 더 좋게 본다. 공상을 잘하고 다소 순진하며 세상을 장밋빛 안경을 쓰고 바라보는 경향이 있다. 새로운 아이디어와 사람들에게 쉽게 매료되고 잘 속기도 하며, 다른 사람의 의견 및 관심과 에너지에 영향을 받기 쉽다.

7유형의 하위유형별 그림자

하위유형의 특징적인 그림자를 안다면 그림자 작업을 효과적으로 할 수 있다. 다음은 각 하위유형의 그림자에 대한 설명이다. 하위유형에 따른 행동은 매우 자동적이며 무의식으로 이루어지기에 이런 특성들을 파악하거나 수용하기가 가장 어렵다.

자기보존 7유형의 그림자

때로 기회주의자처럼 사람들을 이용하는지 관찰하도록 하자. 자기 이익을 위해 타인을 이용하고 그들의 필요나 감정은 무시할 수 있다. 인정하지 않을 수도 있지만, 자기중심적 성향이 강해 자신을 가장 중요시하므로 이기적이기 쉽다. 보통 마음보다 생각을 가치 있게 여겨 자신의 감정에는 거의 닿아있지 않고 타인의 감정에도 둔감하다. 성장하기 위해서는 자기 이익을 위한 행동을 얼마나 많이 하는지 알아야 한다.

사회적 7유형의 그림자

자신은 선하고 겸손하며 희생적인 사람임을 보여주려고 하는데 이로 인해 다른 사람보다 더 나으며 덜 이기적이라는 무의식적인 우월감을 숨기게 된다. 사람들의 고통을 다룬다는 명분에 헌신하지만 실제로는 선을 행하면서 자신의 고통은 무의식적으로 피하려는 욕구를 충족하려고 한다. 지나칠 정도로 타인을 돕지만 100% 이타적인 것은 아니다. 일반적으로 고통을 견디지 못하고, 자신이 이기적이지 않은 좋은 사람으로 보이고 싶은 욕구로 그렇게 행동하게 된다. 다른 사람을 덜 돕고 자신의 필요와 욕구를 다루며 이기심을 금기시하지 않아도 됨을 배워야 한다.

일대일 7유형의 그림자

이들의 이상주의와 열정, 낙관주의는 알지 못하는 사이에 이들을 현실에서 동떨어지게 만든다. 자신이 뭘 하는지 알지 못해 자신과 다른 사람에게 도움이 안 되기도 하며, 공상으로 이들은 과도하게 긍정적이게 된다. 고통과 부정적인 정보를 처리할 때는 7유형의 하위유형 중에서 인내심이 가장 떨어진다. 모든 것에서 긍정적인 면을 보는 이들의 탐닉은 다른 사람이 쉽게 이들에게 영향을 끼칠 수 있음을 의미한다. 현실을 다루지 않는 경향으로 인해 실제 안 좋은 결과를 가져오기도 한다.

> 누군가를 너무 많이 사랑할 때 가장 가슴 아픈 일은
> 자기 자신을 잃어버리고
> 자신이 특별한 존재임을 잊어버린다는 것이다.
> - 어니스트 헤밍웨이

7유형의 역설

7유형의 역설은 격정인 '탐닉'과 미덕인 '진중함' 사이의 양극을 통해 경험된다. 진중함은 한 가지 중요한 것에 집중함으로 만족을 느끼는 마음의 능력을 말한다. 7유형은 즐거움과 다양함에 탐닉하며 집착하느라 삶에서 무엇을 놓치는지 알아야 한다. 그러면 삶의 표면을 스치듯 지나가고 삶의 경험에 깊이 참여하기를 회피하는 경향을 더 잘 인식하게 된다. 탐닉이 어떻게 작동하는지를 알아갈수록, 덜 중요한 일에는 '아니요'라고 말하고 한 번에 한 가지씩 경험하는 것을 배워나가며 현재에 집중하는 능력을 계발할 수 있다.

성장의 여정에서 탐닉을 의식하고 건강한 차원인 진중함에 접근하기 위해 할 수 있는 행동은 다음과 같다.

✓ 지루하다고 판단한 활동을 그만두길 원하는 때가 언제인지, 또 언제 불안해지는지를 알아차리고 의식적으로 숨을 깊이 쉬고 몸의 감각을 느끼며 마음을 진정시키도록 하자. 현존하게 되면 활동은 지루한 것이 아닌 그저 활동일 뿐임을 알게 된다.

✓ 뭔가 멋진 것에 흥분될 때, 열정과 고요 사이에서 균형을 잡자. 흥분은 탐닉에서 나오고 또 다른 탐닉을 불러온다.

✓ 집중에 도움이 되는 활동을 찾아 이를 더 많이 하고, 주의를 빼앗는 일은 줄여보자.

✓ 속도를 높이고 초점을 분산시키는 움직임, 소리, 상상, 다른 경험으로 자신을 과도하게 자극하는 것을 점차 줄여나가자. 7유형에게는 이런 것이 적을수록 좋다.

✓ 살면서 힘들었던 순간을 의식적으로 떠올려보자. 문제를 실제보다 쉽고 가벼운 것으로 치부하지 말고 그 순간에 오래 머물러보자.

✓ 살면서 끝내지 못했던 모든 활동과 계획을 적어보고, 이 중 한 가지를 오늘이나 다음 주에 완성할 것을 용기 내어 결심해보자.

신을 웃게 하려면 네 계획을 이야기하라.
- 수피 속담

에니어그램 도형에서 7유형과 화살로 연결된 두 유형은 5유형과 1유형이다. 7유형은 내면으로 들어가는 5유형의 능력을 통합해 내면에 더 머무르며 한 가지 행동에 더 깊이 참여할 수 있다. 1유형을 통합해 현실을 더 잘 보게 된다면, 한 번에 여러 가지 일을 하며 미래의 계획과 가능성에 몰두하는 습관에서 빠져나올 수 있다.

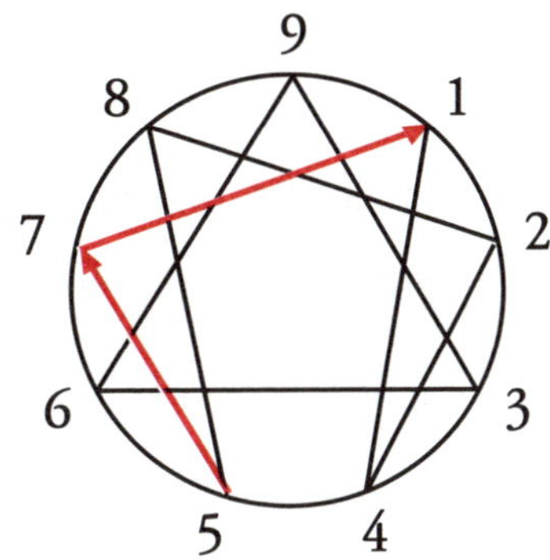

5유형을 받아들여 내면의 역동에 주의를 기울이자. 무언가를 심도 있게 배우는 것과 혁신 사이에 균형을 잡고 세상에서의 흥미진진한 일에 대해서는 내면의 과정에 집중하는 방식으로 대응하자. 내면에 더 머물고 더 잠잠하며 차분해지자. 무엇이든 다 할 수 있는 사람에게는 뛰어난 한 가지가 없다는 속담처럼 살지 말고 무엇인가에 전문가가 되자. 일에 있어 꾸준함과 사려 깊음, 객관성을 키우자.

1유형을 통합해 현재의 순간을 몸으로 살아내자. 가장 중요한 한 가지에 집중하는 새로운 능력을 즐기고, 그 순간의 흥미에 따라서가 아닌 해야만 하는 일을 의식적으로 신중하게 하자. 해야하는 프로젝트에 몰두하고 끝까지 완수하며 집중력과 책임감을 키우고 제 시간 안에 높은 수준의 결과물을 내는 데 에너지를 사용하자. 아이디어를 실행에 옮길 때는 보다 실제적이고 과정 중심으로 해 나가는 능력을 계발하자.

건강한 차원 받아들이기

여정의 세 번째 단계에서, 7유형은 삶에서 일어나는 일에 현존할 때의 평화와 아름다움을 기억하고 현재 경험하는 일에 온전히 참여하는 법을 배운다. 무엇이든 좋은지 나쁜지 판단하지 않고 기꺼이 받아들이며, 자유를 얻기 위해 자신의 계획을 주장하여 삶의 근원적인 지혜에 저항하던 것을 멈춘다. 7유형이 이 작업을 할 때 도전과 난관을 마주하게 될지라도 삶이 멋지게 흘러가서 성장을 위한 가장 중요한 기회가 된다는 것을 보게 된다. 잠자는 상태에서 벗어나 성장할 때 이들은 삶에서 발생하는 어려움을 더 깊은 기쁨과 충만함으로 이끄는 배움의 기회로 본다.

깨어나서 진정한 자신이 누구인지 알아차린 7유형은 익숙했던 빠른 속도를 줄이고 천천히 삶을 통과한다. 수많은 계획 세우기를 멈추고 생각 속이나 미래로 도망칠 필요를 더는 느끼지 않으며, 전에는 환상적이라 여겼던 것에 흥미가 덜 생기고 지긋지긋하다고 인식했던 것에도 낙담이 덜 된다. 타고난 창의성과 혁신적인 생각은 여전하지만, 이것에서 저것으로 빠르게 건너뛰거나 제약을 피하려고 사람들을 사로잡지 않아도 된다. 자신에게 일어나는 일을 받아들이는 지혜를 이해하며 현재를 보다 중립적이고 안정적인 상태에서 경험한다. 지루함에 대한 두려움에 사로잡히지 않으며 특별한 일이 일어나지 않아도 모든 순간에 기쁨을 찾을 수 있다.

건강한 상태에서 7유형은 집중하며 차분하고 편안한 기쁨의 상태로 평안하게 현존할 수 있게 된다. 또한 마음을 가라앉히고 현재를 경험하며 마음과도 연결되고 더는 두렵지 않음에 신기함을 느낄 것이다. 몸이 세상과 한층 더 연결됨을 느낄 때 깊은 만족을 알게 된다. 생각은 여전히 상상하고 꿈꾸며 하늘에 있을 수 있지만, 발은 땅을 디디고 현실에 더 가까이 머무를 수 있다. 이는 아이디어를 행동으로 옮기는 데 도움이 된다.

이러한 건강한 상태에서 7유형은 전에는 하지 못했던 일들을 할 수 있으며 성장을 위해 계속해서 노력할 수 있다.

✓ 큰 변화를 가져오고 행복감을 느낄 수 있는 하나의 우선순위에 집중하자.

✓ 놓칠 것 같은 것에 집중하지 말고 현재 맞닥뜨리는 것을 가치 있게 여기자.

✓ 집중하지 못하는 마음을 내려놓고 균형감과 여유를 갖도록 하자.

✓ 프로젝트를 끝내며 완수하고 난 뒤의 성취감을 느껴보자.

✓ 삶에서 모든 가능성과 기쁨을 상상하면서 생긴 흥분을 줄이고 한번에 한 가지를 온전히, 끝까지 쭉 경험하자.

✓ 공감 능력을 키워서 더 나은 관계를 맺자.

✓ 모든 감정은 지나가기 마련임을 기억하고 두려움 없이 모든 감정을 받아들여 끝까지 직면해서 느끼자. 이를 통해 자신이 감정을 경험하고 헤쳐 나갈 수 있음을 확신하게 된다.

✓ 좋은 것과 나쁜 것 사이에 균형을 잡고 모두 자신을 성장시킬 수 있음을 인정하자.

인생은 우리가 다른 계획을 세우느라 바쁠 때 우리에게 닥치는 일들이다.
- 앨런 사운더스

진중함은 7유형의 미덕으로 격정인 탐닉의 해결책이 된다. 진중함은 한 번에 한 가지에 집중할 때 깊은 만족을 느낄 수 있는 마음의 능력을 의미한다는 면에서 탐닉의 반대이다. 진중함은 7유형이 뭔가를 온전히 끝까지 겪어 내는 것의 진가를 알도록 돕는데 이때는 과도한 움직임을 줄이고 잠잠해진다. 진중할 때 7유형은 일과 사람에 더욱 전념하고 정신적 자극과 오락거리를 향한 과도한 욕구를 거부하고 더 진지하게 되며 어느 때나 행복한 것은 아니지만 충분히 행복하다고 느낀다. 의식적으로 탐닉과 탐닉에 기인한 패턴을 관찰하고 나면 이들이 나아갈 분명한 목표는 '진중함'이다.

7유형이 미덕인 진중함으로 다가갈 때 다음을 경험하게 된다.

✓ 한 번에 한 가지 일에 현존한다.

✓ 묵상 훈련을 한다.

✓ 마음을 열어 어떤 감정이 일어나든지 받아들이고 고통에서 도망치지 않고 참여하며 문제를 다룬다.

✓ 몸을 의식하면서 왕성한 활동을 줄인다.

✓ '의미 있는 약속을 이행하기 위해 단기적 만족을 미루는 것은 가치가 있다'라는 성숙한 시각을 가진다.

✓ 단지 즐거움을 추구하기보다 생명력 있는 경험이 주는 더 깊은 진실을 지향한다.

✓ 장기적인 진정한 만족을 위해 '즐거움의 원칙'을 내려놓는다.

✓ 말을 적게 하고 자신과 주변 사람을 현존하지 못하게 방해하는 일을 줄인다.

✓ 하고 싶은 욕구를 의미 있고 오래 지속되는 실제적인 필요로 바꾼다.

✓ 충동과 환상에 빠져들기보다 판단력과 정서적인 안정감, 현실에 기반한 자신
감으로 살아간다.

> 단순함과 집중에 도달하면 산을 움직일 수도 있다.
> - 스티브 잡스

7유형이 참 자아를 받아들일 때의 핵심은 바라거나 상상하는 대로가 아닌 있는 그대로의 현실과 맞닿는 것이다. 수많은 문제, 수많은 고통이 있는 세상에서 에고는 실제보다 긍정적으로 모든 것을 보면 기분이 더 좋을 것이라 말하기에 현실을 마주하는 것은 어렵게 느껴진다. 그러나 7유형이 맹점을 마주하고 고통을 안을 때, 불편함과 제약은 어떤 것이든 피하려는 충동을 넘어선다. 또한 자신이 어떤 사람이 될 수 있는지, 어떤 감정을 느낄 수 있는지에 대해 시야를 확장함으로 자신을 더 많이 알고 더 존중하면서 살아갈 수 있다.

깊은 만족을 주고 현실에 기반을 둔 경험을 많이 하기 시작하며 삶에서 일어나길 바라는 상상 속에서 살아가길 멈출 때, 이들은 이전보다 더 살아있다고 느끼며 표면적인 가벼움 대신 더 진실한 경이로움을 경험한다. 생각, 꿈, 오락거리와 공상에서 떠돌아다니지 않고 지금 여기에서 살아가는 것이다. 처음에는 무척 힘들고 마치 고통 속에서 영원히 사는 것 같아 때로 두려울 수 있다. 그러나 내면 작업에 온전히 집중할 때 이것이 가치 있음을, 자신이 가치 있음을 알게 되고 보다 균형 잡히고 현존하면서 다른 차원의 기쁨을 누리는 등 기대하지 않았던 보상을 받는다. 마음과 영혼에 다시 연결되고 진정한 즐거움과 가장 깊은 차원의 기쁨이 돌아온다. 자기 경험에 온전히 머무르고 현실을 살며 삶이 어떤 모습으로 오든지 그대로 받아들이는 흥미진진한 모험을 기쁘게 받아들일 때, 이들은 충만함을 경험한다.

　　잠든 상태에서 깨어날 때, 7유형은 가능할 거라고 상상할 수 없었던 모습이 되며 현실에 기반을 두고 엄청난 집중력을 발휘하게 된다. 집중력과 책임감을 끝까지 유지하면서 한번에 하나씩 즐길 수 있는 능력을 계발한다. 더 신중해지고 책임감이 생김에 따라 자신도 놀랄 정도로 점점 더 기분이 좋아지며, 자신의 모든 경험에서 깊은 만족을 얻는다. 쾌락과 진정한 즐거움의 차이를 알게 될 때, 7유형은 즐거움과 고통, 삶이 가져다주는 모든 것에서 성취감을 느낀다.

정욕에서 순수로 가는 여정

> 한순간의 분노를 넘기면 백 일의 슬픔을 피할 수 있다.
> - 중국 속담

옛날에 8이라는 사람이 살았다. 어린 시절 그녀는 섬세하면서도 사랑스러웠고 모든 아이가 그렇듯 순수했다. 에너지가 많고 사람들에게서 가장 좋은 모습을 보았으며, 세상에서 할 수 있는 모든 것을 배우고 싶었다.

8은 나이에 비해 똑똑하고 유능했지만 혼자서 할 수 없는 일들이 있었고, 보호가 필요할 때 아무도 돌봐주지 않는 상황을 경험했다. 주변 어른들은 그녀를 돌보고 이야기를 들어주며 밥을 먹여야 할 때를 알아차리지 못하는 것 같았다. 몇 번은 8이 자신보다 큰 아이들에게 괴롭힘을 당했는데도 아무도 그녀가 아직 어리고 보호가 필요하다는 것을 모르는 듯했다.

이렇게 8은 아무도 자신을 책임져주지 않기에 스스로 자신을 보호해야 함을 힘겹게 깨달았다. 빨리 커야만 했다. 아주 빨리 말이다! 그녀는 아직 작고 어렸음에도 강하고 힘 있는 사람이 되고자 했다. 그녀의 주변 사람들은 자신들이 싸울 때, 8이 겁먹은 것을 눈치채지 못했다. 그래서 그녀는 크고 힘이 강할 뿐 아니라 두려움이 없는 사람이 되기로 마음먹었다.

8은 선천적으로 에너지가 많았기에 시간이 흐르며 자신을 충분히 보호할 수 있게 되었다. 강해졌고 자신은 물론이고 다른 사람들까지도 돌보는 법을 배웠다. 그녀는 겁을 먹는 대신 겁을 주는 데 재능이 있음을 발견했고, 분노를 표출하며 더 강해질 수 있었다. 가령 누군가가 자신이 좋아하지 않는 일을 하면, 8은 순식간에 크게 화를 낼 수 있었다. 분노는 몸에서 분출되는 에너지처럼 느껴졌고, 비록 그녀가 항상 화를 내려고 한 것은 아니었고 화낼 생각도 없었지만, 자신에게 유리하게 작용하는 경우가 많았다. 분노는 그녀가 더욱 두려움 없고 무서운 사람이 되게 하였으며 그렇게 심하게 화를 내고 무섭게 보임으로 자신을 충분히 보호할 수 있다고 느끼게 되었다.

8은 이제 더 이상 무력감을 느끼지 않았기에 누군가 자신을 보호해 주지 않아도 개의치 않았다. 단 한 가지 문제점은 이제는 그녀를 화나게 하는 일들이 너무 많아졌다는 것이다. 특히 자신이 누군가를 필요로 하는 데 도와줄 사람이 없거나 학교에서 그녀를 싫어하는 선배들에게 괴롭힘을 당할 때 쉽게 화를 내고 어떤 면에서는 즐기기도 했다.

8은 스스로 도울 수 있었기에 아무도 자신을 도와주지 않아도 전혀 알아차리지 못했고, 아무도 필요하지 않았다. 그녀는 매우 강했고 주변의 모든 사람이 자신보다 약하다고 느꼈다. 가끔 사람들은 그녀가 아무것도 하지 않았는데도 그녀를 무서워했다. 그녀가 나타나면 사람들이 자리를 뜨기도 했으며 그녀가 큰 목소리로 말한 후에 주변이 조용해지기도 했는데, 그녀는 이것을 도무지 이해할 수 없었다. 왜 사람들은 그렇게 나약하단 말인가? 그녀는 나약한 사람들을 보면 화가 났고, 분노할 때 그녀는 더욱 강하고 힘이 넘치는 듯한 느낌을 받았다. 그러나 때로 약한 사람들이 괴롭힘을 당하거나 부당한 대우를 받는 장면을 목격할 때 자신의 힘을 사용해 그들을 돕기도 했다.

이따금 8은 조금 외롭기도 했다. 그녀는 자신이 가장 강력한 사람일 때 아무도 자신에게 다가오고 싶어 하지 않는다는 사실을 알아차렸지만, 왜 그런지 알 수가 없었다. 그러나 그녀는 누가 자신을 좋아하든 말든 상관하지 않았고, 원하는 것을 곧잘 얻을 수 있었기에 큰 문제를 느끼지 못했다. 그녀가 해야 할 일은 화를 내며 몇몇 사람들을 겁주는 것뿐이었다. 그녀는 자신을 돌보기 위해 힘이 필요했다. 감수성이 풍부하면서 동시에 강력할 수는 없었기에 점차 타고난 민감성을 잃어갔다.

이윽고 8은 화내지 않는 것이 거의 불가능하다는 것을 알았고 힘을 갖고 강해지기를 멈출 수 없었으며, 굳이 그럴 이유를 찾지도 못했다. 순수와 민감성은 그녀가 스스로 보호할 수 없었던 어리고 약했던 시절을 생각나게 했기에, 지금처럼 강하고 힘 있는 상태가 낫다고 여겼다. '모든 것을 스스로 해결할 수 있는데 왜 굳이 겁먹은 어린아이로 돌아가야 한단 말인가?' 그녀는 자신만큼 힘을 가진 사람이 별로 없었기에 가끔은 외로웠고, 자신은 모든 사람을 돌보면서도 자신을 돌봐줄 사람은 거의 없어서 아주 조금 슬프기도 했다. 하지만 곧 자신의 힘과 에너지를 느낄 수 있었고 그만큼 강하다는 사실에 내심 기뻐했다. 누구도 아무것도 그녀를 해칠 수 없었고, 그것이 때로는 버거웠지만 대체로 좋은 것 같았다.

이렇게 8은 잠들어 버렸다. 강압적이고 멈출 수 없으며 다가갈 수 없는 상태로 잠든 상태가 되었다.

다음 문장 중 대부분 혹은 전부에 공감한다면 8유형일 수 있다.

✓ 대체로 직설적이고 자기주장이 강하다.

✓ 빠르고 결단력 있으며 때로는 충동적으로 행동한다.

✓ 정의와 공정을 구현하는 데 상당한 관심이 있으며, 무슨 일을 하든지 진실과
  질서를 중요시한다.

✓ 분노를 느낄 때 자제하기가 매우 힘들다.

✓ 솔직함, 단순명쾌함, 진실성에 가치를 두며 항상 있는 그대로를 말한다. 내가
  그렇게 하듯이 사람들도 진실을 말하기를 원한다.

✓ 에너지가 많고 큰 도전을 즐기며 힘든 상황을 만나도 쉽게 물러서지 않는다.

✓ 갈등을 좋아하지 않지만 필요하다면 언제든 갈등 상황에 뛰어들 수 있다.

✓ 먹고 마시며 일하는 데 과도할 때가 많다.

✓ 내가 사랑하는 사람들을 끝까지 지키려 한다.

✓ 강하고 힘 있음을 드러내고자 하며 약해 보이는 것은 어떤 방식을 취해서라도
  피한다.

8유형은 다음과 같은 세 단계의 경로를 따라 성장할 수 있다.

먼저, 연약함을 회피하기 위해 자신에게 힘을 투사하는 방식의 습관적인 패턴을 관찰함으로써 자신을 알아가는 성장의 여정을 시작할 수 있다.

다음은, 연약함을 보이는 것에 대한 두려움을 가진 자신의 그림자를 대면해야만 한다. 이 작업을 통해서 강하고 행동 중심적으로 일하게 되는 방식을 관찰할 수 있을 뿐만 아니라 두려움, 슬픔, 불안과 같은 인간의 기본적이고 자연스러운 감정들을 느낄 수 있도록 감수성을 계발할 수 있다.

마지막 단계에서, 자신의 연약성과 타고난 감수성을 인정하고 온전히 경험해야 한다. 이렇게 함으로써 8유형은 더 부드럽고 열려있으며 친근한 사람이 된다.

> 연약함은 약점이 아니라 용기의 가장 큰 척도이다.
> - 브레네 브라운

여정을 시작하기

8유형이 깨어나기 위한 첫 단계는, 자신이 어떤 방식으로 모든 것을 통제하고 자신의 의지를 사람들에게 강요하는지 알아차리는 것이다. 이런 습관적인 행동 패턴들을 관찰함으로써 때로는 자신과 직접적인 관련이 없는 상황에서도 힘을 과시하고 정의를 추구하는 데 얼마나 많은 주의를 두는지 깨닫게 된다. 주의를 두는 이유는 경계를 늦추거나 연약함을 드러내면 안 된다고 여기기 때문이다. 이런 성향은 강하게 보여야 하고 자신과 주변 사람들까지 보호해야만 한다고 느끼는 데서 비롯되었음을 인식하기 시작할 때, 성장의 여정으로 한 걸음 나아가게 된다.

8유형의 핵심 패턴

8유형은 다음의 다섯 가지 습관적인 패턴을 더 관찰하고 의식함으로써 성장의 여정에 오를 수 있다.

책임자

이유나 방법은 모르겠지만, 직업이나 개인 생활에서 공식적 혹은 비공식적인 책임자의 역할을 했을 것이다. 책임져야 할 필요를 항상 느끼지는 않지만, 리더 자리가 공백이라면 선뜻 나서는 데 이는 타고난 재능이다. 사람들이 이들을 원해서든, 자신이 책임자가 되길 원해서든 상관없이 8유형은 적극적이고 용감한 스타일로 인해 자연히 지도자가 되는 데 끌린다. 또한 일어나는 일들에 대한 주도권을 잡고 싶기에 능숙하고 자신감 있게 혹은 강압적이거나 밀어붙이는 방식으로 끌고 나간다.

갈등에 기꺼이 뛰어듦

다른 사람의 의견이나 행동에 쉽게 이의를 제기하는 경향을 살펴보자. 무능함이나 부당함, 실수를 목격했을 때 그에 관해 말이나 행동을 하지 않기가 어려울 것이다. 문제가 있을 때 적절한 단어나 표현 방식이 무엇인지 생각하거나 기다리지 않고 빨리 해결하려고 하는지 관찰해보자. 상황을 진전시키거나 불의를 바로잡기 위해 거리낌 없이 갈등을 시작하는 경향으로 인해 권위에 반항하고 규칙에 의문을 제기하거나 규율을 깨뜨리기도 한다. 사람들은 이러한 모습을 상대하기 어려우며 대립적이고 지배하려 든다고 여길 수도 있다. 그러나 이는 8유형이 사람들에게 관심을 표현하는 방식이기도 하다. 이들은 자신이 중요하게 여기는 일에 대해 억제하는 것이 어려우며, 갈등 상황에서 다른 사람들과 맞서면서 실제로 그들과 신뢰를 형성해간다.

부당함을 직접 바로잡기 위해 행동함

부당하거나 불공정한 상황을 감지하는 감각이 있는지, 이러한 상황을 목격했을 때 바로 행동에 뛰어드는 경향이 있는지 관찰하자. 8유형은 세상에서 정의를 구현하고 모든 불의를 바로잡아야 한다는 암묵적인 신념이 있을 수 있다. 이러한 신념으로 인해 강해져야 하며 불의를 참을 수 없어 세상에 힘을 드러내야 한다고 느끼는지 생각해 보자. 또한 자신에게 미칠 수 있는 부정적인 영향이나 위협을 보거나 인정하지 않고 자동으로 영웅적인 역할을 하면서 '자신을 망각'하는 경향이 있는지 살펴보는 것도 중요하다.

강하게 밀어붙임

8유형은 타고나기를 충동적으로 행동하고 과장하며 과도하게 움직이고 무절제하기에, 이들이 균형을 잡고 신중하며 조심스럽게 행동하기란 어려운 일이다. 어떤 일을 하거나 자신을 드러낼 때 강렬하며, 삶을 '모 아니면 도' 식의 관점으로 산다. 무엇을 위해 강렬함을 추구하는지 이해하지도 못하면서 다른 사람들보다 더 극단적이거나 열정적으로 하고 적절한 선에서 절제하기가 어려운지 관찰하자. 강렬함에 대해 탐색해보며 덜 강렬하게 살아간다면 어떨지 자문해보자.

복수함

다른 사람의 행동이 마음에 들지 않거나 그로 인해 상처받았거나 잘못되었거나 부당하다고 느낄 때 어떻게 대응할지 살펴보자. 상대방에게 어떤 상처를 받았는지 제대로 인지하지 못한 채 그들에게 갚아주기 위해 자신의 마음을 얼마나 부정하고 공격적으로 행동하는지 살펴보자. 복수는 다양한 형태가 있음을 이해하고, 의로운 분노와 복수심에 찬 공격성의 차이를 구별하는 것은 매우 중요하다. 자신의 보복적 행동이 크게 해롭지 않다고 합리화하더라도 잘못된 행동을 한 대상에게 행동을 취하려고 하는 이유를 탐색하자. 때로는 덜 명백하고 더 장기적인 방식으로 복수하는 경우가 있는지 관찰하며, 자신의 어떤 부분에서 이러한 충동이 나타나는지 살펴보자.

> 죽을 때에야 비로소 생겨나는 풍성함과 소망의 힘에 비한다면,
> 정욕은 그저 초라하고 약하며 훌쩍거리는 것일 뿐이다.
> -C.S. 루이스

8유형의 정서적 격정

정욕은 8유형을 움직이게 만드는 격정이며 정서적 핵심 동기이다. 이는 모든 종류의 자극을 과도하게 원하는 것을 말한다. 이것은 꼭 성적 욕망을 일컫는 것은 아니며 감각적, 신체적 경험을 통한 만족을 추구한다는 의미이다.

8유형의 정욕은 자신의 욕구가 당장 충족되길 원하고 참지 못함을 뜻하기도 한다. 기다림이나 협상, 제약을 싫어하며 자신을 제한하려 하거나 통제하는 대상에게 성급하게 반응하고 반항하며 저항한다. 이들은 음식, 즐길 거리, 성적 욕구, 심지어 일에서까지 자신의 신체적, 감정적, 지적 욕구의 만족과 즐거움을 얻으며, 이를 저지하는 어떤 제약에도 저항한다. 자신은 '열심히 놀고 열심히 일한다'라고 묘사하지만, 사람들은 욕망이 과하다고 말한다. 이들의 정서적 대처 전략은 권위에 반항하고 자기 삶의 주인이 되는 것인데, 이로 인해 다른 사람들의 삶까지 지나치게 간섭하게 되기도 한다.

8유형의 정욕은 매우 다양한 방식으로 나타날 수 있는데, 어떤 사물이나 사람에게 아주 큰 애착을 가질 수도 있고 전혀 관심이 없을 수도 있다. 어떤 활동을 열정적으로 추진하거나 전혀 하지 않을 수도 있다. 아주 큰 목소리로 말하거나 아주 작게 말할 수도 있고, 거의 잠을 자지 않거나 온종일 자고 싶어 할 수도 있다. 때로 어떤 일에 매우 신나 있거나 자신의 공격성에 회의를 느낀 후 극도로 차분하게 움츠러드는 것과 같이 '해롭지 않게' 보일 수 있는 것도 과한 정욕의 한 면이다.

무엇이든 강렬하게 하려고 하며 속도를 늦추거나 일을 적게 하는 것이 힘들다. 에너지, 강함, 노력의 적정선을 지키기 어려워하는 8유형의 성향 뒤에도 정욕이 있다. 대화할 때의 강렬한 자기주장, 멈추어 생각하기 전에 빠르게 결정하고 행동하는 모습도 마찬가지다. 이들은 너무 빨리 너무 많은 일을 하거나 자신의 피로를 부정하며 자신에게 휴식의 시간을 주지 않을 수도 있다. 삶에 대한 '모 아니면 도' 식의 태도는 그 순간 기분 좋아지는 행동을 하게 하는 원동력이지만, 이는 만족감을 얻거나 결코 채울 수 없는 내면의 공허함을 메꾸고자 하는 본능적 충동에 의한 것이다.

과도한 정욕으로 인해 충격이나 성급함을 다스리지 못하고 행동을 미세하게 조절하는 능력을 잃어버리기 쉽다. 정욕은 다른 사람들도 자신만큼 솔직하고 진심일 것이라고 지나치게 신뢰하게 만들기도 한다.

8유형이 깨어나기 위해서는 정욕이 드러나는 다음과 같은 징후를 관찰하고 주의를 기울여야 한다.

- ✔ 자신의 힘과 의지로 정의를 회복하는 것을 목표로 권력과 관련된 분쟁을 한다.
- ✔ 지나친 직설적 화법으로 인해 상대에게 불쾌감을 주거나 공감 능력이 부족하다는 인상을 주기도 한다.
- ✔ 강함을 나타내는 형용사, 센 표현, 거친 단어나 언어 등 강렬함과 열정을 드러내는 표현을 사용한다.
- ✔ 자신이 진실이라 믿는 것이 곧 절대적인 진실이라 여기며, 자신의 결정에 대해 지나치게 확신한다.
- ✔ 사람들을 도발하고 규율, 권력, 전통적인 행동에 반항한다.
- ✔ 사람들에게 신체적으로 밀착하고 강렬하게 응시한다.
- ✔ 더 크고 강하게 보이려는 경향으로 인해, 다른 사람에게 접근할 때 자동으로 자기 신체보다 더 큰 에너지로 팽창한다.
- ✔ 미묘하거나 추상적인 것보다 신체적이고 구체적인 것을 선호한다.
- ✔ 활기가 넘치고 강하게 움직이며, 회복탄력성이 좋다.

지나온 길을 되돌아볼 수 있을 때, 비로소 앞으로 나아가는 것이다.
- 웬델 베리

날개를 이용한 성장 경로

8유형은 옆에 있는 날개 7유형과 9유형을 통합함으로써 성장할 수 있다. 7유형의 매력과 가벼움을 배움으로써 에너지와 강렬함을 완화할 수 있고, 순응적이고 편안한 9유형의 성향으로 과도한 자기주장에 균형을 잡을 수 있다. 이렇게 할 때 힘에 대한 욕구를 넘어서고 시야가 확장될 수 있다.

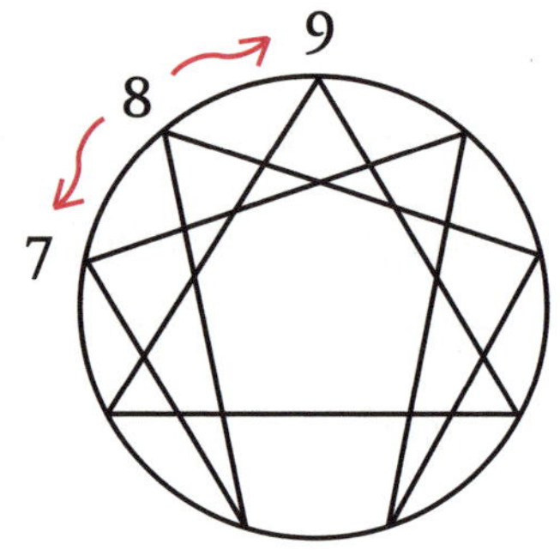

7유형의 긍정적인 성향을 통합하여 과도한 강렬함 대신 주변의 사람들과 재미있는 시간을 보낼 수 있도록 여유를 갖자. 상호작용을 더 흥미롭게 만들고 상황을 더 쉽게 받아들일 방법을 탐색해보자. 의사소통에 유머와 농담을 적절히 섞어 대화를 부드럽게 하고, 확신에 차서 자기 생각을 밀어붙이는 대신 새로운 방식으로 생각해 보자. 보다 합리적이고 상상력을 발휘하려는 노력과 행동 지향성에 균형을 맞추자. 인간관계를 열어놓고 사람들이 더 잘 다가올 수 있도록 경험과 꿈에 대해 더 많이 공유하자.

9유형의 긍정적인 성향을 통합하여 상대의 말을 경청하고 상대방이 이해받는다고 느낄 수 있도록 해보자. 자신의 관점에 자신감을 갖기보다 상대의 관점을 이해하려고 노력하며, 상대의 의견을 진심으로 수용해 계획에 반영해 보자. 이끄는 자리보다는 따라가는 자리에 있어 보자. 상대가 원하는 것에 주의를 기울이고 그에게 유익을 끼칠 수 있는 일을 계획함으로 공감 능력을 계발할 수 있다. 갈등이 발생하지 않도록 소통할 때 이해심을 더 발휘해 보자.

오직 어둠 속에서라야 별을 볼 수 있다.
-마틴 루터 킹 주니어

8유형의 그림자 마주하기

8유형 성장 경로의 두 번째 여정은, 자신의 부드러운 감정과 연약함을 인정하고 수용하며 통합하는 것이다. 자신의 연약함을 의식하면서 사는 법을 배운다면 성장을 향해 나아갈 수 있다.

연약함을 인정하는 데는 상당한 노력이 필요하다. 8유형이 일을 추진하면서 다른 사람의 말을 듣지 않는 것과 자신으로 인해 사람들의 힘듦을 깨달을 때, 비로소 그들은 자기 인식을 하게 된다. 자신이 단지 열정적이고 대담하며 사람들을 보호한다고 믿었지만, 사실은 위압적이고 공격적이며 무시하는 것이었음을 알게 된다. 힘과 능력을 과도하게 부리면 자신의 영향력과 사회적 관계에서의 미묘한 뉘앙스를 알아차리지 못할 수 있다. 반면에 이러한 그림자를 수용함으로써 자신의 감수성을 긍정적으로 통합하고 연약함을 통해 참 즐거움과 기쁨을 맛보는 삶을 살아갈 수 있다.

8유형의 그림자 직면하기

다음은 이러한 8유형의 무의식적인 핵심 패턴과 맹점, 고통의 지점들을 표면 위로 가져와 더 잘 인식하고 대응하기 위해 할 수 있는 방법이다.

✓ 다른 사람 앞에 나를 드러내기 위해 차근차근 단계를 밟아가자. 아마도 매우 소수의 사람만 진심으로 믿으며, 신뢰를 구축하는 데는 상당한 시간이 걸리고 배신을 당한다면 상대를 용서하기가 거의 불가능하다고 여길 수 있다. 이는 연약함을 느끼지 않으려고 회피하는 방식일 수 있다. 내가 신뢰하는 사람이나 더 많은 사람에게 자신을 드러내는 모험을 감행하자.

✓ 만나는 사람들의 장점을 바라보자. 8유형이 대립을 일삼는 태도는 자신이 인지하는 것보다 더 비판적일 수 있는데, 이를 인식하지 못한 상태에서는 먼저 대치하고 나서야 그 이유를 찾을 수 있다. 본능적으로 다른 사람들과 대치하기 위해 불쾌한 특성을 찾는 것을 멈추고 그들이 나에게 줄 수 있는 것에 대해 낙관적으로 바라보자.

✓ 항상 힘 있고 유능하게 보이려고 하는 데서 오는 피로감을 인식하고, 정욕으로 자신을 고갈시킬 수 있음을 인정하고 더 자신을 돌보도록 하자. 자신의 의지로 일을 끌고 나가려 하기보다는 삶이 이끄는 대로 따라가 보자.

✓ 나 자신이나 나에게 중요한 사람들에게 무례하게 구는 사람들을 대적하려는 경향을 내려놓자. 이를 정의를 위한 싸움이라 합리화할 수도 있지만, 사실은 복수심에서 나오는 것일 수 있다. 좋은 명분을 위한 투쟁이라 여겨져도 싸우기보다는 평화를 위해 노력하자.

✓ 중요한 사안을 평가할 때 사람들의 피드백을 통해 무엇이 진실인지 분별하도록 하자. 나의 직감과 첫인상을 과신하면 잘못된 판단을 내리게 될 수도 있다. 자신의 관점만이 옳다는 오만함이나 너무 순진한 짐작은 자문할 필요가 있다.

✓ 주변 사람들을 과잉보호하거나 그들에게 너무 많은 것을 해주지 말자. 그들을 연약하게 바라봄으로 인해 그들은 힘을 기르지 못할 수 있고, 반대로 자신의 연약함을 그들에게 투사하여 약점을 직접적으로 다루는 대신 부인할 수 있다.

✓ 다른 사람과 힘을 겨루려고 하는 것을 알아차리면 멈추고 그것을 가볍게 여기자. 모든 일이 의지력에 대한 시험이나 권력 싸움은 아니므로 힘을 구축하려는 노력을 줄이자. 습관적으로 다른 사람과 맞서는 태도는 불필요한 갈등이나 반대를 유발할 수 있다.

✓ 삶을 '준비, 발사, 조준' 식으로 접근하고 있는지 살펴보자. 말을 하거나 큰 결정을 내리기 전에 잠깐이라도 기다리는 연습을 하고, 특히 화가 났을 때 바로 반응하는 대신 잠시 산책을 다녀오도록 하자.

✓ 행동과 반응의 강도를 조절하는 훈련을 하자. 때로 너무 세게 나가거나 의도하지 않았음에도 상대를 위협할 수 있고, 자신의 영향력을 알지 못할 수도 있다. 영향을 줄이고 싶은 상황에서는 감정과 힘을 조절하도록 연습하자.

> 우리가 보는 모든 것은 우리가 보지 못하는 것의 그림자이다.
> -마틴 루터 킹 주니어

8유형은 일반적으로 스스로 통제하고 주체적이기에 자기 성격이 좋다고 여겨 맹점 탐색을 원하지 않을 수 있다. 그러나 성장에 도움이 되지 않는 방식을 확신하고 있는 것은 아닌지 의문을 가질 때 진정으로 힘 있고 지혜로울 수 있다. 8유형은 자신이 늘 가장 잘 안다고 여기며, 사람들에게 힘을 사용하거나 밀어붙여서라도 일이 되게 하고 언제나 자신의 길을 갈 수 있고 또 가야만 한다고 생각한다.

하지만 겸손하게 열린 마음으로 평소에 쉽게 알아차리지 못하는 자신의 생존 전략을 자세히 관찰할 수 있다면, 부드럽고 다가가기 쉬우며 연결될 수 있는 능력과 삶을 향한 힘찬 태도가 균형을 이루게 된다. 사람들을 향해 열려있고 자신을 드러내는 것을 방해하는 요인이 무엇인지 탐색한다면, 8유형은 자신의 넓은 마음 안에 이미 풍성하게 존재하는 관대함과 따뜻함, 보살핌을 잘 표현할 수 있다.

다음은 8유형이 깨어나기 위해 직면해야 할 맹점이자 무의식적으로 작동하는 패턴들의 예시이다.

연약함을 부인함

슬픔, 두려움, 의구심, 상처, 불안 등 인간으로서 경험하는 부드러운 감정을 느끼지 못하는 경향이 있는가? 무의식적으로 자신이 연약하거나 취약하다고 느끼게 하는 모든 감정을 회피하는가? 약점을 절대 드러내서는 안 된다고 여기며, 그로 인해 부드러운 감정을 못 느끼도록 차단하고 있지는 않은가?

이러한 맹점을 통합하기 위해 취할 수 있는 행동은 다음과 같다.

✓ 거의 느끼지 못하는 감정이 무엇인지 살펴보자. 신뢰하는 사람들에게 감정 표현과 관련해 내가 어떻게 행동하는지 의견을 구하자.

✓ 약하면 안 된다는 신념에 대해 정말 그러한지 생각해 보고, 이 신념으로 인해 삶에서 어떤 결과가 나타날 수 있는지 탐색해 보자.

✓ 자신의 부드러운 감정을 알아차리고 신뢰하는 사람들과 나누어 보자. 슬픔, 상처, 고통 등의 감정을 느끼도록 허용하고, 이는 우리가 자신 및 사람들의 깊은 내면과 연결될 수 있는 중요한 인간적인 감정임을 기억하자.

✓ 연약함을 인정하지 못하여 오히려 이러한 감정을 회피하거나 때로 과도하게 힘을 부리는 것은 아닌지 살펴보자. 자신의 연약함을 더 많이 부인할수록 더욱 과도해지고 이로 인해 중요한 경험과 자신에 관한 주요 측면을 간과한다는 것을 성찰하자.

✓ 자신에게 있는 어떤 두려움이라도 느껴보고 위험과 위협을 인식하며 두려움을 긍정적으로 활용할 방법을 모색하자. 두려움을 느끼지 않음으로써 불필요한 위험 상황에 놓이게 되는 경우가 있는지 살펴보자.

✓ '연약'하다고 느껴지는 감정들로 인해 어떤 영향을 받는지 생각하기도 전에 부인하는 경향을 관찰하자. 자신이 실제로 얼마나 민감한 사람인지를 알아차리며, 세상에서 힘을 표현하려고 무의식적으로 부인해온 연약함과 연결되기 위해 '내면 아이' 작업을 하자.

✓ 진정으로 강한 사람만이 연약함을 느낄 수 있음을 계속 기억하자.

사람들에게 끼치는 영향에 대해 무지함

사람들을 불편하게, 화나게, 상처받게 만들고는 자신은 솔직하고 열정이 넘쳤을 뿐이라고 생각하는가? 의도하지 않았음에도 사람들이 자신에게 겁먹었다는 것을 알고 놀라는 일이 있는가? 종종 자신의 힘의 강도나 얼마만큼의 힘을 사용해야 하는지, 또는 자신이 사람들에게 끼치는 영향을 전혀 눈치채지 못하는가?

이러한 맹점을 통합하기 위해 취할 수 있는 행동은 다음과 같다.

- ✓ 대화 속에서 얻을 수 있는 정보에 주의를 기울이고, 상대의 표정이나 다른 비언어적 표현을 통해 그들의 감정에 신경 쓰자.

- ✓ 누군가가 나에게 상처를 받았다고 말하면 사과하자. 미안하다고 말하기가 어려울 수 있으나 이를 통해 사람들과 연결하는 능력이 확장되고, 상처를 주거나 후회할 때 경험하는 연약한 감정에 접근할 수 있다.

- ✓ 신뢰하는 사람에게 자신이 어느 정도 영향을 끼치는지 솔직하게 말해달라고 하자. 건강하게 소통하고, 원하는 효과를 달성하는 방법을 알기 위해 사람들이 자신에 대해 어떻게 느끼는지 들어야 한다.

- ✓ 관계에서 문제가 발생했다는 것을 알게 되면 최대한 빨리 상대에게 상처를 주거나 화나게 하지 않았는지 알아보자. 만약 그런 말을 듣게 된다면 밀쳐내지 말고 그냥 들으면서 일어난 일의 진실을 이해하려고 노력하자.

- ✓ 다른 사람에게 접근할 때 에너지를 자신 안에 머물게 한다고 생각하면서 의식적으로 힘을 빼고 감정이 어떠한지 자문하자.

- ✓ 자주 웃고 편안한 인상을 주도록 연습하고, 이로 인해 상호작용이 어떻게 달라지는지 살펴보자.

자기 생각이 당연히 객관적 사실이라 여김

주관적인 관점을 객관적인 사실로 여기는 경향이 있는가? 옳고 그름에 대한 자신의 판단이 정확하다는 가정 아래 부당한 일을 평가하거나 해결하기 위해 나서는가? 보고 싶지 않은 상황이 생기면 어떤 측면을 부정하고, 자신이 편견을 갖고 있어 왜곡되게 바라볼 수 있음을 간과하는가?

이러한 맹점을 통합하기 위해 취할 수 있는 행동은 다음과 같다.

✓ 자신이 처한 상황과 관계없이 무엇이 정의로운지 안다고 믿는 이유, 즉 자신의 견해는 옳고 사람들의 의견은 그렇지 않다고 생각하는 이유를 자문하자.

✓ 지금까지 살면서 옳다고 믿었으나 그렇지 않았던 경험을 떠올려 보면서 사용할 수 있는 모든 정보를 바탕으로 자신의 결론을 신중히, 자주 검토하자.

✓ 말이나 행동을 하기 전에 멈추고 겸손하게 인내하며, 어떻게 행동하는 것이 가장 현명할지 신뢰하는 사람들의 의견에 충분히 귀 기울이자.

✓ 다른 관점들의 타당성과 지혜에 대해 마음을 열자.

✓ 분명한 견해를 가지고 있는 쟁점에 대해 논의할 때도 많이 질문하고 덜 단정 짓고 다른 가능성을 모색하자.

✓ 중요한 사항에 대해 명확한 결론을 내리기 전에 다음과 같은 질문들을 하자. '다른 사람의 입장에서 생각해 보았나?', '고려하지 못한 요소가 있는가?', '모든 사실관계를 파악하기 전에 결론으로 건너뛰는가?'

연약함은 이기고 지는 문제가 아니라,
우리가 결과를 통제할 수 없을 때 용기를 가지고 보여주는가이다.
- 브레네 브라운

8유형의 고통

8유형은 자신의 인간적인 한계를 무시하고, 넘치는 에너지와 무한한 역량으로 하고 싶은 일을 모두 할 수 있을 것이라 여기며, 그러한 긍정적인 비전에 모든 주의를 집중한다. 이는 대가를 수반하는데, 무의식적으로 자신의 약점을 부정하고 한계를 무시함으로써 원하는 일은 무엇이든 해내는 능력을 과대평가하고 인간의 기본적인 감정은 과소평가하는 것이다. 즉 의식적으로 고통을 피하는 가운데 자신을 해치고 다른 사람에게도 상처받게 된다. 고통과 상처에 대한 습관적인 부정은 도움이 될 때도 있으나, 이들이 성장하기 위해 느껴야 하는 감정을 경험하는 데 장애가 된다.

8유형이 해야 하는 가장 중요한 작업 중 하나는 자신의 연약한 감정을 느낌으로 몸과 마음에 남아있는 상처를 다루는 것이다. 자신의 성장과 계발을 위해 연약해지고 신체적 한계를 존중하며 마음의 세심한 욕구에 주의를 기울일 필요가 있다. 상처를 직면하려는 결심은 이들이 성숙하고 건강하며 온전해지는 데 중요한 단계이며, 자신의 연약함을 표현할 수 있을 때 진정으로 강력해진다. 자신의 힘과 감수성의 균형을 맞출 때 이들은 전에는 존재하는지도 몰랐던 내면의 평화와 편안함을 경험하게 된다.

8유형은 자신이 걸치는 '갑옷' 아래에 부드럽고 연약하며 깊이 있고 따뜻하며, 아름답고 양육적인 매우 인간적인 무방비 상태의 진정한 자기를 숨기고 있다. 갑옷을 벗기 위해서는 신뢰하는 사람들의 도움이 필요하며, 이는 어려운 작업이기에 자신이 괜찮을 것이라고 스스로 상기해야 한다. 의식적으로 연약한 감정을 느낌으로써 진정한 용기를 보여줄 수 있음을 기억하자.

다음은 잠든 상태에서 깨어나기 위해 경험해야만 하는 아픈 감정들이다.

✓ 이용당할 것 같은 두려움을 온전히 느끼면 자신의 마음과 만나는 힘이 생기고 연약함을 느낄 수 있다.

✓ 저항하고 싶은 고통과 상처를 마주하자. 방어를 내려놓을 때 자신의 감수성을 수용하고 항상 있었지만 부정해온 고통을 느낄 수 있다. 보호와 지원을 받지 못하고 무시당하며 상처받은 경험과 관련된 고통을 인정할 때, 강해져야만 할 필요를 넘어설 수 있다. 이 사실을 생각하며 코치 또는 친한 친구와 이야기를 나누고 마땅히 받을 사랑과 돌봄을 수용하자. 존재하는 줄도 몰랐던 민감함을 보호하려고 애쓴 자신에게 연민을 충분히 느끼며 혹 연약한 모습을 보였을 때 이를 이해하지 못하고 존중해주지 않는 사람들로부터 자신을 지키자.

✓ 인간적으로 가능한 것 이상을 하려고 할 때 신체적, 감정적 한계를 지나치게 확장하여 소진된다. 한계를 인식하지 못하고 힘을 행사하고, 무너지지 않을 것처럼 행동할 때 신체에 과부하가 걸린다.

✓ 다시 '갑옷'을 입고 싶지 않지만, 이전처럼 힘 있게 느껴지지 않을 때 정체성의 혼란을 느낀다.

✓ 무엇을 할지 모를 때 느끼는 불안감이 나쁘기만 한 것은 아니다. 이는 올바른 방향으로 나아가게 하는 건강한 현상이다. 예전의 생존 전략은 자신이 모든 사람을 위해 항상 무엇인가 더 할 수 있을 것처럼 느끼게 했지만, 이제는 그들에게 자신은 철인이 아님을 말할 수 있다.

자신의 하위유형을 파악하면 맹점, 무의식적 경향, 숨겨진 상처를 다룰 때 구체적으로 접근할 수 있다. 각 하위유형의 특징적인 패턴과 경향은 다음 세 가지 본능 중 어느 것이 우세하게 작용하느냐에 따라 달라진다.

자기보존 8유형

이들은 가장 현실적이고 실용주의적이며, 생존을 위해 필요한 자신의 몫을 차지하기 위한 강한 욕구가 있고 물질적 안정에 가장 큰 초점을 둔다. 만족감과 안전을 위해 필요한 것을 얻는 방법을 찾는 데 탁월하고 원하는 것과 욕구가 즉각적으로 충족되길 원하며, 그렇지 않을 때 힘들어한다. 이들은 속마음을 잘 드러내지 않고 조심스러우며 방어적이고 다소 냉정해 보이며 말을 많이 하지 않는다.

사회적 8유형

이들은 사회적 규범에 반항하면서 동시에 사람들을 보호하고 지원하며 그들에게 마음을 다하는 모순적인 특징을 드러낸다. 착취나 박해를 당하는 사람들을 도와주고 그들의 편에서 맞서 싸운다. 단체가 주는 힘을 좋아하며 부드럽고 친근하며 다른 하위유형보다 천천히 분노한다.

일대일 8유형

이들은 가장 도발적이고 반항적이며 공개적으로 규칙을 거스르고 매력적이며 카리스마가 있다. 다른 하위유형보다 감정적이고 사람들에게 소유권을 행사하고자 하며, 생각은 덜 하고 열정을 드러내고 행동에 나선다. 자신의 에너지로 상황을 장악하며 통제하고 현장의 중심에 서는 것을 좋아한다.

하위유형의 특징적인 그림자를 안다면 그림자 작업을 효과적으로 할 수 있다. 다음은 각 하위유형의 그림자에 대한 설명이다. 하위유형에 따른 행동은 매우 자동적이며 무의식으로 이루어지기에 이런 특성들을 파악하거나 수용하기가 가장 어렵다.

자기보존 8유형의 그림자

이들은 지나치게 실용주의적이고 때로는 이기적으로 행동할 수 있다. 비즈니스를 어떻게 하는지 알고 있으며, 흥정과 협상을 통해 다른 사람들보다 훨씬 더 큰 몫을 취할 수 있다. 자신의 생존을 최우선으로 생각하며, 안전을 유지하기 위해 모험적으로 살지 않고 자신을 드러내지도 않는다. 인간관계보다는 물질과 자원을 더 추구하며, 무의식적으로 자신의 욕구와 반대되는 어떤 감정, 사람, 아이디어, 기관을 신뢰하지 않는다. 무장한 상태로 살아서 연약함을 수용하기도 가장 어렵다.

사회적 8유형의 그림자

모든 사람을 책임지는 가장의 원형인 이들은 때로 알지 못한 채 자신을 덜 돌보며 희생한다. 자신을 돌보거나 다른 사람이 자신을 돌보도록 허락하기가 어려우며, 보호를 제공하지만 자신은 보호받기 거부하는 것을 의식하지 못한다. 힘을 더 많이 가진 사람이 약자를 부당하게 대우할 때 쉽게 개입한다. 이러한 구원자 역할은 숭고하고 용감하지만, 자신의 성장을 가로막기도 한다.

일대일 8유형의 그림자

모든 하위유형 중 힘에 대한 가장 강한 열망을 가진 이들은 모든 사물과 사람 위에 강한 영향력을 행사하기를 원한다. 사람들과 그들의 관심을 소유하고자 하는 욕구로 인해 모든 일의 중심에 서고자 하며, 사람들을 지배하고 그들이 통제에 따르기를 바란다. 하위유형 중에 가장 감정적인 이들은 자신이 열정과 충동으로 움직인다는 사실을 알아차리지 못할 수 있고, 하는 일에 대해 생각하기 위해 속도를 늦추는 일이 거의 없다.

우리는 세월이 아니라 상처와 함께 성숙한다.
- 마테우스 윌리엄

8유형의 역설

8유형의 역설은 격정인 '정욕'과 미덕인 '순수' 사이의 양극을 통해 경험된다. 이들은 자신 안에 있는 두려움과 슬픔을 알아차리고, 정욕으로 인해 자신의 깊은 감정을 부정하고 숨겼다는 사실을 발견하면 깨어날 수 있다. 이 사실을 인정함으로써 순수를 향해 다가갈 수 있으며, 마음을 열고 연약함을 느낄 수 있다. 8유형은 순수를 통해 판단이나 기대 없이 매 순간에 새롭게 반응함으로써 정욕을 해결한다. 그것은 만족감을 느끼기 위해 강렬함이 필요 없음을 알려주며, 부드럽고 차분하며 온화한 마음으로 나타난다.

성장의 여정에서 정욕을 의식화하고 건강한 차원의 감정인 순수를 느끼기 위해 취할 수 있는 행동은 다음과 같다.

- ✓ 연약함을 느끼기 시작할 때 질주하거나 반대로 완전히 물러나는지 알아보자. 어떠한 감정이 이런 행동을 유발하는지 관찰하고, 그 감정은 정상적인 반응이므로 환영하고 잘 받아들이자.
- ✓ 조금씩 더 연약해지도록 허용하자. 보통의 자신보다 '작게' 느껴도 괜찮다.
- ✓ 신뢰하는 사람들부터 시작해서 사람들과 자신의 연약함을 소통하기 위해 의식적으로 노력하자. 상대가 어떤 반응을 해도 받아들이자.
- ✓ 신뢰하는 사람에게 도움을 부탁하고 필요한 것을 구체적으로 요청하자.
- ✓ 도움을 구하는 것과 같이 하기 어려운 일을 할 때 어떻게 마음이 누그러지고 몸이 이완되는지 살펴보자. 이런 상태에서는 다른 사람에게 방어적인 반응이 불가능하며, 사람들의 좋은 점을 전보다 많이 볼 수 있게 된다.
- ✓ 분노 아래에 어떤 감정이 있는지 확인하고 그 감정을 잘 받아들이자.

화살을 사용한 8유형의 성장 경로

에니어그램 도형에서 8유형과 화살로 연결된 두 유형은 2유형과 5유형이다. 8유형은 2유형의 능력을 배워서 부드럽고 정서적이며 친절하고 다가가기 편한 사람이 되며, 5유형의 자원을 통합함으로써 속도를 늦추고 행동을 절제하며 강도를 조절하고 침착한 사람이 될 수 있다. 이를 통해 일반적으로 강해지고 불의에 맞서 싸우는 데서 내면으로 초점을 이동하여 에너지의 균형을 맞추게 된다.

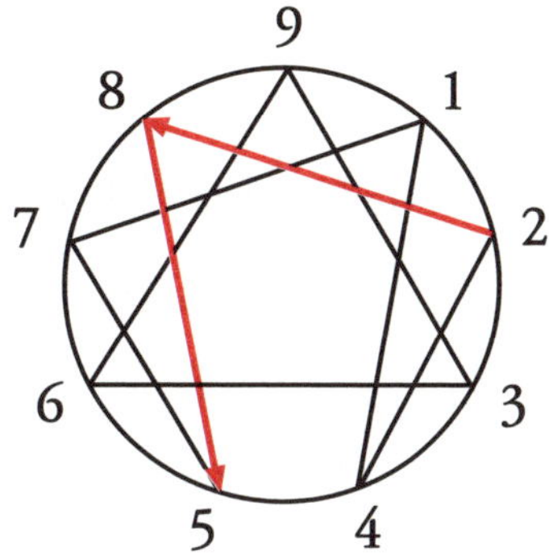

의식적으로 2유형을 받아들여 사람들의 감정에 더 주의를 두며, 스스로 부드럽고 온화하며 친절해지고 사람들이 다가올 수 있도록 곁을 내주자. 덜 무뚝뚝하고 말을 할 때 더 조심하며 사교적으로 대하고, 자신이 느끼는 것을 더 많이 공유함으로써 사람들과의 관계를 깊게 하자. 타인의 필요에 주의를 기울이고 그들의 감정에 공감하도록 노력해 보자. 자신의 계획이 다른 사람들에게 도움이 되도록 하자.

행동하기 전에 생각하는 5유형의 능력을 통합하자. 사람들을 통제하고 독립을 쟁취하려는 충동을 알아차리며, 강도를 낮추고 침착하게 행동하며 내면에 더 집중하여 에너지의 균형을 맞추자. 결정을 내리기 전에 반대되는 의견에 대해서도 조사하고 전문가와 상의해 보자.

건강한 차원을 받아들이기

여정의 세 번째 단계에서, 8유형은 이제 자신이 '누구인지'를 명확하게 볼 수 있다. 자신의 감수성을 더 많이 느낌으로써 그들은 내면의 부드러운 측면을 수용하는 지혜를 깨달을 수 있으며, 과한 방어와 공격성 대신 한결 가벼운 모습으로 자신을 드러내고 무기를 내려놓을 수 있다. 이때 8유형은 삶에서 천천히 걷는 법을 배우고 스스로 더 돌보게 되며, 자신의 감정을 더욱 존중하고 사람들에게 공감하며 그에 대해 어떤 행동을 취하지 않아도 됨을 안다. 감정을 다루는 최선의 방식은 그 감정과 함께 있는 것이다.

모순적으로 이러한 변화는 8유형을 전보다 더 힘이 있고 강하게 만든다. 이들은 연약함을 표현하는 데 큰 힘과 용기가 필요함을 깨달음으로써 앞으로 나아가게 되며, 이러한 변화는 사람들도 알아차릴 수 있다. 자신의 감수성을 느끼는 것이 세상에 무자비한 힘을 행사하고 사물을 장악하거나 통제하려는 경향에 균형을 줄 수 있다.

이러한 건강한 상태에서, 8유형은 전에는 하지 못했던 일들을 할 수 있으며 성장을 위해 계속해서 노력할 수 있다.

✓ 자주 의식적으로 연약한 감정을 느껴보자.

✓ 이전에는 간과했던 디테일과 미묘한 부분들에 주의를 기울이자.

✓ 다른 사람의 말에 온전히 끝까지 경청하자.

✓ 자신과 사람들을 향해 인내심을 갖고 대하자.

✓ 자신의 한계를 존중하고 몸과 마음을 잘 돌보자.

✓ 사람들에게 민감하게 다가가고, 그들을 대하는 말과 태도에 조심하자.

✓ 충동적으로 행동하려는 경향을 절제하여 후회하지 않도록 하자.

✓ 행동과 에너지의 과도함을 절제하도록 노력하자.

✓ 자신 안의 다양한 감정들을 느낌으로 다른 사람의 감정을 이해하고 공감하며,
  그들과 깊은 관계를 맺도록 하자.

연약함이 약점이라는 생각은 위험하다.
연약성은 혁신, 창의성, 변화의 발상지이다.
- 브레네 브라운

순수함은 8유형의 미덕으로 격정인 정욕의 해결책이 된다. 순수의 상태에서 덜 방어적이고 덜 공격적이며 마음의 소리를 듣고, 스스로 방어하지 않아도 되기에 삶과 관계에서 지나치게 강렬하고 과도하지 않게 된다. 상황과 사람에게 바로 성급하게 반응하기보다는 건강하게 응답한다. 긍정적인 시각을 가지고 상황과 사람들이 자신이 예상했던 만큼 가혹하지 않음을 알게 된다. 자신을 포함한 사람들이 본질적으로 악하지 않고 선하다고 여기며, 더 이상 모든 것을 통제하지 않고 삶의 자연스러운 리듬보다 앞서 나가지 않는다. 사람들에게 자신을 드러내고 방어하지 않는다고 해서 공격당하지 않는다는 사실을 알며, 이렇게 자신의 공격을 먼저 내려놓음으로써 상대를 무장 해제시키는 법을 배운다. 또한 다른 사람의 공격으로도 자신의 상태가 좌지우지되지 않도록 한다.

　다음은 8유형이 성장의 여정에서 한 걸음 더 나아가 순수의 상태에서 살기 위해 집중해야 할 부분들이다.

✓ 일어나는 매 사건에 새로운 방식으로 응답한다.

✓ 고통이 지나는 즉시 그것을 잊어버리는 아기처럼, 과거의 경험을 바탕으로 미래를 설계하지 않는다.

✓ 주변에서 일어나는 일의 세세한 사항과 느낌을 이해하기 위해 속도를 늦춘다.

✓ 모든 것과 모든 사람의 경험에 민감하게 반응한다.

✓ 감성과 정서적인 면에 집중한다.

✓ 자신이 사람들과 주변에 끼치는 영향에 대해 세심하고 정확하게 인지하며, 경청하고 평화를 구축하는 데 마음을 쓴다.

✓ 에너지를 조절하여 매사에 필요한 만큼의 힘만을 동원한다.

✓ 다른 사람을 판단하려는 방어적인 욕구를 버리고, 자신을 판단하며 어떤 식이든 가혹하게 대하는 경향을 내려놓는다.

✓ 자신을 지배하던 분노에서 벗어나 결국 해롭지 않은 사람이 됨을 느낀다.

> 어렸을 때 어른이 되면 더 이상 연약하지 않을 것 같다고 생각했다.
> 그러나 어른이 된다는 것은 연약함을 받아들인다는 의미이다.
> -마들렌 랭글

8유형이 참 자아를 받아들일 때의 핵심은 호흡을 통해 몸을 안정시키고, 자신을 '실제보다 크게' 부풀린 느낌이 아닌 보통의 사람처럼 느끼는 데 있다. 자신의 내적 경험과 감수성에 자주 연결됨으로 에너지를 확장하는 대신 자연스럽게 자신의 에너지를 자신 안에 머물도록 할 수 있다. 여전히 사람들과 세상에 강한 영향력을 행사하지만, 이제 이 동력은 참 자아에서 나오는 진정한 힘과 부드러움의 놀라운 조화에서 비롯된다.

8유형은 성숙의 여정으로 나아갈수록 아름다운 감수성을 느끼게 된다. 이들은 타고난 강렬함과 연약함에 접촉하는 능력의 균형을 맞출 때, 그들이 할 수 있는 가장 깊은 방식으로 사람들과 연결되고 이들에게 영감을 주는 건강한 차원의 개인적인 힘과 매력을 갖게 된다. 순수의 상태는 사람들과 가까워지며 진실을 공유하는 용기를 주는데, 이는 8유형이 늘 바라던 바다.

순수와 연약함을 동시에 구현할 때 8유형은 삶에서 완전히 새로운 경험에 열리기 시작하고, 다른 사람들이 그들을 지지할 것이기에 항상 강하지 않아도 됨을 깨닫는다. 새로운 현실에서 8유형은 자기 내면 아이를 느끼고 사랑하는 기쁨을 맛보며, 자신의 약점을 드러내는 가장 용감한 일을 했을 때 삶이 주는 보상을 받는다. 자신의 약점을 드러냄으로써 진정으로 강력해지며 사람들에 대한 감수성과 공감으로 자신의 힘을 적절하게 사용할 수 있다. 자신보다 더 큰 힘에 항복하고 세상의 모든 불공정과 불의를 바로잡으려는 욕구를 내려놓는 것이 얼마나 좋은지 깨닫는다. 8유형이 자신의 참 자아를 경험하기 시작하면 더 단순하고 가벼우며 따뜻해지고, 사람들과 깊은 관계를 맺을 수 있다. 잠든 상태에서 삶의 모든 부분을 과도하게 하려는 필요 대신, 자연스럽게 흘러가는 대로 삶을 살아갈 수 있다.

8유형이 깨어난다는 것은 존재의 본질이 상처받는 일은 절대 없으므로 더 이상 불의로부터 자신을 지키거나 자신의 감수성을 보호하기 위해 자신을 강화할 필요가 없다는 의미이다. 참 자아를 더 잘 안다면, 상상했던 것 이상으로 섬세하고 부드러운 존재인 자신을 경험할 수 있으며, 더 이상 갑옷을 장착하지 않아도 된다. 자신의 깊음과 연결되고 사람들과의 관계에서 방어하거나 공격하지 않고도 편안하게 신뢰할 수 있다. 이런 일이 생기면 8유형은 사람들, 특히 누구보다 자신이 깊은 차원에서 얼마나 선하고 아름다운지를 뚜렷하게 보게 된다. 마침내 이들의 선천적인 감수성과 마음속의 진정한 힘이 밖으로 빛나게 되며, 갑옷 아래 항상 존재했던 사랑을 표현할 수 있다. 8유형은 수용, 사려 깊음, 단순함, 사랑, 감사함의 새로운 삶으로 들어선다.

나태에서 올바른 행동으로 가는 여정

> 사람들과 함께 있어라.
> 결코 자신을 뒤에 두지 말아라.
> -도딘스킨

옛날에 9라는 사람이 살았다. 어린 시절 그는 자신이 모든 사람 및 사물과 연결되어 분리되지 않는다고 생각했다. 이러한 연합의 상태에서 9는 깊은 평화, 기쁨, 사랑이 주는 경이로움과 편안함을 맛보았다.

그러던 어느 날 아침, 9는 잠에서 깨어나며 단절감과 외로움을 느꼈다. 혼자 남겨진 것에 좌절감을 느꼈고 자신을 밀어낸 사람에게 따지고 싶었으나 이는 자신을 더 불편하게 만들 뿐이었다. 사람들은 가까이 있었지만 멀게 느껴졌고, 이런 낯선 분리된 느낌은 그를 외롭고 무섭게 했다. 더 이상 주변 세상과 연결되어 있지 않다면 소속감을 어떻게 느낄 수 있단 말인가?

9는 사람들과 다시 연결되고 싶어서 이런 상황에 대해 불평했지만 아무도 듣지 않았고, 주변 사람들은 9보다 더 큰 목소리로 더 중요한 말들을 했다. 다른 사람들은 자신이 원하는 것을 알고 그것을 얻기 위해 논쟁했으며, 그들이 분리되어 있다는 사실과 논쟁이 분리를 더 심화시킨다는 것도 개의치 않는 듯했다. 그들은 9가 뭐라고 하든 신경 쓰지 않았으며, 9가 더 큰 목소리로 거세게 항의해도 아무도 관심을 기울이지 않았다. 그렇게 시간이 흐르자 9는 그냥 포기해 버렸다. 어차피 아무도 듣지 않을 것이라면, 차라리 잠을 자러 가는 편이 나았다. 적어도 잘 때만큼은 편안했으니까.

9는 계속 잠을 자며 편안함을 찾으려 했으나 연결되지 않은 느낌은 여전했으며, 다시는 소속되지 못할 것 같다는 걱정이 커졌다. 9는 분리된 느낌이 자신에 대해 무엇을 말하는지 궁금했으나 사람들은 분리에 대해 자신만큼 신경 쓰지 않는 것 같았다. 마침내 9는 사람들의 관심을 받으려는 노력을 멈추었고, 산만하게 지내면서 오히려 편해졌다.

9는 소속감이 회복되기를 바라며 잃어버린 연결의 느낌을 되찾기 위해 갖은 방법을 시도했다. 친구를 사귀고 그들이 원하는 것은 무엇이든 했으며, 어울리려고 노력했다. 자신의 욕구는 잊어버리고 사람들이 원하는 것에 집중하면서 거리감을 잊으려고 했다. 누군가의 말을 따르는 편이 쉬웠기에 다른 의견이 있어도 굳이 맞서지 않았다. 얼마 후, 그는 무엇에도 그다지 신경 쓰지 않게 되었고, 그러자 모든 것이 그리 중요해 보이지 않았으며 결국 자기 자신조차 별로 중요하지 않다고 여기게 되었다.

분리의 고통을 회피하기 위해 조용하고 편안하게 지내려는 9의 생존 전략은 시간이 흐르면서 자신의 감정, 의견, 목소리까지 잊게 했다. 사람들과 평화롭게 잘 지내면 잃어버린 연결에 대해 희미하게나마 기억할 수 있어서 그들과 편안하게 지내는 것이 좋았다. 그는 매일 아침 눈을 뜨고 일어나지만 갈수록 온종일 몽유병 환자처럼 '잠든' 상태로 살았다.

이따금 9는 주변 사람들이 자신을 더 잘 알고 연결될 수 있도록 자신의 의견이나 욕구를 공유하려고 노력했지만, 아무도 듣지 않는 것 같아서 다시금 단절감을 느꼈다. 결국 그는 자신의 의견과 욕구를 정확히 알지 못한다는 것을 깨닫게 되었고, 그 사실에 불편함을 느꼈다. 때로 사람들이 무엇을 원하든 그가 맞춰줄 것이라 기대한다는 생각에 괴로워했다. 그는 더 이상 자신이 무엇을 원하는지 알지 못한다는 것이 걱정되었고 자신에게 귀를 기울이지 않거나 자신을 중요하게 여기지 않는 사람들에게 조금 화가 나기까지 했다. 쌓여있던 화가 어느 순간 터져나오면, 그것은 오히려 사람들과 더 멀어지게 했다. 화가 난 사람에게 다가오고 싶은 사람은 없기에 9는 더 단절되고 더욱 외로웠다. 마침내 겉으로는 조용하지만 내면에 대해 인지하지 못하는 생존 전략이 그를 장악했다.

이렇게 9는 잠들어 버렸다. 매우 평화롭고 느긋하며 편안함을 사랑하였지만 그저 잠든 상태일 뿐이었다.

다음 문장 중 대부분 혹은 전부에 공감한다면 9유형일 수 있다.

✓ 주변 사람들이 서로 화목하고 조화를 이루며 긴장이 없는 상태를 좋아한다.

✓ 사람들과 웬만하면 잘 어울리고 다른 사람들의 의견에 쉽게 동의할 수 있다.

✓ 평화의 상태를 깨고 싶어하지 않으며, 갈등을 피하고 중재하는 데 뛰어나다.

✓ 공개적이고 직접적인 방법으로는 분노를 거의 표현하지 않는다.

✓ 문제를 여러 측면에서 볼 수 있으며 자신의 관점과는 다른 것도 잘 이해한다.

✓ 인정받기 위해서가 아니라 그저 평화로운 상황을 만들기 위해 자연스럽게 주변 사람들을 지원한다.

✓ 사람들은 이들이 느긋하고 친근하며 주변에 있을 때 편하다고 말한다.

✓ 마치 짙은 안개로 둘러싸인 것처럼 자신이 원하는 것을 알기는 어렵지만, 원하지 않는 것을 아는 일은 그보다 쉽다.

✓ 목소리를 높이거나 의견을 제시하지는 않지만, 사람들이 자신을 중요하지 않게 여기거나 소외시킬 때 힘들어하고, 권위적으로 무엇을 하라고 지시하는 사람을 싫어한다.

9유형은 다음과 같은 세 단계의 경로를 따라 성장할 수 있다.

먼저, 편안한 상태를 유지하려고 하며 주변 사람들과 잘 지내는 데 필요한 것은 무엇이든 하는 것과 관련된 습관적인 패턴을 관찰함으로써 자신에 대해 알아가는 성장의 여정을 시작할 수 있다.

다음은, 자신이 중요하지 않다는 느낌과 단절감에서 비롯된 에고의 패턴을 더 잘 인식하기 위해 자신의 그림자와 직면해야만 한다. 이 작업을 통해 조화를 유지하고 단절을 회피하기 위해 사람들에게 과도하게 순응적인 태도를 보이면서 자신을 망각하는 모습을 의식할 수 있다.

마지막 단계에서, 자신의 분노와 욕구와 우선순위를 더 명확하게 알아차리게 되고 실제로 자신이 얼마나 중요한 사람인지를 깨닫게 된다.

사람들은 불가능은 없다고 하지만, 나는 매일 아무것도 하지 않는다.
- 곰돌이 푸

여정을 시작하기

9유형이 깨어나기 위한 첫 단계는, 자신을 마지막 순위에 두면서 얼마나 스스로를 중요하지 않다고 여기는지 의식적으로 알아차리는 것이다. 어떤 방식으로 주변 환경과 사람, 사물 등 외부적 요소에 주의와 에너지를 집중하는지 인식하면 자기 관찰 역량을 계발하기 시작하게 된다. '스스로 잠들고' 개인적인 경험에 주의를 기울이지 못하는 경향을 가진 이들에게는 특별히 더 중요한 작업이다. 이들은 때때로 자신의 감정과 단절되어 있다는 느낌을 줄이기 위해 삶 전체를 수면 상태로 지낸다.

9유형 핵심 패턴

9유형은 주변 세상과의 조화와 연결을 유지하기 위해 얼마나 많은 에너지를 쓰는지, 자신의 존재와 우선순위에 얼마나 집중하지 못하는지 인지함으로써 성장의 여정에 오를 수 있다. 조금의 불편함도 회피하기 위해서 사용하는 여러 방법을 인식하고, 정확히 어떤 것이 편안하고 어떤 것이 불편한지 알아차려야 한다.

> 깨어나기 위해 의식적으로 행동하려면,
> 한 사람을 잠든 상태로 머물게 하는 힘의 속성을 파악해야만 한다.
> - G.I. 구르지예프

9유형은 다음의 다섯 가지 습관적인 패턴을 더 관찰하고 의식함으로써 성장의 여정에 오를 수 있다.

자신에게 중요한 것을 무시함

9유형은 사람들을 지지하고 외부의 갖은 요구사항에 주의를 기울이지만 정작 자신의 필요와 우선순위는 무시하기에, 자신보다 상대의 욕구를 우선시할 때를 알아차리는 것이 중요하다. 다른 사람들과 관련된 일, 일상, 기타 삶에서 덜 중요한 일들보다 자신의 우선순위에 따라서 행동하는 것이 어려울 수 있으며, 습관적으로 자신의 중요성을 최소화할 수 있다. 자신을 중요하지 않게 만든다는 느낌이 싫지만, 자신을 주장하는 것은 어려울 수 있다. 갈등을 회피하고 싶을 때 자신의 선호와 견해를 최소화하고 있는지, 자신이 무엇을 원하는지 알기 어려워 얼마나 실망과 좌절감을 느끼는지 살펴볼 필요가 있다.

스스로 에너지를 내기가 어려움

사람들을 도와야 할 때는 쉽게 에너지를 사용하지만, 자신을 위해 행동할 때는 관심과 에너지를 유지하는 것이 어려울 수 있다. 자신을 위해 의식적인 행동을 취해야 할 때 주의가 산만해짐을 느낄 수 있고, 자신에게 진정으로 의미 있는 일보다는 타인을 위한 일이나 덜 중요한 일을 자신도 모르게 먼저 하고 있을 수 있다. 자신의 필요와 욕구에 따라 행동하지 못할 뿐 아니라, 이를 깨닫기조차 힘들다. 하지만 자신의 우선순위를 분명히 하고 그것을 위해 계속 노력하는 것이 어렵다는 것을 알아차리면 도움이 된다.

경계를 세우기 어려워함

상대를 자신보다 우선시하고 그가 원하는 것에 지나치게 맞추기에 상대가 원하는 것을 거절하기가 힘들다. 동의하지 않을 때 거스르거나 자신의 목소리를 내는 것을 얼마나 어려워하는지, 누군가가 자신의 관심과 에너지를 지나치게 소모시켜도 경계를 긋기 힘들어하는지 관찰하자. 이러한 경향은 인간관계에서 경계의 필요성을 깨닫게 하고 자신이 경계를 설정하는 데 어려움이 있다는 것을 보여준다.

갈등과 부조화를 회피함

자신이 속한 환경이 조화롭든 그렇지 않든 맞출 수 있는 타고난 능력이 있다. 주변 사람들과 조화를 이루고 싶어하고 어떠한 형태이든지 갈등, 부조화, 긴장 상태가 발생하지 않도록 노력한다. 문제를 일으키거나 평화를 깨서 긴장을 조성하는 사람으로 인해 심기가 불편하며, 자신에게 발생할 수 있는 갈등은 회피하고 다른 사람들 간의 갈등은 중재한다. 사람들이 서로 이해하도록 돕는 재능은 모두가 잘 지내도록 하려는 욕구에서 비롯된다. 자신에게 중요한 사람들과 좋은 관계를 유지하고 평화를 유지하는 방편으로써 사람들의 욕구를 충족시키기 위해 얼마나 애쓰는지 깨닫는 것이 중요하다. 또한 갈등을 회피하려고 자신을 잠들게 하는 것을 알아차려야만 한다.

불편한 느낌을 회피함

편안함만을 추구하고 불편한 느낌을 주는 모든 것을 회피하려는 경향이 있어서 편한 일과를 정하고 어떤 형태로든 분열, 의견의 불일치, 변화를 회피할 수 있다. 불편함을 방지하기 위해 불편한 감정과 감각, 갈등과 자신 안의 분노를 인지하지 않으려고 한다. 의식적으로 관찰하기를 지속하면, 편안함을 최우선으로 추구하며 현상 유지를 원하는 자신을 발견할 수 있다.

9유형의 정서적 격정

나태는 9유형을 움직이게 만드는 격정이며 정서적 핵심 동기이다. 이는 흔히 말하는 아무것도 하고 싶지 않다는 게으름이 아니라, 주어진 상황에 필요한 중요한 행동을 취하기를 주저한다는 의미이다. 여기서 '중요한 행동'이란 자신의 필요를 채워주기 위해 해야 할 행동이고, 이것이 상황을 바꿀 수 있는 첫 단계일 수 있다. 이들의 나태는 무의식적으로 계속 자신을 등한시하고 세상에 참여할 수 있는 자신의 역량을 무시한다는 것을 뜻한다.

9유형은 외부세계에 주의를 두고 자신의 내적 경험을 망각하기에 개인적인 생각, 감정, 욕구를 알아차리기 어렵고 무엇을 원하는지 물어봤을 때 잘 모르는 경우가 많다. 다른 사람을 지원하는 데 적극적이지만, 자신을 위해서 행동해야 할 때 관성의 법칙에 따라 평소 하던 그대로 살아서 저녁으로 무엇을 먹고 싶은지 같은 기본적인 것들조차 알지 못할 수 있다. 자동 조종 상태로 살며 개인적 우선순위를 망각하는 경향은 자신의 필요, 욕구, 감정, 의견, 선호도, 세상에 변화를 일으킬 힘으로부터 단절되게 만든다. 나태의 영향으로, 이들은 자신을 중요하지 않다고 여기는 세상 앞에 드러나기를 피하려고 잠이 든다. 상대에게 맞추려는 이러한 충동은 어떤 의견도 갖지 않게 만드는데, 이는 자신의 욕구를 찾으려는 노력을 포기해 버리는 것이다.

9유형의 나태는 자기와 관련된 일에는 '가장 저항이 덜한 길'을 택하고 최소한의 노력만을 들이고자 하며, 주장하고 나가기보다는 그저 상황에 따라가기에 자신의 우선순위를 망각하는 상태까지 이르게 된다. 자신과 상대에게 편안함을 주고, 쉽게 살기를 원하며, 갈등은 물론이고 사람들과 깊은 관계를 맺는 것도 피한다.

　9유형이 깨어나기 위해서는 나태가 드러나는 다음과 같은 징후를 관찰하고 주의를 기울여야 한다.

✓ 내면에서 일어나는 일을 알아차리지 못하거나 주의를 두지 않으며, 순간순간의 경험을 온전히 느끼는 데 관심이 부족하다.

✓ 감정, 심리, 신체 등 모든 영역에서 자신을 중요시하지 않고 망각한다.

✓ 이미 했던 일을 반복하고 어떤 형태로든 변화에 저항한다.

✓ 자기 자신을 중요하지 않다고 여겨 상황의 중심으로 들어가기를 피하며, 결과적으로 자신이 원하는 것과 필요한 것에 대해 고민하지 않는다.

✓ 자신에게 가장 중요한 우선순위를 계속 미룬다.

✓ 원하는 것을 모르고 의견이 없거나 표현하지 않으며, 사람들을 지원하기 위해 많은 에너지를 쏟지만 자신을 위해서는 그렇게 하지 못한다.

✓ 사람들과 잘 지내며 그들이 원하는 것을 얻도록 돕지만, 자신의 필요와 원하는 것을 생각하지 못하고 자신이 받을 수 있는 상황은 적극적으로 피한다.

✓ 자신과의 관계, 진정으로 친밀한 사람들과의 관계 속에서 느낄 수 있는 정서적 경험이 부족하다.

✓ 요구사항과 선호하는 바를 표현하여 자신에게 주의가 집중되거나 관심의 중심에 서는 것을 불편해한다.

삶을 회피하여 얻을 수 있는 평화는 없다.
- 버지니아 울프

날개를 사용한 성장 경로

9유형은 옆에 있는 날개 8유형과 1유형을 통합함으로써 성장할 수 있다. 8유형의 특성을 사용하면 잠들어 버리려는 경향을 넘어서 불편한 것을 더 적극적으로 표현할 수 있으며, 1유형의 강점을 통합하면 자신의 우선순위에 충실해질 수 있다.

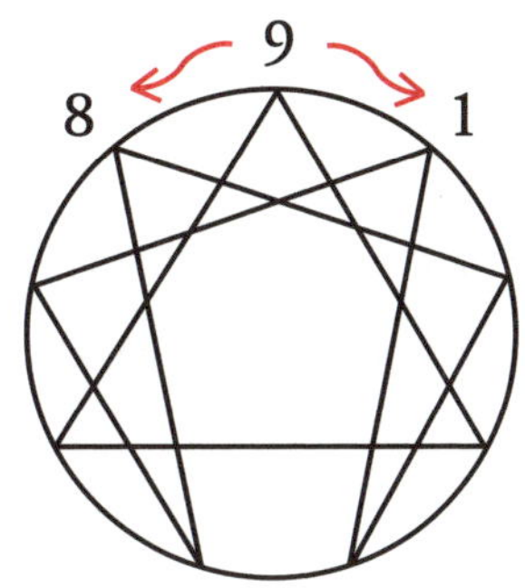

8유형의 긍정적인 특성을 통합하여 불만이 생기거나 완강하게 고집부리려 할 때 주의를 기울이고 적극적으로 의사를 표현하자. 큰 그림을 보고 원하는 것을 파악하며 직접적이고 명료한 방식으로 요청하자. 자신의 의견을 표현하거나 상대와 대립할 수 있는 자신감과 역량을 키우고, 건설적인 갈등에 대한 수용력을 향상하며, 인간관계에서 우려하는 바를 표현하고 문제를 제기해보자. 결단력 있게 행동하고 문제를 선제적으로 다루며 의견의 차이를 인정하는 것이 관계의 분리보다는 더 강한 연결로 이어질 수 있음을 주목하자. 분노의 긍정적인 용도를 인식해보자.

1유형의 능력을 통합하여 자신의 우선순위에 따라서 행동할 때, 높은 수준의 결과를 낼 수 있다. 기대할 수 있는 최상의 결과가 무엇인지 시간을 두고 상상해 보며 이를 위해 행동을 취하여 자신의 필요와 선호에 민감하게 반응하도록 하자. 논리적으로 일의 진행단계를 구조화하고 행동하여 개인적 목표와 과업에 집중하자. 자신의 노력 덕분에 모두에게 더 좋은 상황을 만들 수 있다는 비전을 더 명확히 보면서 자신의 이상을 위해 실행하려는 의지를 높이자. 옳지 않은 것을 볼 때 분노를 느끼고, 이를 통해 세상을 더 나은 곳으로 만드는 데 힘이 되도록 하자.

9유형의 그림자 마주하기

9유형 성장 경로의 두 번째 여정은, 수동공격 경향을 인지하고 수용하며 통합하는 과정이다. 이를 위해 자신의 분노를 의식해야 한다. 진정한 연결은 관계 분리에 대한 두려움을 견디면서 자신을 알고 표현하는 위험을 감수할 때 이루어질 수 있음을 배워야 한다.

건강한 의식 상태에서 9유형은, 상대에게 맞추고 지지하는 태도가 나쁠 수 있다는 것을 깨닫는다. 자기 인식이 부족할 때 이들은 자신이 친절하고 착하며 남을 해치지 않는다고 생각하지만, 사실은 우유부단하며 지나치게 수동적이고 수동공격을 할 수 있다. 자기 그림자를 인지하지 못할 때 완고하고 무감각해질 수 있으며, 마음에 들지 않는 일에 대해서도 직접적으로 불만을 표현하기 꺼린다. 이로 인해 자신이 인지하지 못한 분노가 수동적 형태로 새어 나오면 자신이 가장 필요한 순간에 사라지거나, 하겠다고 한 일을 하지 않는 등의 수동공격을 할 수 있다.

9유형의 그림자 직면하기

다음은 이러한 9유형의 무의식적인 핵심 패턴과 맹점, 고통의 지점들을 표면 위로 가져와 더 잘 인식하고 대응하기 위해 할 수 있는 방법이다.

- ✓ 불편함이 느껴지는 일이 무엇인지 주의를 기울이자. 불편한 일이 나를 성장시키는 것임을 기억하고 그 일을 하자. 안전지대에서 떠나기를 저항하는 경향이 있음을 관찰하고 작은 일부터 시작해서 큰일까지 변화를 시도해 보자.
- ✓ 분노를 느낄 때, 화가 나는 이유가 무엇이고 이를 어떻게 잊어버리려고 하는지를 알아차리며 짜증, 불만, 고집스러움 등으로 나타나는 수동적인 형태의 분노나 억압을 알아차려 보자. 분노를 통해 무엇이 나에게 중요한지 알아차리고, 직접적으로 건강하게 분노를 표현하는 위험을 감수하자.
- ✓ 완고함이나 수동적인 방식으로 저항하거나 공격하는 방식이 무엇인지 알아차리고 이에 대해 신뢰하는 사람들과 이야기를 나누어 보자.
- ✓ 불만, 분노, 속상했던 일을 떠올리고 그때 어떤 감정을 느꼈는지, 어떤 말을 했는지, 그때는 하지 않았지만 어떤 말을 하면 좋았을지 생각해 보고 말해 보자.
- ✓ 에너지 수준을 높이기 위해 신체를 감지하도록 움직이자. 걷기, 요가 등 어떠한 형태로든 운동하며 움직이고, 몸을 더 의식하면서 활동적이고 활기차게 생활하자.
- ✓ 힘을 포기해 버리는 방식에 대해 생각하며, 숨을 들이쉬고 내면에 집중하면서 자신의 힘을 느끼고 되찾아 오자.
- ✓ 사람들을 대할 때 경계를 세우는 행동을 하자. 거절을 더 많이 하고, 싫은 일에 '예'라고 하지 말자. 덜 친절하고 덜 친근하고 덜 웃어도 된다.

9유형은 불편한 감정을 느끼기 싫어해서 자기 맹점의 탐색을 원하지 않을 수 있다. 습관적으로 자각하지 못함을 마주하는 것은 불편할 수 있다. 이들은 평화롭게 살고 갈등을 회피하며 사람들과 우호적인 관계를 유지하려고 자신의 분노나 욕구와 같은 개인적으로 중요한 경험에 대해서는 잠들어 버린다. 편안함에 대한 욕구가 그 어떤 경험보다도 강해 자신 및 사람들과 더 깊은 관계를 맺을 필요성을 느끼지 못한다. 그러나 맹점을 직면하고 거기에서 오는 고통과 불편함을 다룰 수 있다면, 결국 자신 안에 큰 힘이 있음을 깨닫고 주어진 재능과 강점에 감사하게 될 것이다.

이들은 많은 힘이 있으나 이것을 사람들에게 내어준다. 내면의 생동감을 느끼지 못해 우울함을 느낄 수도 있다. 갈등을 불러일으키는 모든 감정을 느끼지 않으면 삶의 깊고 강렬한 경험에서도 단절된다. 그러나 이들이 자신의 큰 힘과 에너지를 마주하고 상대에게 상처를 줄 수도 있다는 두려움을 수용하면서, 분노를 실제로 표현할 때 자신을 이롭게 하는 동시에 세상에도 진정한 변화를 가져올 수 있도록 에너지의 방향을 의식적으로 바꿀 수 있다.

다음은 9유형이 깨어나기 위해 직면해야 할 맹점이자 무의식적으로 작동하는 패턴들의 구체적인 예시이다.

분노를 회피함

분노를 거의 느끼지 못하는가? 자신의 분노에 대해 '잠이 든' 적이 있는가? 갈등이 생길 수 있기에 화가 났다는 사실을 인정하지 않으려 하는가? 이런 행동의 대가가 무엇인지 생각해 본 적이 있는가?

아래의 방법을 따라 이러한 맹점을 통합할 수 있다.

- ✓ 좌절, 짜증, 고집 등 억압된 분노의 징후를 알아차리고, 아무리 작은 신호라도 민감하게 살펴보자.
- ✓ 분노를 느낄 때 표현하지 않는다고 해서 사라지지 않으며, 이는 수동공격으로 나가게 된다. 이런 일이 일어날 때를 알아차리자.
- ✓ 언제, 어떻게 수동적인 방식으로 분노를 표현하는지 인식하고, 지금 당장은 아니더라도 이러한 상황에서 적극적이고 직접적으로 할 수 있는 일이 무엇인지 적어 보자.
- ✓ 분노를 느끼지 못하거나 표현하고 싶지 않은 일반적인 이유, 혹은 과거 경험에 의한 구체적인 이유 등 모든 원인을 탐색하고, 이를 친구나 신뢰할 수 있는 코치와 이야기하자.
- ✓ 친밀한 사람들에게 분노와 결부된 두려움을 말하고, 분노를 표현할 수 있도록 도움을 요청하자. 조심스럽게 작은 것부터 화를 건강하게 표현하는 도전을 해 보고, 상대에게 동의하지 않거나 좌절감이 들 때 즉시 표현하여 분노가 쌓이지 않도록 하자.
- ✓ 발상을 전환해 분노가 좋을 수 있다고 생각해 보자. 의식적으로 건강하게 분노를 표현하면, 이는 경계를 세우고 필요를 주장하며 무엇이 가장 중요한지 분별하고 자신의 힘을 사용할 수 있도록 도울 것이다.

원하는 것을 알지 못함

종종 자신이 무엇을 원하는지 잘 모를 때가 있는가? 자신의 욕구와 의견을 알지 못하거나 표현하지 못해서 사람들의 말을 따라가는가? 욕구를 표현하는 데 어려움을 느끼는가?

이러한 맹점을 통합하기 위해 취할 수 있는 행동은 다음과 같다.

- ✓ 자주 자신이 무엇을 원하는지 자문해 보자. 답을 찾지 못하더라도 계속 질문하고, 머리뿐만 아니라 가슴에도 질문하자. 원하는 것과 욕구에 관해서는 가슴이 머리보다 더 많이 알고 있다.

- ✓ 자신에게 무엇을 원하는지 알지 못해도 괜찮다고 말해주자. 시간을 들여 계속해서 노력하면 기호를 알아갈 수 있다.

- ✓ 아직 자신의 욕구를 알지 못한다고 해서 자기비판을 하지 말자.

- ✓ 나에게 무엇을 원하는지 물어보고 관심을 가지며 답을 찾기까지 기다려 달라고 친한 사람들에게 부탁하자.

- ✓ 자신이 그다지 강렬하게 원하지 않을 때도 의견을 자주 표현하며, 모든 관점이 일리 있다고 여기려는 경향에 저항하고 스스로 무엇이든 선택하자.

- ✓ 앞으로 일어날 일에 별로 신경 쓰지 않는다고 말할 때, 이것이 자신의 욕구를 모르는 것을 합리화하고, 욕구를 알지 못하는 고통을 느끼지 않으려 하며, 원하는 바가 무엇인지 알아내기 위해 노력하지 않으려는 방식인지 질문해 보자. 감정적 격정인 나태일 수 있다.

갈등을 회피함

갈등을 회피하기 위해 이유를 찾고 방법을 모색하는가? 갈등을 회피하기 위해 자신과 주변 사람들을 제한하는 상황이 생기는가?

이러한 맹점을 통합하기 위해 취할 수 있는 행동은 다음과 같다.

- ✓ 갈등에 관해 어떤 생각과 두려움이 있는지 탐색하자. 갈등에 휘말리면 어떤 일이 일어날지 두려운가?
- ✓ 관계가 영원히 단절될까 두려워서 갈등을 피하는지 확인하자. 이러한 신념에 의문을 제기하고 갈등을 통해 더 가까운 관계가 될 수 있음을 수용하자. 갈등의 부재와 진정한 조화의 차이를 분별하자. 깊이 있고 지속되는 평화는 건설적인 대립을 통해 구축된다.
- ✓ 건강한 경계를 세우며 관계에 깊이를 더하고 자신의 의견을 알리는 등 갈등의 긍정적 기능을 탐색하자.
- ✓ 동의하지 않음을 표현하거나 자신의 중요성을 알리는 방편으로 갈등을 사용하는 연습을 하자.
- ✓ 건강하게 경계 세우기와 거절하기 같은 작은 갈등을 감수하는 것부터 시작해 보자.
- ✓ 자신의 힘을 표현하는 방식으로써 사람들과의 대립을 허용하고, 원치 않는 상황으로 인해 생기는 불편함과 상한 마음, 화가 나는 감정을 용납하자.

> 사랑만이 올바른 행동으로 이끌 수 있다.
> - 크리슈나무르티

9유형의 고통

9유형은 친근하고 긍정적이며 사람들과 잘 지내는 것을 중요하게 여긴다. 모든 종류의 갈등을 피하려고 평화의 감각을 유지하며 특정한 감정을 느끼지 않음으로써 편안한 상태에 머물려고 한다. 조화로운 관계를 유지하기 위해 자신의 분노와 긴장감을 유발하는 감정에 대해 습관적으로 '잠들며' 이로 인해 겉으로 보기에 '정서적으로 안정되어' 보일 수 있다. 이들은 보통 따뜻하고 성격이 좋으며 별로 감정적이지 않은 것처럼 보인다. 그러나 '자기 망각'을 하는 장 중심으로서 깨어나기 위해서 자신의 감정을 느낄 필요가 있으며, 자신의 상처와 연결되기 위해 의식적으로 노력을 기울여야 한다. 9유형은 고통과 접촉함으로써 자신의 감정을 인정하고 그 깊이를 무시하지 않게 된다. 결국 몸이 분노의 에너지를 얻거나 슬픔으로 가득 차면 계속 잠들어 있을 수 없다.

9유형은 사람 사이의 조화를 위협하거나 안락함을 방해하는 감정을 경험하기 어려울 수 있다. 그러나 성장 여정을 계속하고 참 자아가 온전히 발현되려면 이러한 고통스러운 감정을 느끼고 다루는 방식을 배워야만 한다.

9유형이 대면해야 하는 중요한 감정은 다음과 같다.

✓ 분노, 상처 주는 것, 단절에 대해 두려워한다. 자기 인식이 높아짐에 따라 분노를 두려워하고 있음을 깨닫게 될 것이다. 분노를 표현했을 때 누군가에게 상처를 주거나 회복 불가능할 만큼 관계가 단절되는 것을 두려워할 수 있으며, 이는 또한 자신의 힘과 에너지에 대한 두려움을 반영하는 것일 수 있다.

✓ 억압하거나 무시해온 분노를 마주하자. 자신의 분노에 대해 '잠드는' 것이 주된 생존 전략이기에 분노를 느끼기는 쉽지 않을 수 있으나, 이를 느끼고 표현함으로써 힘을 얻을 수 있고 깨어날 수 있다. 거짓 자아가 저항할지라도 분노를 느끼고 표현하며, 무의식적으로 수동적인 형태로 표현되는 분노를 의식해야 한다. 그림자 속의 분노와 만나게 된다면, 평소에 자신이 거의 화가 나지 않았다고 생각한 것은 사실이 아니며 자주 화가 나 있는 상태였음을 깨닫게 될 것이고, 이는 좋은 일이다.

✓ 무시당하거나 소속되지 못하거나 어울리지 못할 때, 자기 말을 귀담아듣지 않는다고 느낄 때 슬퍼한다. 사회적 9유형은 특히 이 감정을 많이 느낄 것이다. 갈등을 피하고 수동공격을 하며 조화를 추구하는 행위가 자신이 알지 못하는 방식으로 오히려 불화를 일으키고 사람들에게 상처를 주었음을 알게 되어서 마음이 아플 수도 있다. 마음을 온전히 열고 자신의 감정적 깊이를 더 많이 깨달으려면 슬픔을 다루어야만 한다.

✓ 자신의 욕구를 알지 못하고 자신과 더 깊이 연결되지 못할 때의 고통을 느껴보자. 단절에서 오는 고통을 피하지 않고, 자신의 욕구를 느끼게 되면 유익을 얻을 수 있다. 가령, 자신에게 이롭지 않은 일이나 사람들과 연결이 끊어지는 것은 좋을 수 있다.

자신의 하위유형을 파악하면 맹점, 무의식적 경향, 숨겨진 상처를 다룰 때 구체적으로 접근할 수 있다. 각 하위유형의 특징적인 패턴과 경향은 다음 세 가지 본능 중 어느 것이 우세하게 작용하느냐에 따라 달라진다.

자기보존 9유형

이들은 규칙적인 일상, 먹기, 독서, TV 시청, 퍼즐 맞추기 등 신체적으로 편안한 행위와 융합한다. 다른 두 하위유형에 비해 실용적이고 현실적이며 구체적이고, 쉽게 짜증을 내며 완고하다. 이들은 가장 움직이기 싫어하고 혼자 있기를 선호하며 종종 타고난 유머 감각이 있다.

사회적 9유형

이들은 다양한 단체를 지지하는 활동에 상당한 시간과 에너지를 쏟는다. 매우 열심히 일하며 3유형을 제외하면 다른 어느 유형보다 열심을 내지만, 스트레스를 드러내지 않는다. 뛰어난 중재자이며 겸손하고 사람들을 섬기기에 훌륭한 지도자가 될 수 있다. 종종 자신이 아무리 열심히 일해도 소속되지 못한다고 느끼며 이로 인해 내면에서 슬픔을 느낄 수 있다.

일대일 9유형

이들은 자신에게 중요한 사람과 완전히 융합하여 상대의 감정, 의견, 태도를 자신의 것으로 받아들이며, 경계를 세우지 못한다. 세 하위유형 중에 가장 다정하고 수줍어하며 감정적이고 자기주장을 하지 않는다. 개인적인 목적의식 대신 자신도 모르게 융합한 사람의 목적을 자기 것으로 삼으며, 종종 중요한 일에 참여하지 않으려고 한다.

성장은 항상 안전지대를 벗어나야 한다.
- 존 맥스웰

하위유형의 특징적인 그림자를 안다면 그림자 작업을 효과적으로 할 수 있다. 다음은 각 하위유형의 그림자에 대한 설명이다. 하위유형에 따른 행동은 매우 자동적이며 무의식으로 이루어지기에 이런 특성들을 파악하거나 수용하기가 가장 어렵다.

자기보존 9유형의 그림자

이들은 누군가로부터 무시당하거나 압박을 감지할 때 수동공격을 하고 완고해지는지 알아차리는 것이 중요하다. 지시에 따라 행동하기를 거부할 수 있고 제자리에서 움직이지 않으며, 안전하고 편안한 상태에 머무르기 위해 자신의 분노와 힘에 무감각해질 수 있다. 분노가 고집의 형태로 새어 나올 때 알아차리지 못할 수도 있다. 세상에 자신을 드러내고 강하게 의견을 주장하며 입장을 견지하고 힘을 사용하며 변화를 주도하는 대신, 이를 회피하려고 편안한 일상과 반복적인 행동 속에서 자신을 망각할 수 있다. 성장하기 위해서는 자신의 분노를 인식하고 내면의 힘을 소유해야 한다.

사회적 9유형의 그림자

자신이 소속되어 있는 단체에서 함께 한다고 느끼지 못할 때의 슬픔을 회피하려고 지나치게 열심히 일하는지, 고통을 피하기 위해 사람들에게 봉사하고 활동하면서 자신을 잃는지 살펴보자. 이들은 겸손한 지도자로 단체나 가족을 위해 자신을 희생할 수 있으며, 분노를 느끼거나 표현하지 않으려고 사람들에게 친절하며 긍정적으로 행동한다. 불화가 가져오는 불편을 회피하기 위해 그룹의 융화를 돕고 갈등을 중재하는지 확인해보자. 사람들과 의견이 일치하지 않을 때 이를 직면하지 않으려고 주변 환경의 긴장감을 낮추려 노력하는 상황을 인식하자. 자신의 의견을 내세우고 논란을 불러일으키는 것이 자신의 성장에 도움이 된다.

일대일 9유형의 그림자

자신을 지워버릴 정도까지 어떻게 특정인에게 완전히 융합하는지, 상대와 경계가 없을 때 어떤 일이 발생하는지 관찰하자. 자신이 정말로 어떻게 생각하는지 말하는 것을 어려워할 수 있다. 아무 말도 하지 않고 무의식적으로 동의를 표하며 사람들이 듣고 싶어 하는 말만 하면서도 속으로는 반대의 감정을 느끼는지 관찰하자. 자신의 개인적인 목표와 진정으로 원하는 것이 무엇인지를 알기 어려울 수 있다. 성장을 위해서는 자신의 욕구와 목적의식에 접촉하고 그에 부합하는 행동을 해야 한다.

마음에 들지 않는 것이 있다면 그것을 바꿔라. 그럴 수 없다면 태도를 바꾸라.
– 마야 안젤루

9유형 역설

9유형의 역설은 격정인 '나태'와 미덕인 '올바른 행동' 사이의 양극을 통해 경험된다. 이들은 보이지 않게 편안히 머물며 자신의 재능을 세상에 드러내지 않으려는 경향을 자각하면 깨어날 수 있다. 나태가 삶에서 어떤 식으로 작동하는지 인지하게 되면 자신을 지워버리는 대신 자신의 힘을 행사할 수 있다. 이들에게 올바른 행동이란 깨어나서 자신이 중요한 존재임을 깨닫고 자신의 우선순위를 주장한다는 의미이다.

9유형의 미덕인 올바른 행동은 필요한 순간에 올바른 행동을 정확하게 할 수 있는 강력한 동기를 불러일으킨다. 구체적으로 해야 할 행동을 분별하고 실행하는 데에는 감성지능의 지혜가 필요하다. 이는 중요한 일이 일어나도록 하는 힘이 자신에게 있음을 믿고 자신이 필요한 어떤 것이든 받을 자격이 있음을 안다는 의미이다. 9유형이 올바른 행동을 취할 때 이들은 신속하고 정확하게 가장 중요한 과업이 무엇인지 파악할 수 있고 그 일을 중단하지 않고 끝까지 마무리한다. 또한, 세상에서 자신의 자리를 찾기 위한 노력을 더 이상 미루지 않으며, 자신이 '잠에 빠지는' 경향을 인지하고 깨어나서 자신의 필요를 충족하기 위해 노력할 힘을 가진다.

성장의 여정에서 나태를 의식하고 건강한 차원인 올바른 행동을 하기 위해 취할 수 있는 행동은 다음과 같은 것들이 있다.

✓ 자신을 위해 행동하며, 깨어나기 위해 정확히 무엇을 해야 하는지 알고 지금 필요한 구체적인 일을 실행하자.

✓ 비판 없이, 자신을 과소평가하는 순간을 알아차리고 왜 반복적으로 자신이 중요하지 않은 존재라고 여기는지 질문하자.

✓ 자신에게 실망을 느끼고 무엇을 원하는지 알 수 없을 때 연민으로 자신을 바라보고, 자기 자신이 아니라 반복되는 패턴에 대해 안타까워해야 한다. 자신이 좋아하는 것을 자세히 알아볼 시간을 주고, 시간이 지나면서 내면 작업을 통해 개선될 수 있음을 기억하자.

✓ 사람들이 자신을 중요하지 않게 대할 때 민감해지는 경향을 관찰하고, 스스로에게도 그렇게 하고 있음을 알아차려 보자. 자신이 어떤 이유로 중요한지, 계속해서 자신을 망각할 때 무엇을 잃어버리게 될지 생각해 보자.

✓ 모든 사람을 수용하려는 경향이 사실은 자신의 의견이 받아들여지길 원하며 소속되고 싶은 욕구의 투사임을 알아차려야 한다. 주어진 순간에 생각하는 바를 명확하게 말하는 법을 배우자.

✓ 자신을 위해 중요한 행동을 해야 하는 순간에 힘이 빠져버리고 주의를 딴 데로 돌리며 어떤 행동을 해야 할지 불분명해지고 불편해지는 순간을 알아차려야 한다. 자신을 위해 어떤 행동을 해야 할 때, 그 이유와 접촉해 있도록 하자.

에니어그램 도형에서 9유형과 화살로 연결된 두 유형은 3유형과 6유형이다. 9유형은 어떤 상황에서도 가만히 있으려는 성향을 넘어서 건강한 3유형처럼 대담한 목표를 설정하고 성취하는 데 집중하여 크게 성장할 수 있다. 또한 자기를 홍보하고 성취에 대한 공로를 인정받는 3유형의 능력, 다른 사람에게 동의하지 않고 반대하며 대립할 수 있는 6유형의 역량을 통합하면 내적 균형을 맞출 수 있다.

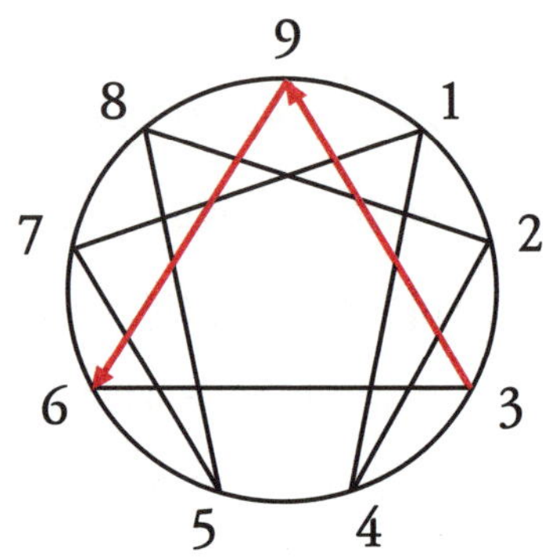

3유형의 자원을 사용하는데, 사실 우선순위를 명확히 설정하고 구체적인 결과물을 얻도록 필요한 모든 일을 실행하는 데 집중하자. 관심과 주목을 받는 자리에 편안하게 머물고 자신의 강점을 인지하며 재능을 사람들에게 인정받도록 하자. 말하기 연습을 하고, 성취한 일에 대한 공로를 인정받을 때 그것을 수용하며, 명확하고 간결하게 핵심을 말하자. 전문가답게 행동하고 좋은 인상을 주도록 이미지에 신경 쓰며, 자랑이나 자기 홍보에 대한 거부감을 극복하기 위해 노력하자.

6유형의 자원을 사용해 위험하거나 위험부담이 있는 일을 어떻게 완수할지 선제적으로 생각하자. 생각하는 바를 말하고 무엇인가에 반대할 때 확신 있는 표현을 하며, 동의하지 않을 때 명확하고 직설적으로 의사소통하자. 원치 않는 일을 요구받을 때 웃어넘기지 말고, 사람들의 계획에 대한 문제점을 지적하며 대안을 제시하고 논란의 소지가 있거나 반대되는 의견을 제시하도록 연습하자. 거절하는 방법을 배우고 어떤 이유로 좋은 생각이 아닌지 설명하며, 정당한 사유가 있을 때 권위에 도전하자. 두려움이 생길 때 의식하며 두렵더라도 구체적인 행동을 취하자. 자신의 회의감을 인지하며, 대신에 내재한 힘을 의식하고 자신감을 가져보자.

편안한 환경은 아름다울 수는 있지만, 그곳에서는 아무것도 자라나지 않는다.
- 존 아사라프

건강한 차원 받아들이기

여정의 세 번째 단계에서, 9유형은 자신의 필요에 더 집중하고 내면의 경험과 자주 깊게 만나기 시작한다. 의식적으로 '자신을 기억'하는 작업을 함으로써 이들은 자기 맹점을 이해하고 상처와 분노를 마주할 수 있다. 자신의 힘을 충분히 깨닫고, 사람들을 지원하고 외부적 요구사항에 맞추느라 흩어졌던 힘을 다시 자신에게로 모아들일 수 있다.

이러한 건강한 상태에서, 9유형은 전에는 하지 못했던 일들을 할 수 있으며 성장을 위해 계속해서 노력할 수 있다.

- ✓ 대립과 분열을 초래하는 경우라도 과업, 자기 자신, 사람들의 변화를 위해 가장 중요한 행동을 취하자. 자신의 마음을 신뢰하고 따라가자.
- ✓ 지금까지 사용해온 힘보다 더 큰 힘과 생명력이 있고 이를 사용할 수 있으며, 이것이 자신의 진정한 모습임을 명확히 인지하자.
- ✓ 서로 다른 관점에서 최고의 지혜를 분별하고 그에 따라 필요한 행동을 하는 통합적이고 균형 잡힌 지도자로 깨어나자.
- ✓ 겸손, 사려 깊음, 이타적인 봉사와 결합한 힘과 결단력을 구현하여 사람들에게 자신감과 신뢰를 불러일으키자.

✓ 도전과 불화를 함께 헤쳐 나가면서 가장 좋은 관계가 형성될 수 있음을 이해하고 갈등을 수용하자.

✓ 사람들을 지원하고 존중하듯이 자신의 의견, 우선순위, 비전에 동등한 가치를 두자. 자신이 가진 생각과 욕구를 명확히 하자.

✓ 자신의 존재감을 유지하면서 상대의 잠재력을 끌어내기 위해서는 단호하고 강해지자.

✓ 물러나서 무관심하고 편하게 있고 싶은 경향을 거슬러 자신이 받아 마땅한 사랑을 받아들이도록 마음을 열자.

✓ 집단과 깊은 연결을 유지하는 동시에 자신만이 할 수 있는 독특한 공헌을 인정받도록 하자.

나는 깨어나, 온 세상이 잠들어 있음을 보았다.
- 레오나르도 다빈치

9유형의 미덕

'올바른 행동'은 9유형의 미덕으로 격정인 나태의 해결책이 된다. 올바른 행동을 하게 되면 이들은 양보하거나 사람들이 지나가도록 마냥 비켜서는 것을 거부한다. 자신의 가치를 알고 조화를 이루기 위해 지나치게 겸손하거나 자신을 잃어버릴 필요가 없음을 알아차린다. 자신이 중요한 사람임을 알고 소속감을 느끼며, 구체적인 방식으로 어떻게 세상에 공헌할지를 알고, 같은 방식으로 일상을 반복하는 대신 세상을 바꿀 과업을 시작할 수 있다.

9유형이 올바른 행동을 할 때 자신의 고유한 개성을 표현하면서 동시에 주변의 모든 것과 더욱 깊은 연결감을 느낀다. 불편함을 감당할 수 있고, 깨어나서 자신의 힘을 활용해 의식적으로 자신을 위해 일하며 더욱 자신을 잘 돌보고, 세상에 자신을 적극적으로 강하게 표현한다. 이들은 자신이 누구인지에 대한 진실을 깨달음으로써 명확한 목표를 가지고 관심과 배려로 사람들을 돌보는 지도자가 된다. 이들이 자신을 잃어버리지 않고 자신의 힘을 깊이 인식할 때 내면에서 완전한 생동감을 느끼며, 자신이 무엇을 원하는지 정확하게 알고 모두의 유익을 위해 명확하게 말하게 된다. 또한, 자신의 욕구를 표현할 때 관계가 단절될 위험을 감수하지만, 이것이 결국에는 진정한 연합에 도움이 된다는 것을 깨닫는다.

9유형이 올바른 행동을 할 때 마음으로 우선순위를 알며, 이 순간 가장 효율적인 방식으로 그 일이 일어나도록 하는 불굴의 의지를 경험한다. 모든 유형 중에 가장 많은 힘을 가진 9유형은 힘들이지 않고도 큰 힘을 행사하여 우선순위를 향해 움직인다. 자신이 다른 사람만큼이나 중요하다는 사실을 알고, 일이 되게 할 수 있는 자신의 역량을 신뢰한다.

올바른 행동은 9유형이 자신의 우선순위를 잊게 만드는 모든 방식에서 깨어나도록 돕는다. 내면에서 앎에 대한 깊은 감각을 기반으로 마음의 움직임을 만들어내며 활기 있게 지속적으로 원하는 것을 행동에 옮길 수 있는 역량을 만든다.

9유형이 올바른 행동으로 다가갈 때 다음을 경험하게 된다.

- ✓ 몸과 정신에 연결되는 동시에 마음과도 온전히 연결된다. 깨어나고 생동감 있으며 지금 여기에 현존하는 데 능동적으로 집중한다.
- ✓ 습관적으로 잠들려는 충동에 저항하기 위해 부단히 내면 작업을 하고, 관성을 극복하며 자신을 위한 진실을 깨닫기 위해 모든 노력을 다한다.
- ✓ 잠든 상태로 있으려는 모든 방식과 그로 인한 좌절감을 깊이 인식함으로써 깨어나 자신의 우선순위를 일깨운다.
- ✓ 자신의 가장 깊은 욕구를 따라 행하지 않고 기계적으로 반응할 때를 적극적으로 관찰한다.
- ✓ 마음의 내적 지혜가 이끄는 지속적인 동기부여를 느낀다.
- ✓ 진정으로 살아있는 사람으로서 느끼는 내면의 에너지와 존재감에 깊이 연결되어 있다.
- ✓ 내면의 진실에 관한 의식을 확장하는 훈련을 한다.
- ✓ 자신과 주변 세상에 실질적으로 참여한다.

올바른 태도가 올바른 행동으로 이끈다.
- 표도르 도스토옙스키

9유형이 참 자아를 받아들일 때의 핵심은 점진적으로 자신에게 힘을 실어주는 데 있다. 잠든 상태에서는 개인적 욕구나 내면의 권위를 알아차리기가 힘들기에 그것이 어려운 일처럼 보일 수 있으며, 자신에게 집중하느라 단절을 느끼는 것이 고통스러울 수 있다. 자신과 연결되기 위해 사람들과 단절될 수 있다는 두려움을 느낀다면 자신이 진정으로 누구인지, 있는 그대로 얼마나 중요한 존재인지 깨닫기를 거부할 수 있다. 그러나 자신의 분노와 힘을 느끼고, 조화를 이루기 위해 습관적으로 분산시켰던 모든 힘을 중요한 일에 집중하는 법을 배워감에 따라 올바른 행동이라는 미덕으로 옮겨가는 자유를 경험할 수 있다.

9유형이 자신을 망각할 정도로 사람들에게 맞추려고 하는 전략을 사용하는데 사실 아무에게도 도움이 되지 않음을 깨달아야 한다. 그 때 자신이 해야 할 일에 주의를 온전히 집중할 수 있다. 편안함만을 추구하는 삶은 실질적인 보상을 거의 가져다주지 못하며, 잠든 상태를 유지하는 것보다는 불편을 감수하는 편이 낫다는 사실을 깨닫게 된다. 자신이 얼마나 중요한 존재인지를 수용함으로써 세상에서 진정한 연합을 이루어나가며 사랑을 주고받을 수 있다. 이들은 불편함과 갈등을 받아들여야만 비로소 찾아오는 진정한 평화와 조화를 경험할 수 있다. 분리에 대한 두려움은 착각일 뿐이었으며 자신의 참 자아는 모든 것과 가장 깊은 방식으로 연결되어 있음을 깨닫는다. 자신의 참된 모습을 알아감에 따라 모든 사람과 사물에 진정으로 연결되어 건강한 차원의 연합을 할 수 있다. 그러나 이러한 연합은 어느 정도의 갈등 없이는 얻을 수 없다.

용기를 내서 그림자를 대면하고, 특히 분노를 회피하면서 자신의 힘을 부인하는 방식을 직면하면 9유형은 죽은 것처럼 잠든 상태에서 벗어나 자유를 얻을 수 있다. 9유형은 깨어나기 위해 내면의 힘을 인식하고, 자신의 여정에 필요한 행동을 하며, 완전히 깨어난 참 자아의 소망을 발견해서 실행한다. 가장 회피해왔던 고통, 불편함, 삶을 온전히 경험하고자 하는 깊은 열망과 연결되는 데 헌신할 때 이들은 우리 모두에게 자신을 기억하고 참 자아를 회복하는 본보기가 된다.

분노에서 평온으로 가는 여정

> 가장 최근에 했던 실수가 최고의 스승이다.
> - 랄프 네이더

옛날에 1이라는 사람이 살았다. 그는 삶에 내재된 완전함을 누릴 준비가 되어 있는 즉흥적인 아이로 태어났다. 완벽하게 평온하고 수용적인 사람으로 자신이 하는 모든 일에 기쁨과 재미를 마음껏 경험했으며 무슨 일이든 가볍게 받아들였다. 또한 자신과 사람들에게 유연하게 반응하며 자연스러운 흐름을 따라 삶을 살았다.

그러나 어린 시절 1은 비난받는 고통스러운 경험을 했고, 이런 상황에서 다른 사람들의 기준에 따른 좋은 행동을 해야 한다는 압박감을 느꼈다. 누군가가 자신을 판단하고 벌주기 전에 무의식적으로 자신을 검열하고 비판하는 방식으로 고통에 대처했다. 사람들이 자신에게 적용한 기준을 내면화해 언제나 옳은 일을 하며 좋은 사람이 되려고 노력했다. 가치 있는 사람으로 인정받기 위해서 완벽해져야 하고 '올바른' 사람이 되기 위해서 자신을 통제하는 데 힘을 쏟아야 한다고 여기기 시작했다.

올바른 사람이 되기 위해 1은 자신의 결함을 찾아서 고치고, 자신이 하는 모든 일을 더 완벽하게 할 방법을 고심하며, 주변 세상에서 개선할 필요가 있는 것을 가려낼 수 있는 능력을 계발했다. 올바른 행동에 관한 최상의 기준을 유지하려고 애썼으며, 규칙을 지키지 않는 사람들을 가혹하게 비판했다. 어떤 일이든 완벽하게 해내는 데 뛰어난 사람이 되었고, 자신이 보는 모든 것에 대해 얼마나 나쁜지 혹은 잘못되었는지의 관점에서 평가했으며 무엇보다 자기 자신을 가장 혹독하게 평가했다.

시간이 흐르면서 1은 도덕적이며 실수를 피하는 데 뛰어나게 되었고 최선의 방식으로 일을 처리했으며 올바른 행동에 관한 규칙을 준수했다. 무엇인가 완벽하게 하지 못하면 자신을 비판했으며 다음번에는 더 잘하려고 노력했다.

그러나 더 좋게 만들고 더 나은 사람이 되는 과정에서 자신의 많은 측면과의 연결을 잃었고, 잘못된 것으로 여겨질 소지가 아주 조금이라도 있는 것은 시도하려고 하지 않았다. 그는 자신이 본래 갖고 있었던 즉흥성, 창의성, 감정, 본능적인 충동에 대한 자기 인식 대부분을 잃어버렸다. 자신은 옳다고 느끼지만, 잘못으로 판단될 수 있는 것에 대한 내면의 감각을 잃었다.

스스로 엄격한 기준을 세움으로써 1은 자기 내면의 깊은 리듬, 소원, 꿈을 포함한 잘못될 수 있는 것들을 피했다. 규칙을 따르지 않는 사람을 볼 때 자주 화가 남에도 불구하고 이 분노를 숨기며 더 친절하게 행동했다. 그는 자신이 하는 일에서 윤리적이고 신뢰할 수 있으며 책임감 있는 사람이 되는 것을 우선시했다. 언제든지 모든 일을 올바르게 할 수 있도록 가능한 모든 요소를 통제하려는 충동을 느꼈으며, 그렇게 하지 못할 때는 스스로 처벌했다. 그의 생존 전략은 통제 이외의 다른 어떤 것도 하지 못하게 하기에 그것에도 짜증이 났지만 아무에게도 그런 상태를 보일 수는 없었다.

그러나 1이 알지 못한 것은 그가 옳은 것을 주장할 때 종종 발을 구르거나 주먹으로 책상을 내리치거나 빈정대는 어조로 말하기에 주변 사람들은 모두 그가 화가 났음을 알았다는 것이다.

이것은 생존 전략의 작동 방식이었으며, 자신도 그다지 좋아하지 않았고 이런 방식이 그를 힘들게 했지만, 멈출 수는 없었다. 그는 화를 내는 것이 나쁘다고 여겼기에 자신의 분노를 인정할 수 없었다. 그 결과 1은 가끔 피곤했고 슬픔을 느끼기도 했지만 그렇다고 무엇을 할 수는 없었다.

1은 결국 자신에 대한 모든 진정한 감각을 잃어버리게 되었다. 자신 안에 내재한 선함, 즉 선한 의도와 선한 사람이 되고자 하는 진정한 욕구에서 드러난 선함에 대해 잠들어 버린 것이다. 계속해서 자신이 하는 모든 일이 최상의 기준을 충족하도록 열심히 일하고 규칙을 따를 수밖에 없었다. 그러면서 재미와 휴식에 대한 인간적인 욕구와 한 번쯤 안 좋은 행동을 하고 싶은 자연스러운 욕구까지 완전히 상실했다.

이렇게 1은 잠들어 버렸다. 아주 예의 바르고 적절하며 규칙을 준수하지만 결국 잠든 상태일 뿐이었다.

다음 문장 중 대부분 혹은 전부에 공감한다면 1유형일 수 있다.

✔ 내면에 자신이 하는 일을 끊임없이 검열하는 가혹한 내면 비평가가 있으며, 사람들의 비판에 민감하다.

✔ 자연스럽게 모든 일을 '좋다/나쁘다' 혹은 '옳다/그르다'로 분류하며 좋은 사람이 되고 올바른 행동을 하려고 부단히 노력한다.

✔ 무엇을 바라볼 때 더 나은 방향으로 개선할 방법을 생각해내고 오류를 잘 집어내며 그것을 교정하고 싶어 한다.

✔ 규칙을 거의 다 준수하며 모두가 그렇게 한다면 세상이 더 나은 곳이 된다고 여긴다.

✔ 거의 '해야만 함', '그래야만 됨'이라는 맥락으로 생각하고 말하며, 즐거움을 누리기 이전에 반드시 의무를 다해야 한다고 여긴다.

✔ 옳고 책임감 있으며 신뢰할 만한 사람이 되는 것에 높은 가치를 두고 자신과 사람들을 향한 기준이 높으며 자기 개선을 추구한다.

✔ 감정을 표현하거나 감정대로 행동하는 것이 부적절하거나 비생산적이라고 여기기에 감정을 과도하게 통제한다.

✔ 재미와 즐거움을 향한 충동을 지나치게 통제한다.

✔ 모든 일에는 옳은 방법이 한 가지만 있다고 믿으며 그것이 바로 자신의 방법이기에 자기의 의견을 내고 언제든 이를 강하게 주장할 수 있다.

✔ 매우 드물지만, 자신이 보거나 하는 일이 흠 없이 완벽하다고 느끼는 때를 높이 평가하고, 이는 모든 것을 최선의 상태가 되도록 만들기 위해 고군분투하는 동력이 된다.

1유형은 다음과 같은 세 단계의 경로를 따라 성장할 수 있다.

먼저, 옳아야 하고 올바른 행동을 해야 하며 자신과 세상을 개선하려는 습관적인 성격 패턴을 발견함으로써 자신에 대해 알아가는 성장의 여정을 시작할 수 있다.

다음은, 기본적인 불안감을 가라앉히거나 자신 안에 있는 선함을 증명하거나 가치 있고 고결한 사람이 되려는 욕구에서 기인한 무의식적인 패턴과 경향을 더 잘 인식하기 위해 자신의 그림자를 대면해야 한다. 이 작업은 자신을 가로막고 있는 판단과 자기비판의 모든 방식을 인식하는 데 도움이 된다.

마지막 단계에서, 좋은 사람이 되려는 강박을 내려놓고 인간적이고 자연스러운 충동을 받아들임으로써 건강한 차원으로 갈 수 있다. 이렇게 할 때 자신과 사람들 안에 있는 선함을 바라보며 삶의 유기적인 흐름 속에서 불완전함을 수용할 수 있게 된다.

여정을 시작하기

1유형이 깨어나기 위한 첫 단계는, 자신을 더 의식적으로 관찰하는 법을 배우는 것이다. 이것은 자신과 사람들을 판단하는 습관을 알아차리고 자신에 대해 비판하지 않게 할 수 있다. 주위 환경의 오류를 바로잡기 위해 많은 주의를 기울이고 있음과, 늘 자신이 하는 일을 검열하고 비판하며 사람들의 옳지 않은 행동에 분개하는 것을 인정해야 한다. 모든 일을 올바른 방식으로 진행하려는 책임감을 내려놓고 자신의 감정과 충동을 존중하며 자신에 대한 연민을 가지도록 노력해야 한다.

자기 개선에 지나치게 몰두하게 되는 때를 인식하고, 어떻게 나쁜 사람이 되기를 피하고 좋은 사람이 되려고 노력하는지를 깨달음으로써 자기 이해의 폭을 넓힐 수 있다.

1유형의 핵심 패턴

1유형은 다음의 다섯 가지 습관적인 패턴을 더 관찰하고 의식함으로써 성장의 여정에 오를 수 있다.

자기비판

자신과 사람들을 쉬지 않고 검열하는 내면의 목소리인 '내면 비평가'를 알아차리자. 그 목소리는 모든 것을 '좋음' 또는 '나쁨'으로 판단하여 일어나는 일에 대해 비판적인 논평을 한다. 특히 내면 비평가가 가혹할 때 이러한 자기 검열의 결과를 인식하지 못하는 경향이 있다. 엄청난 스트레스를 받으면서도 내면 비평가가 좋은 행동이라고 한다면 그로 인한 신체적, 정서적, 정신적 긴장감은 무시하고 그 행동을 한다.

완벽주의

자신에게 매우 높은 기준을 정하고 그것에 도달하려고 애를 쓰지만, 아무것도 충분히 잘한다고 여겨지지 않을 때 긴장이 심해지며 일을 미루게 된다. 부족한 부분에 집중하므로 삶에 대한 부정적인 태도가 생기고, 이로 인해 다른 사람을 비난하거나 판단하게 된다. 어떻게 하면 더 낫거나 더 완벽한 결과물을 낼 수 있을지에 계속 자신의 판단을 집중한다면 긴장을 풀고 일어나는 일 자체를 즐기며 성공을 축하하기가 어렵다. 이런 상태를 알아차렸을 때 생각을 전환해 긍정적인 자세를 취할 수 있다.

규칙 준수

규칙, 정해진 일상, 짜인 구조와 절차를 엄격하게 준수하고 사람들이 따라야 할 규칙을 만들기도 한다. 사람들이 마땅히 지켜야 할 규칙을 지키지 않거나 기준에 부합하는 올바른 행동을 하지 않을 때, 스스로 인정하지는 않을지라도 매우 화가 난다. '나는 그러지 않는데 왜 저 사람들은 하고 싶은 대로 행동하는 걸까?'라는 판단으로 생긴 분노는 '바르지 않게' 행동한 사람들을 향한 분개심으로 느껴질 수 있다. 윤리, 도덕, 일에 관해 이런 경직성을 보이는지 관찰하자.

즐거움을 희생함

지나치게 열심히 일하고 휴식 시간을 내기 힘들어하며 놀이보다 일이 우선이라고 생각하는가? 모든 것을 통제하지 않고 삶의 리듬에 맞춰 그저 흘러가듯 살기는 어렵다고 여기는지 관찰하자. 어린 시절 자신의 욕구를 억압하게 된 계기를 무시했거나 잊었을 수 있다. 일련의 불문율을 가지고 살아가면서 그렇게 높은 기준에 맞추느라 얼마나 많은 스트레스를 받는지 잘 인지하지 못할 수 있다. 즐거움을 추구하거나 자신에게 여유 시간을 허락하거나 그저 재미있게 시간 보내기를 주저하는지 관찰하자.

감정 통제

자신의 감정과 본능적 충동을 표현하는 상황에서도 상당한 자기비판과 자책을 동반하는 경우가 많다. 분노를 인정하지 않음에서 오는 억눌린 감정이 짜증, 실망감, 신경이 날카로워짐, 독선, 몸의 경직 등으로 나타나는지 관찰하자. 감정을 비생산적이며 부적절하다고 판단할 때 감정을 통제할 여러 이유를 대면서 감정을 억압하는 경향을 합리화하는지 살펴보자. 습관적으로 감정을 회피하는 방법으로 분노 및 다른 감정을 표현하는 행위를 '나쁘다'고 판단하는지 알아차려 보자.

모든 분노의 아래에는 충족되지 못한 욕구가 있다.
- 마셜 로젠버그

1유형의 정서적 격정

분노는 1유형을 움직이게 만드는 격정이며 정서적 핵심 동기이다. 이는 종종 자기 비판과 좋은 사람이 되려는 분투를 통해 나타난다. 이들은 분노를 억압해서 자신 안에 머물게 하며 주로 자신에게로 분노를 돌리고 직접적으로 표현하지 않는 경우가 꽤 있다. 이들은 '좋은 사람'이 되기를 원하는데 분노는 자신을 '나쁘게' 만든다고 믿기에 분노의 표현을 회피한다. 따라서 이 분노는 사람이나 사물이 마땅히 그래야 하는 대로 되지 않음에 대한 불쾌함과 불만의 상태라고 할 수 있다.

1유형은 일반적으로 자신이 명백하게 화가 났다고 생각하지는 않는다. 선함, 미덕, 옳음에 중점을 두는 생존 전략으로 인해 기저에 깔린 분노를 인식하지 못할 정도로 통제하는 경향이 있다. 기존의 사회적 규범에 따라 '좋은' 사람이 되며 '적절한' 표현만 하려고 해서 자신의 분노를 모르며 때로는 실제로 얼마나 화가 났는지도 모른 채 그 감정을 지나치게 통제하려고 한다.

그러나 자연스럽게 생기는 감정은 억누른다고 해서 사라지지 않기에 무의식적으로 회피한 분노는 비판, 신경이 거슬림, 짜증, 좌절감, 독선으로 새어 나와서 상황을 그대로 받아들이지 못함을 드러낸다. 더 정의롭고 완벽하며 이상적으로 만들 수 없는 상황에서는 분노가 불만과 불안감으로 나타난다. 또한 몸에 유발되는 긴장이나 특정한 어조 등 신체화되어 나타나기도 한다.

1유형이 깨어나기 위해서는 분노가 드러나는 다음과 같은 징후를 관찰하고 주의를 기울여야 한다.

✓ 주변에서 일어나는 일에 대해 면밀하고 주의 깊게 감독한다.

✓ 자기를 비판하고 사람들에 대해 비판하거나 판단한다.

✓ 자기 자신을 포함하여 모든 것을 개선하려고 노력하며, 이상적이고 높은 기준에 부합하도록 상황을 규제하거나 통제하며 고치려 한다.

✓ 짜증, 까칠함, 좌절을 직·간접적으로 표현한다.

✓ 수동공격적 행동을 한다.

✓ 독선적이다. 사회 정의와 정치적 개혁을 지지하거나 이를 위해 투쟁하고 옳은 일을 하며 바로잡으려고 노력한다.

✓ 슈퍼 에고가 작동하여 수치심, 죄책감을 느끼고 자책한다.

✓ 몸에 긴장감이 생기고 신체적으로 경직된다.

✓ 빈정대거나 비꼬는 등 비판적인 어조를 사용한다.

> 정직함으로는 많은 친구를 사귀지 못할 수 있지만,
> 언제나 올바른 친구를 만나게 한다.
> - 존 레논

날개를 이용한 성장 경로

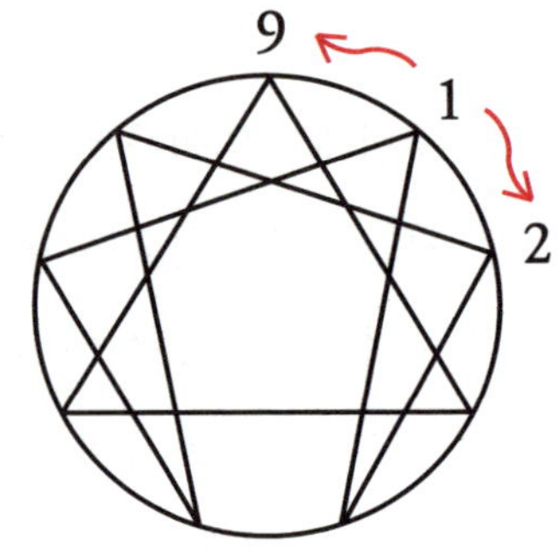

1유형은 옆에 있는 날개 9유형과 2유형을 통합함으로써 성장할 수 있다. 9유형의 건강한 특성을 향해 가면서 1유형은 적응력이 좋아지고 긴장을 푸는 법을 배우며, 2유형의 긍정적인 측면을 통합하면서 관계에 더 능숙해진다. 이것은 이상적인 완벽함에 도달하기 위해 애쓰고 높은 기준을 유지하려는 1유형의 초점을 넘어서게 하고, '옳은 것과 잘못된 것' 혹은 '좋은 것과 나쁜 것'이라는 관점으로 사물을 판단하는 습관을 이해하도록 돕는다.

9유형의 특성을 통합해 흐름을 따라가며 사람들의 의견에 순응하고 긴장을 풀면서 그대로 머물자. 주변 사람들과의 차이가 아닌 합의점에 주목하며 자신을 둘러싸고 있는 환경과 조화를 만들어내는 능력을 계발하자. 사람들과 상호작용할 때 공통된 의견을 찾고, 개선해야 할 것에서 이미 잘 이뤄지고 있는 것으로 관점을 옮기고 시선을 확장하자. 사람들의 의견을 듣는 데에 더 많은 시간을 들이고 자신의 의견을 주장하는 시간은 줄이자. 잘못을 찾기보다 주변에서 일어나는 일을 지지하고 감사하며 1유형의 판단하려는 경향을 인지하자. 관점이나 일하는 방식에 있어 자신보다 다른 사람들의 '올바른 방식'을 우선시하고 주변 사람들과 소통하는 즐거움을 누리자.

업무와 일 처리보다는 인간관계에 더 집중하는 2유형의 능력을 통합하자. 사람들에게 관심을 표현하거나 그들의 감정에 신경 쓰고 자신의 감정을 나눔으로써 관계를 형성할 수 있는 능력을 키우자. 사람들의 감정을 살피며 교류하고 그들과 협력할 때는 유연하고 상대방이 기분 나쁘지 않게 행동하자. 평가하고 판단하려는 경향과 남들의 필요를 감지하여 채워줄 방법을 찾는 능력 사이에 균형을 맞추자. 사람들의 오류를 찾아내기보다 그들의 가장 좋은 점을 보려는 연습을 의도적으로 하자.

보살피는 단순한 행동이 가장 영웅적이다.
- 에드워드 앨버트

1유형의 그림자 마주하기

1유형 성장 경로의 두 번째 여정은, 자신의 감정과 본능적 충동을 억누르면서 스스로 벌주는 경향을 인정하고 받아들이는 것이다. 이것은 무엇이든 올바르게 하고 개선하는 데 초점을 맞추는 것이 실제로는 나쁜 습관일 수 있음을 깨닫도록 도울 것이다.

1유형의 가장 큰 어려움은 자기 모습 중 나쁘고 무가치하다고 여겨지는 부분을 억누르려고 한다는 점이다. 이들은 '선하게' 되려고 노력하는데 이것은 보통 실수, 억제되지 않은 감정적 분출, 평범한 본능적 충동 및 중요한 인간의 감정을 포함하여 '나쁜 것'으로 판단되는 모든 것을 제거한다는 의미이다. 이러한 자기 인식이 부족할 때 이들은 비판적이고 경직되며 편협해지는데 심지어 자신이 도덕적으로 올바르고 윤리적이며 미덕이 있다고 여길 때조차도 그렇다. 모순적이지만, 1유형은 아주 작은 것에서부터 개선하는 것이 아니라 '잘못'되거나 '나쁜' 위험 요소나 현실을 받아들임으로써 오히려 '더 나빠지는' 방법을 배워야 한다. 모든 것에서 완벽해지려는 걱정을 줄이고 덜 심각해질 때 비로소 성장 여정에서 앞으로 나아갈 수 있다.

1유형의 그림자 직면하기

다음은 이러한 1유형의 무의식적인 핵심 패턴, 맹점, 고통의 지점들을 표면 위로 가져와 더 잘 인식하고 대응하기 위해 할 수 있는 방법이다.

✓ 내면 비평가의 목소리에 귀를 덜 기울이고 자신과 사람들에 대해 평가하는 것을 멈출 수 있는 방법을 찾아보자. 비판은 문제를 해결하기보다 더 많은 문제를 만든다. 그것은 스트레스를 증가시키고 사람들을 소외시킨다.

✓ 과민 반응 기저에 깔린 분노에 대해 알아차리자. 그것은 무엇 때문이며 어떻게 억누르는가? 분노를 느끼려고 하지 않을 때 그것은 어떻게 새어 나오는가? 분노를 수용하고 그것을 긍정적으로 바라보는 법을 배우자.

✓ 감정과 충동을 적극적으로 표현하는 방법을 배우고 감정을 소통할 수 없을 때를 알아차리자. 저항하려는 충동을 인식하고 그 이유를 자문하자.

✓ 책임감을 덜어내자. 급한 일들을 적게 맡고, 지나치게 세밀하게 관리하면서 아주 작은 것까지 꼼꼼하게 챙기려는 경향을 줄이자.

✓ 유연하게 생각하며 혁신과 변화에 열린 태도로 즉흥적이면서 긴장을 풀어줄 수 있는 활동들을 계획하자.

✓ 규칙들을 어겨보자. 나쁜 규칙이라고 평가하는 규칙들 이외의 다른 것들도 깨라는 뜻이다.

✓ 실수에 대해 자신을 심판하지 말고 결과에 대해 지나치게 걱정하지 말자. 자신을 용서하도록 노력하자.

✓ 긴장을 풀고 즐거움과 휴식을 누릴 수 있는 활동에 참여하자. 통제보다는 즐거움에 초점을 더 맞추고 휴식 욕구를 따라 행동하자.

✓ 실수해도 내버려 두자. 잠시만이라도 옳은 일이나 자기 개선과 같은 것을 잊어버리자.

그림자가 없는 빛은 없다.
불완전함이 없는 정신적 완전함은 없다.
- C. G. 융

1유형의 맹점

1유형은 완벽이 가능하며 달성할 수 있고 바람직하다는 환상에 사로잡혀서 이 불가능한 기준을 충족시키려 애쓸 때 마주하는 부족함과 올바르게 되지 않는 모든 불가피한 것들에 대해 자신을 비난한다. 이들의 맹점은 무언가를 완벽하게 만들기 위해 애쓰는 동안 보고 싶지 않은 모든 인간적인 것들을 숨기는 경향이 있다는 것이다. 완전하지 않은 세상 속에서 살아가는 평범한 인간에 대한 너저분한 진실들을 부정하고 감추려고 한다.

1유형의 맹점은 '좋거나 나쁜 감정', 진심으로 하고 싶은 일을 하려는 깊은 열망이며 여기에는 나쁜 행동을 저지르고 싶은 비밀스러운 충동도 포함된다. 그동안 통제를 정당화하기 위해 보고 싶지 않았던 자신의 모든 면을 인정하고 수용해야 하는 어려운 도전 과제에 직면해 있다. 기본적으로 좋은 사람이 되는 것과 '올바른 일을 하는 것'에 맞춰져 있기에 이러한 맹점을 인정하는 것조차 거부할 수 있다. 또한 자신 안에 존재하고 있는 '나쁜 것'이라고 판단되는 것을 수용한다면 혼돈과 무질서의 고삐가 풀릴까 봐서 두려워할 수도 있다.

다음은 1유형이 깨어나기 위해 직면해야 할 맹점이자 무의식적으로 작동하는 패턴들의 구체적인 예시이다.

분노 피함

화를 느끼거나 표현하기를 회피하는가? 자신이 의식하지 못한 분노가 때때로 짜증, 긴장, 좌절, 예민함, 독선과 같은 억눌린 형태로 새어 나오는가?

이 맹점을 통합하기 위해 다음의 몇 가지 기술들을 시도해 보자.

✓ 억눌린 상태의 분노를 포함하여 모든 분노의 징후에 주의를 기울이고 그것을 느껴보자.

✓ 화를 내는 것에 대한 모든 두려움을 분석하고 의식하자. 얼마나 화가 났는지 더 의식적으로 자각하자.

✓ 화를 내거나 분노를 표현하는 것에 대해 판단하고 있음을 인정하자. 분노를 느끼는 것을 '부적절'하다고 확신하고 있음을 알아차리고 그것에 의문을 제기하자.

✓ 분노를 알아차렸을 때 그것을 긍정적인 방식으로 표현하는 방법을 생각해 보자. 불평등과 싸우고 경계를 설정하며, 대의를 위한 행동을 하거나 사람들을 해치는 행동에 대해 목소리를 낼 수도 있을 것이다.

✓ 슬픔, 고통, 열정, 기쁨과 같은 감정들을 수용하는 방식을 알아차리고 배우자. 한 가지 감정을 억누르면 보통 다른 감정들도 의식 밖으로 밀어내게 되기 마련이다.

자신과 남을 비판함

자주 자신을 비난하는가? 자기비판은 선한 행동을 하는 데 필요한 것이라는 생각으로 자신에게 가혹하게 구는 것을 정당화하는가? 자주 사람들을 비난하는가? 그들이 비난받았다고 느낄 때 관계에서는 무슨 일이 벌어지는가?

이러한 맹점을 통합하기 위해 취할 수 있는 조치는 아래와 같다.

✓ 내면 비평가가 활동할 때 자신을 면밀하게 관찰해보자. 어떤 느낌이 드는가? 그것이 스트레스를 증가시키는가? 자신에게 가하는 고통을 느껴보고 자기 처벌을 '정상적'으로 여길 때를 주의하자.

✓ 자신의 높은 기준을 어떻게 강요하는지 알아차려 보자. 이러한 기준들을 자신이나 사람들에게 적용하려는 이면에는 어떤 신념이 깔려 있는가?

✓ 신뢰하고 있는 지인에게 혹시 당신에게 비난받은 적이 있는지 질문하자. 그것이 그들에게 어떤 기분이 들게 했는지 물어보자.

✓ 내면 비평가의 동기에 대해 생각해 보자. 자기 비판적인 경향성을 갖도록 몰아붙이는 이유는 무엇인가? 자신을 비판하지 않는다면 어떤 두려운 일들이 펼쳐질까?

✓ 누군가를 비판하는 것이 사실은 자신의 무의식적인 욕구인지 깊이 살펴보자.

✓ 얼마나 자주 남들의 잘못을 지적하고 있는지 알아차려 보자. 무언가가 잘못되었다고 생각할 때 자신에게는 어떤 방식으로 이야기하는가?

휴식을 무시함

얼마나 자주 휴식을 취하고 편안함을 느끼는가? 의무보다 즐거움을 앞세우는 것에 대해 어떤 금기가 있는가? 하고 싶은 것보다 해야만 하는 일들을 얼마나 자주 하는가?

이 맹점을 통합하기 위해 취할 수 있는 몇 가지 조치는 다음과 같다.

- ✓ '나쁜 것'이라고 판단되는 일을 해보자. 규칙을 깨며 일을 미루고 즐거움을 찾아보자. 의도적으로 잘못된 방식으로 무언가를 해보자. 이것이 어떻게 느껴지는가?
- ✓ 몸을 살펴보면서 얼마나 긴장되어 있는지 살펴보자.
- ✓ 매일 모든 말과 행동에 유머와 가벼움을 더해 보고 무슨 일이 일어나는지 보자.
- ✓ 자신을 지나치게 통제하는 경향을 알아차리자. 감정과 충동을 얼마나 억제하고 있는지 관찰하자. 그렇게 할 때 어떤 결과가 발생하는가? 얼마나 많은 에너지가 소요되는가?
- ✓ 무책임을 실험해 보자. 실제로는 할 필요가 없는데도 해야만 하는 일이라고 생각해서 매일 하는 일은 무엇이 있는가?
- ✓ 할 일이 있을 때 그저 즐겁게 놀고 휴식을 취하는 일에 하루를 사용해 보자. '해야만 하는' 일은 아무것도 하지 말자. 이것은 얼마나 어려운가? 어떤 기분이 드는가?

남을 위해서 용서하는 것이 아니라 우리 자신을 위해서 용서하는 것이다.
- 데스몬드 투투

성격으로 형성한 방어적 습관과 이에 동일시함으로써 회피했던 고통을 직면하기 위해서, 1유형은 어린 시절 비판으로 인해 상처받은 내면 아이의 감정을 의식적으로 느껴야 한다. 분노와 그 이면에 깔린 모든 것, 즉 외부의 요구에 따르도록 강요받거나 벌 받음으로 생겨난 고통, 상처, 슬픔을 모두 느껴야 한다.

이들은 다른 감정과 함께 행복감을 억제할 수 있으며, 아마도 옳은 일을 하는 것보다 즐거운 경험을 더 행복하게 느끼는 것을 위험하다고 여기고 두려워할 수 있다. 자유는 무질서와 혼란을 불러일으킬 것이라 여긴다. 그러나 모든 감정이 중요하고 타당하다고 여기며, 이를 인정하게 되면 불가능한 기준을 유지하기 위해 느꼈던 감정의 진실을 더는 부정할 필요가 없으며, 이것은 해방의 매우 중요한 부분이 된다.

1유형은 부적절하고 위험하며 잘못되었다고 생각해서 회피하고 있는 특정한 감정들을 인정하기 어려울 수 있다. 하지만 성장하기 위해서는 이런 감정들을 수용해야 하며, 진정한 자신에 대한 깨달음을 얻기 위해 이 고통을 견디는 방법을 배운다면 결국 기분도 더 나아질 것이다. 잠들어 있다면 고통을 느끼지 못함을 기억하자.

고통을 인정하고 다루기 위해 취할 수 있는 몇 가지 방법은 아래와 같다.

✓ 느껴지는 분노를 인식하고 그 이유에 대해 생각해 보자. 짜증, 좌절, 조바심, 신체의 긴장감, 독선과 같은 분노에서 '파생된 것'을 생각해 보자. 모든 형태의 분노를 경험하고 알아갈수록 마침내 더 많은 자유를 누리게 될 것이다. 분노를 표현해야 하는 긍정적인 이유를 찾아내자.

✓ 얼마나 화가 났는지를 인정하며 실제로 나쁜 일이 일어날 거라고 여기는 두려움을 분석해보자.

✓ 얼마나 오랫동안 자신에게 가혹하게 굴었는지 생각해 보고 비판과 처벌을 최소화하기 위해 자연스러운 충동과 본능을 억눌러야만 했던 내면 아이에게 연민을 느껴보자.

✓ 자기비판을 통해 자기통제를 하면서 쏟았던 모든 노력 뒤에 숨겨진 고통과 아무런 잘못을 저지르지 않았는데도 '잘못'했다며 벌을 받아 생긴 고통을 인정하자. 자신을 통제하려고 할 때 오는 죄책감과 실수에 대한 불안을 마주하자.

✓ 자연스러운 충동을 탐닉할 때 느껴지는 수치심, 당황스러움에 대해 알아보자.

✓ 자기통제를 위해 미뤄두었던 기쁨이나 행복한 감정을 찾아보자.

분노가 있는 곳에는 언제나 그 이면에 고통이 있다.
- 에크하르트 톨레

자신의 하위유형을 파악하면 맹점, 무의식적 경향, 숨겨진 상처를 다룰 때 구체적으로 접근할 수 있다. 각 하위유형의 특징적인 패턴과 경향은 다음 세 가지 본능 중 어느 것이 우세하게 작용하느냐에 따라 달라진다.

자기보존 1유형

이들은 걱정과 불안을 가장 많이 경험하며 가장 완벽함을 추구한다. 보통 어렸을 때부터 과도하게 자신이 책임을 져야 한다고 느껴서 생존에 대한 두려움이 있다. 가장 자기 비판적이나 남들에게는 가장 덜 비판적이고 분노를 억누르므로 화를 내지 않는다. 이들의 분노는 신체의 긴장감, 사소한 일까지 관리하기, 분개심, 혹은 모든 것을 통제하려고 하는 태도로 조금씩 새어 나온다. 그렇다고 하더라도 1유형 중 가장 따뜻하고 친근한 하위유형이다.

사회적 1유형

이들은 완벽을 덜 추구하지만 적어도 외면적으로는 더 '완벽'하다. 올바르게 일할 수 있는 최상의 방식을 찾아내는 데 초점을 두며 그것을 남들에게 가르친다. 하위유형 중 가장 지적이고 우월해 보이기도 하는데 이는 분노를 '진실의 소유자'가 되는 데 사용하기 때문이다. 부분적으로 분노를 억누를 수 있기에 불안해 보이지 않고 차가워 보인다. 사회적인 대의를 위한 싸움이나 불의에 초점을 두기도 하지만 집단 내에서는 편안함을 느끼지 못한다. 청렴의 모범을 보이며 자주 지도자의 역할을 맡기도 한다.

일대일 1유형

이들은 하위유형 중 유일하게 분노를 표현하는 데 주저함이 없고 이를 편안하게 느낀다. 물론 때로 분노를 조절하기도 하지만 다른 하위유형들보다 분노를 더 표현하는 경향이 있고, 여전히 자기 비판적인 특성이 있기는 하지만 자신보다는 남들을 더 비판하는 편이다. 더 고차원적인 도덕적 권위를 주장하고 완벽주의자보다는 개혁가가 되는 경우가 더 많다. 옳다고 생각하는 것, 개선될 필요가 있는 것, 원하는 것에 대한 권리를 주장할 때 매우 열정적이다.

> 걱정은 작은 일에도 큰 그림자를 드리운다.
> - 스웨덴 속담

1유형의 하위유형별 그림자

하위유형별 특징적인 그림자를 안다면 그림자 작업을 효과적으로 할 수 있다. 다음은 각 하위유형의 그림자에 대한 설명이다. 하위유형에 따른 행동은 매우 자동적이며 무의식으로 이루어지기에 이런 특성들을 파악하거나 수용하기가 가장 어렵다.

자기보존 1유형의 그림자

이들은 모든 것에 높은 수준의 불안을 유지하고 모든 일을 걱정한다. 어떤 일도 충분히 잘 된다고 느끼지 못하기에 좋은 기분을 느낄 수가 없다. 무의식적으로 분노를 억누르면서 오히려 반대로 예의 바르고 친절한 모습을 보인다. 억눌린 분노는 내면화되어 자기비판을 부추기거나 몸에 갇히게 된다. 모든 일을 세밀하게 통제하려고 하며 자신을 포함한 모든 일을 완벽하게 하고 싶어 초조해한다. 성장하기 위해 불안을 완화하고 분노를 더 알아차릴 방법을 찾아야 한다.

사회적 1유형의 그림자

이들은 어떤 일을 하기 위한 올바른 또는 완벽한 방식을 찾는 데 엄청난 노력을 기울이며 그 방식을 따르기 위해 점점 더 완고해진다. 분노를 부분적으로 억압하면서 하는 일에 지적으로나 도덕적으로 우월해지고 싶어 하는 무의식적인 욕구를 부추긴다. 올바로 일하는 방식을 가르치기 위해서 자신이 완벽한 모델이 되어야 한다고 느끼지만, 이것이 어떻게 자신을 사람들과 동떨어지게 하는지 보지 못한다. 억눌린 분노와 권력과 통제의 욕구를 발산하는 출구로 자신의 강직함을 주장한다. 덜 완벽하고 유연해지도록 작업하는 것이 좋다.

일대일 1유형의 그림자

이들은 올바름, 완벽함, 정의에 관한 자신의 기준에 맞추어 사람들을 완벽하게 만들고 사회를 개혁하려는 욕구를 보인다. 자신의 도덕적 권위를 주장하는 방식으로 남들을 비판하고 분노를 표출하며 자신의 결점이나 잘못된 행동을 교정해야 하는 책임은 무의식적으로 피한다. 무슨 일이 일어나는지 강하게 통제하고, 원하는 것을 얻고자 하는 욕구는 무엇이 옳은지를 주장하게 하며 자신의 기준이나 권위에 의문을 제기하는 것을 피한다. 분노가 욕구를 부추길 때 필요한 것을 취하거나 고쳐야 할 것을 고칠 권리를 합리화한다.

행복은 오로지 받아들일 때만 존재할 수 있다.
- 조지 오웰

1유형의 역설

1유형의 역설은 격정인 '분노'와 미덕인 '평온' 사이의 양극을 통해 경험된다. 올바름에 대한 강박과 잘못된 것에 주목하는 것, 즉 더 완벽하게 만들기 위해 상황에 저항하려는 욕구를 알아차리는 것은 분노가 어떻게 작동하는지 이해하도록 돕는다. 분노의 역동을 자각함으로써 평온의 상태로 나아갈 수 있는데, 평온은 사람들과 사물을 있는 그대로 온전히 수용하면서 내면이 완전히 평화로운 상태이다. 고요하고 평화로운 상태로 나아가기 위해 올바르게 하려는 욕구와 완벽을 추구하는 열망을 내려놓으면 불완전하게 보이는 모두가 그 불완전함 속에서 완벽하다는 사실을 받아들일 수 있게 된다.

성장의 여정에서 분노를 의식하고, 건강한 차원인 평온에 접근하기 위해 취할 수 있는 행동은 다음과 같은 것들이 있다.

✓ 주위에서 일어나는 일을 조정하고 바로잡으려는 욕구로 인해 몸이 긴장할 때를 알아차려 보자.

✓ 긴장을 완화하지 못하고 내면의 기준이나 외적인 경계심을 낮추지 못하는 모든 습관을 관찰해보자. 자신의 내부나 외부에서 무엇이든 고치고 바꿔야 할 필요는 없다.

✓ 몸의 긴장감에 주의를 두고 의식적으로 내려놓자. 감정적, 신체적인 모든 면에서 긴장감을 내려놓고 어떤 기분이 드는지 알아차리자.

✓ 화가 났음을 인정하고 분노의 원인과 결과를 찾아보자. 분노를 억제하거나 통제할 필요성을 느끼는 모든 감각을 인지하자. 분노를 수용하고, 분노가 무엇인가에 대한 관심의 표현이라고 받아들인다면 어떤 일이 일어날까?

✓ 성격의 본질적인 불완전성에도, 자신의 우월함을 보이려 노력할 때 경험하는 내면의 갈등에 대해서도 모두 자기 연민을 갖도록 노력하자. 자신이 옳은지 행복한지 스스로에게 물어보자.

✓ 모든 것이 있는 그대로 '괜찮으니' 굳이 개선하려고 나설 필요가 없다고 생각하자. 있는 그대로의 현실에 반기를 드는 것이 꼭 중요한 일인지 자신에게 묻고 그대로 수용하자.

평화는 국가 간의 관계가 아니다.
평화는 영혼의 고요함에서 비롯되는 마음의 상태이다.
- 자와할랄 네루

화살을 사용한 1유형의 성장 경로

에니어그램 도형에서 1유형과 화살로 연결된
두 유형은 4유형과 7유형이다. 감정에 접근하는
4유형의 능력을 통합함으로써 옳은 것을 하면서
비난을 피하려는 1유형의 일반적인 관점에 균형
을 맞추는 큰 변화를 꾀할 수 있으며, 가능성을
탐색하고 창의적으로 생각하는 7유형의 특성을
계발함으로써 더 편안하고 혁신적으로 변화할 수
있다.

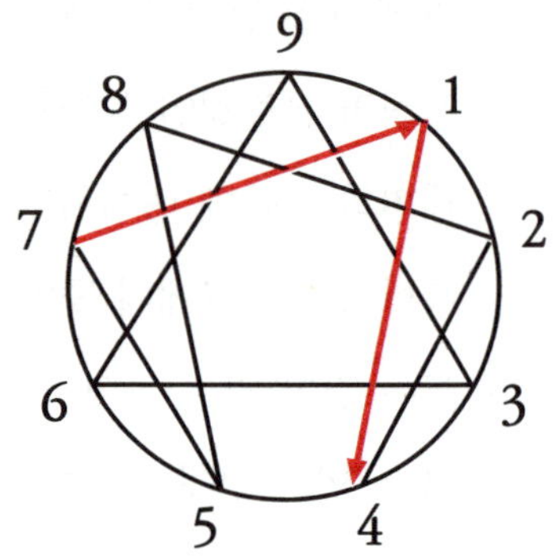

일상과 규칙에 집착하기보다는 가능성을 탐색하고 더 창의적으로 생각하면서
7유형의 건강한 특성으로 살아보자. 혁신적으로 일을 해낼 수 있는 아이디어들
을 브레인스토밍하고 더 유연하게 사고하고 행동하는 것의 가치를 보도록 하자.
오류를 보는 대신 재미를 추구하고 순발력 있게 행동할 기회들을 찾아보자. 재미
와 즐거움을 우선시하고 가벼움, 유머, 사회성을 수용하며, 일을 빨리 끝낸 후 즐
거움을 찾아 나서자. 높은 기준을 완화하고 올바르게 하려고 하는 대신 흥미진
진하며 신나는 방식으로 일을 해보자.

깊은 감정들과 만남으로써 4유형의 건강한 특성을 통합하자. 자신을 진정으로 행복하게 하는 것은 무엇이며 슬프게 하는 것은 무엇인가? 그동안 미뤄놓았던 고통, 슬픔, 분노를 탐색하면서 오랫동안 억눌렀던 감정들을 만나면, 진정한 감정의 경험이 좋은 느낌인 것을 알게 될 것이다. 습관적인 일상과 과정에 따르기보다는 창의적으로 자신을 표현할 수 있는 일을 의도적으로 해보자. 내면 비평가가 '해야만 한다'고 말하는 것이 아닌 자신이 하고 싶은 일을 하자. 자신에게 의미 있는 행동을 하고 의무나 책임감이 아니라 목적의식에 따라 즐겁게 행동하자.

파도를 멈출 수는 없지만 서핑하는 법을 배울 수는 있다.
- 조셉 골드스타인

건강한 차원 받아들이기

여정의 세 번째 단계에서, 1유형은 좋은 사람이 되기 위해 너무 열심히 일하거나 완벽해질 필요가 없다는 것과 그 자체로 충분히 가치 있고 훌륭하다는 생각을 받아들이게 된다. 이 세상의 모든 것이 불완전하다는 사실을 알고, 불완전함을 수용하고 감사함으로써 자신이 누구인지에 대해 더 만족하게 된다.

자신의 가치에 대해서 신뢰하는 방식을 배우게 되면, 모든 일이 거대한 흐름 속에서 일어나며 어떤 일이 발생하든지 관리, 지시, 반대 및 개선의 필요가 없다는 사실을 알게 된다. 올바른 일을 함으로써 자신의 가치를 증명할 필요가 없을 때, 더 많은 자유를 선택하는 힘이 있음을 깨닫게 된다. 이런 깨달음은 자신의 가치를 증명하기 위한 끊임없는 노력에서 자유롭게 하고 더욱 자연적인 리듬과 취향에 따라 살아갈 수 있게 하며, 행복하고 모든 것에 유머와 가벼움을 더할 수 있게 한다. 이 건강한 차원에 도달할 때, 함께 있기에 즐거운 사람이 된다.

건강한 차원의 모습을 보이기 시작하면서 평온과 평화의 의식 안에 조용히 머물 수 있게 된다. 이때, 모든 것이 완벽해져야 한다는 에고의 확신을 초월하는 내면 작업을 해냈다는 것을 직관적으로 알게 될 것이다. 평화를 점점 더 느낄수록, 판단하는 사고방식을 점점 더 뛰어넘을 수 있게 될 것이다.

이러한 건강한 상태에서, 1유형은 전에는 하지 못했던 일들을 할 수 있으며 성장을 위해 계속해서 노력할 수 있다.

- ✓ 신체적으로나 정서적으로 깊이 이완하는 방식을 배우자. 편안해지면, 그동안 억제하고 있던 본능적인 충동들이 되살아나며 그것을 현명하게 표현할 수 있다. 본능과 몸에 있는 지혜를 이해하고 혜택을 누릴 수 있다.
- ✓ 자신과 사람들과의 평화를 느끼고 수용하자. 우리는 본질적으로 착하고 올바르며 완전하다는 것을 이해하고 받아들이자.
- ✓ 창의성, 자기표현, 자발성, 가벼움을 선택하자. 모든 상황에 유머를 사용하자.
- ✓ 더 수용하고 덜 행동하자. 더 많은 평화와 평온을 갖고 자신을 덜 통제하고 덜 노력하자.
- ✓ 세상을 개선하려는 책임감을 내려놓고, 자신의 노력이 없어도 더 큰 힘이 최상의 결과를 위해 작업 중이라는 사실을 기억하자.
- ✓ 문제, 실수, 도전은 우리가 성장하는 데 필요한 올바른 스승이 될 수 있음을 받아들이자.

받아들일 수 없다면 아무것도 바꿀 수 없다.
- C. G. 융

1유형의 미덕

평온은 1유형의 미덕으로 격정인 분노의 해결책이 된다. 평온한 상태에서 긴장이 사라짐과 고요함을 경험한다. 분노가 삶의 자연스러운 리듬과 그들의 깊은 앎을 어떻게 대립하게 만드는지를 알 때, 현실에 저항하는 것에서 '있는 그대로' 수용하는 것으로 의식적인 전환을 할 수 있다. 이것은 끊임없는 경계와 판단을 편하게 내려놓는 것을 의미하며 이렇게 할 때 그 순간 펼쳐지는 일을 거부하거나 평가절하하지 않고 흘러가는 대로 두는 데서 오는 삶의 평화를 경험하게 된다.

평온은 삶 속에서 분노의 경험을 줄이도록 도우며 완전함이라는 이상에 위반되는 모든 것을 비판하는 습관을 내려놓을 수 있게 한다. 판단하는 경향을 내려놓으면 진실과 조화를 이룰 때 오는 깊은 내적, 외적 고요함이 들어올 공간을 만들게 된다. 평온 속에서 판단과 문화적 조건에 기초한 관점을 내려놓고 이전에는 고려하지 않았던 마음의 관점으로 작업하게 된다.

1유형이 미덕인 평온으로 다가갈 때 다음을 경험하게 된다.

✓ 마음이 열리고 수용하며 받아들일 수 있다.

✓ 내면 비평가와의 내적 대화가 멈출 때 생기는 내면의 평화와 가벼움을 느낀다.

✓ 현실을 있는 그대로 받아들인다.

✓ 이전보다 걱정을 적게 하며 정서적, 신체적 편안함을 느낀다.

✓ 내면이 고요해지고, 습관적으로 반대하는 반응이 없어진다.

✓ 고요함, 자발성, 만족감이 생긴다.

✓ 무엇인가를 반대한다는 것이 삶의 자연스러운 흐름을 스스로 막는 것이라는 분명한 인식의 바탕 위에서 인생을 대한다.

✓ 자신과 타인을 정서적으로 완전하고 조건 없이, 감사함으로 수용하게 된다.

✓ 불안이나 긴장감이 줄고 마음이 상하지 않는다.

> 자신의 어리석음을 다룰 수는 없으니
> 자신의 분노를 다스리도록 노력해야 한다.
> - 니샨 판와르

　　1유형이 참 자아를 받아들일 때의 핵심은 거짓 자아의 수준에서는 결코 완벽하게 될 수 없음을 아는 데 있다. 1유형이 에고를 뛰어넘으면, '좋거나 나쁜 것'이나 '옳거나 틀린 것'은 더 이상 중요하지 않다. 평온 속에서 발견된 참 자아가 거짓 자아를 넘어서며 모든 존재가 가진 고유한 미덕을 신뢰하는 방식을 배운다.

　　모든 것을 바르게 하고 높은 기준에 맞추기 위해 끊임없이 노력하는 것이 결국은 만족으로 연결되지 못하고 오히려 더 많은 스트레스만 유발한다는 사실을 알게 되면 환상에 불과한 이상을 향한 집착을 넘어서게 된다. 판단하려는 충동과 완벽해지려는 욕구를 떠나보냄으로써 마침내 안도하는 경험을 하게 되고 바로 그 순간에 가벼우며 유머가 있고 자발적이며 재미를 추구하는 해방감을 발견한다.

　　올바르게 하려는 욕구를 내려놓기가 어렵기에 1유형의 여정은 도전적인 과제일 수 있다. 특히 결점이 없어야 사랑받을 가치가 있다고 생각하는 경우라면 이 윤리적 의무는 완전함을 이루기 위해 어쩔 수 없는 선택이 된다. 그러나 자신을 제한하는 습관을 벗어나 자신이 이미 가치 있는 존재라는 진실을 받아들이면 더 이상 자신을 개선하기 위해 애쓸 필요가 없다.

　1유형이 자신의 참 자아로 살기 시작하면, 자연스러운 충동, 본능, 감정의 흐름에 몸을 맡기게 된다. 내면 비평가의 끊임없는 검열에서 자신을 해방하고 자신을 있는 그대로 받아들이게 될 것이다. 분노의 에너지를 긍정적인 변화를 이루기 위해서 사용하고, 자신이 가진 선한 의도의 순수성을 인식하여 자신의 고유한 가치를 수용한다. 감정과 욕구를 억누르고 개선에 집착하는 무의식적인 경향을 극복함으로써 자신의 에너지를 해방하고 자연과의 본질적인 융합을 깨닫게 된다. 내면 비평가의 요구로 가득 차 있던 공간에 평화, 자유, 기쁨의 지속적인 감각이 서서히 스며들게 된다.

교만에서 겸손으로 가는 여정

> 소수의 보살피는 사람들로는 세상을 바꿀 수 없다고 생각하지 말라.
> 왜냐하면 사실상 그들 말고는 아무도 없기 때문이다.
> -마가렛 미드

옛날에 2라는 사람이 살았다. 어렸을 때, 그녀는 사랑으로 가득하고 삶에 깊이 만족하는 행복한 아이였다. 그녀는 사람들을 사랑했고 사람들로부터 사랑받는 것도 좋아했다. 자기 자신과 이 세상의 모든 존재에 대한 깊은 사랑을 느꼈다. 태어날 때부터 정서적 감수성과 특히 사랑받고 지지받고자 하는 강한 욕구가 있었다.

이런 특성으로 2는 자라면서 자신의 필요가 주변 사람들에 의해 채워지지 않을 때마다 나쁜 감정을 경험했다. 가끔 배가 고플 때 아무도 먹을 것을 주지 않았고, 상처받았을 때도 아무도 그녀를 위로해 주지 않았다. 사랑에 대한 깊은 욕구를 느낄 때 자신은 그런 사랑을 받지 못한다고 자주 느꼈다.

2는 주변 사람들에게 사랑을 표현함으로써 자신에게 필요한 사랑을 받으려고 노력했다. 그들을 돌봄으로써 자신도 그들에게 돌봄을 받으려고 했다. 사람들을 기쁘게 하고 도와주며 지지한다면 그들도 그녀를 기쁘게 해주고 도와주며 지지해주고 싶을 것이라 여겼다. 혹 사람들이 그녀를 돌봐야 함을 기억할지도 모를 일이었다.

원했던 사랑을 받기 위해, 2는 주변에 있는 모든 사람을 기쁘게 할 수 있는 일은 무엇이든지 했다. 사람들에게 사랑받을 때 그녀는 안전하다고 느꼈으며 방치된 느낌이 들지 않았다. 사랑받기 위해 그녀는 엄청나게 많은 에너지를 사람들과 관계를 형성하는 데 쏟아부었다. 2는 사람들과 매우 긍정적인 관계를 형성했으며 그들의 말에 귀를 기울이고 그들에게 관심을 보였다. 사람들을 즐겁게 해주려고 우스운 이야기들을 했으며 가장 좋은 인상을 주기 위해 최상의 모습을 보여주었다. 심지어는 사람들이 알아차리기도 전에 그들이 좋아하거나 필요로 하는 것들을 줌으로써 상대를 행복하게 만들었다. 2는 사람들을 기쁘게 하는 일을 꽤 잘하게 되었으며, 때로는 피곤할 때도 있었지만 그렇게 하는 것을 좋아했다.

시간이 지나면서 2는 사랑을 얻고자 하는 열망으로 사람들의 감정을 잘 맞춰줄 수 있게 되었고, 이렇게 사람들을 기쁘게 함으로써 그녀도 그들로부터 감사와 돌봄을 받으려고 했다. 사람들에게 무언가를 주었을 때 그들이 자신을 더 좋아하는 것을 보면서, 그녀는 관대하고 베푸는 사람이 되었다. 하지만, 혹시라도 상대방이 '아니요'라고 말하면 거부당한 느낌이 들어서 자신을 위해서는 아무것도 요구하고 싶지 않았다. 그녀에게는 거절당하는 느낌이 사랑받는 것의 반대 감정이었다. 결국 2는 사랑받지 못하는 고통을 피하려고 몇 년간 노력한 끝에, 사랑의 기억을 거의 완전히 지워버렸다.

사람들을 늘 기쁘게 해주었기에 많은 사람이 2를 진심으로 좋아했고 이는 2가 자신을 중요한 사람이라고 느끼게 해주었다. 하지만 상대의 요구에만 초점을 맞추느라 자신의 필요뿐만 아니라 때로는 자신의 감정까지 잊어버렸고 결국 모든 욕구와 감정에 대한 인식을 잃어버리게 되었다. 그녀는 그저 사람들의 인정을 받는 일에만 몰두했다. 자신이 얼마나 중요한 사람인지를 알려야 했기에, 그들의 인정을 받으려는 무의식적인 욕구에 이끌려 사람들을 통제하고 조종하려고까지 했다. 친절하고 관대하며 사심 없는 사람으로 잘 변장할 수 있었기에 사람들이 알아차리지 못하는 방식으로 자신의 의지를 강요하는 데 능숙해졌다.

2의 생존 전략은 삶을 지배하게 되었다. 그녀는 사람들을 기쁘게 하려고 했던, 본질적이고 순수한 사랑의 욕구를 완전히 잊어버렸다. 사람들이 인정해주면 때때로 희미한 만족감을 느끼기도 했지만, 그 느낌이 금세 사라지고 나면 더 많은 사랑을 갈구하게 되었다. 그녀는 완전히 기진맥진할 때조차도 모두의 필요를 충족시키기 위해 애썼다. 사람들에게 인정받고 싶은 마음이 들 때마다 모습을 바꾸었으며 그 누구에게도 '아니요'라고 거절하지 못하게 되었다. 중요한 사람이 되어서 사랑받고자 하는 욕구는 채워지지 않았고 사람들의 사랑을 받기 위해서라면 무엇이든 하려고 노력하면서 참 자아에 대한 모든 기억을 잃어버렸다.

가끔 누군가가 2에게 진정한 사랑을 베풀 때도 그런 일이 일어나고 있는지조차 인식하지 못했다. 작은 관심, 감사, 인정에 안주하게 되면서 그녀는 자신의 더 큰 필요와 더 깊은 감정에 무감각해졌기에, 그녀 자신과 자신이 가장 원하는 것을 받을 수 있는 능력에서 자신을 단절해 버렸다. 이런 이유로 그녀는 사람들이 주는 그 어떤 좋은 것도 받을 수가 없었으며, 애초에 그녀가 원했던 사랑까지도 받을 수 없게 되었다.

이렇게 2는 잠들어 버렸다. 매우 다정하고 관대하며 남을 기꺼이 돕고 있었지만, 그저 잠든 상태일 뿐이었다.

다음 문항 중 대부분 혹은 전부에 공감한다면 2유형일 수 있다.

✓ 사람들과의 관계와 상대의 반응에 너무 많은 주의를 둔다.

✓ 사람들이 자신을 좋아하거나 인정해주는가에 대해 신경을 많이 쓴다.

✓ 주위 사람들에게 잘 맞춰서 상대가 무엇을 좋아하며 기분이 어떤지 잘 감지해
내고, 그에 맞춰 모습을 바꾸어 친밀감을 형성한다.

✓ 사람들의 필요를 습관적으로 예측하며, 특히 그 사람이 자신에게 중요한 경우
에는 더욱 그렇다.

✓ 자신의 필요를 잘 알기가 어렵고 도움을 요청하기가 힘들다.

✓ 자신에게 의미 있는 사람에게 사랑받고 싶으며 그들에게 중요한 존재가 되려
고 한다.

✓ 사람들과 긍정적인 관계를 유지하나 가까워지고 싶은 상대를 선택할 때는 매
우 까다롭다. 모든 사람에게 사랑받고 싶지만, 그중에서도 자신에게 더 중요한
사람이 있다.

✓ 매력, 관대함, 지지를 통해 사람들이 자신을 좋아하게 만들 수 있다고 믿는다.

✓ 매우 다정하고 긍정적이며 낙관적인 태도로 다른 사람들이 의지할 수 있는 존
재가 되는 것에 자부심을 느낀다.

2유형은 다음과 같은 세 단계의 경로를 따라 성장할 수 있다.

먼저, 사람들의 호감을 얻기 위해 상대에 맞춰 자신을 바꾸는 습관적인 패턴을 관찰함으로써 자신에 대해 알아가는 성장의 여정을 시작할 수 있다.

다음은, 너무나 많은 다양한 사람들에게 맞추느라 자신과의 연결을 잃게 된 것을 잘 인식하기 위해 자신의 그림자와 대면해야만 한다. 이는 그다지 긍정적이거나 멋지지 않은 자신의 에고 패턴을 알아차리도록 격려해줄 것이다.

마지막 단계에서, 거짓 자아를 내려놓고 참 자아를 수용하게 되면서 더 진정성 있게 살아가고 자신이 원하는 사랑을 받아들이는 방식을 배우게 된다.

빛의 형체를 상상한다고 밝아지는 것이 아니라 어둠을 의식해야 밝아진다.
- C.G.융

여정을 시작하기

2유형이 깨어나기 위한 첫 단계는, 자신의 감정보다는 상대의 감정에 맞추는 자신을 의식적으로 관찰하는 것이다. 헌신적이며 이타적으로 보이려고 애쓰면서 뭔가를 얻어내기 위해 사람들을 기쁘게 하는 습관적인 패턴을 의식적으로 관찰할 때, 2유형은 스스로 깨어나기 시작한다.

2유형의 여정은 자신이 다른 사람들에게는 많은 관심을 기울이면서도 자신의 우선순위에는 얼마나 소홀한지 알아차림으로써 시작된다. 이는 2유형이 자기 정체성을 알아내기 위해 사람들의 인정에 의존하는 방식을 인식하도록 도와준다.

2유형의 핵심 패턴

사랑과 인정에 대한 깊은 욕구를 의식하지 못할 때, 2유형은 도움을 주고 싶은 친절한 마음으로 사람들을 지지하고 있다고 생각한다. 물론 그럴 때도 있겠지만, 사실은 자신이 중요한 사람으로 여겨지고 싶은 욕구로 인해 직접 요구하지 않고 원하는 것을 얻고자 사람들에게 통제력을 행사한다는 것이다. 이것을 인정하기 어려우며 받아들이고 싶지도 않겠지만, 그런 생존 전략으로 인하여 종종 사람들이 그렇게 여기지 않을지라도 그들을 통제하거나 조종한다. '구원자'가 되는 것은 관계에 있어서 안전한 위치를 확보하는 것이며 상처받기 쉬운 감정들은 피하면서도 중요한 사람이 될 수 있는 길을 열어준다. 그러나 여정을 통해 앞으로 나아가고자 한다면 2유형은 이를 인정하는 법을 배워야만 한다.

2유형은 다음의 다섯 가지 습관적인 패턴을 더 관찰하고 의식함으로써 성장의 여정에 오를 수 있다.

사랑받고 싶은 욕구

대체로 인정받기 위하여 행동하는 경향이 있으며 거절당하거나 소외당할 것 같은 두려운 마음이 기저에 깔려 있다. 사람들에게 사랑받는 일은 아주 중요하며, 자신을 좋아하도록 만들 수 있는 감각이 있다. 좋은 인상을 주는 것이 너무 중요해서 자신이 사람들에게 끼치는 영향에 대해 걱정하는지 살펴보자. 사람들에게 맞추느라 상대가 좋아하는 면은 드러내고 싫어하는 부분은 감추는 방식으로 자신의 의견, 선호하는 것, 감정에 이르기까지 '자신을 바꾸는' 경향을 더 의식적으로 관찰하자.

사람들을 기쁘게 하려고 애쓰면서 자신의 필요를 축소시킴

2유형은 필요를 드러내놓고 표현하면 사람들이 자신을 도움이 필요한 사람으로 볼까 봐 두려워한다. 상대방이 자신의 필요를 채워주지 않을 때 거절당한다는 느낌과 박탈의 고통이 떠오르며 상처를 받는지 살펴보자. 자신의 필요를 모를 때가 많고 심지어 알더라도 그것을 요구하기가 힘든지 확인해보자. 아마도 도움을 요청하는 것이 힘들거나 불가능할 것이다. 자신에 대해서는 정말로 필요하거나 원하는 수준보다 적더라도 만족하는 경향이 있고, 자기 욕구를 채우는 것보다 다른 사람들을 기쁘게 하는 것을 더 우선시한다. 깨어나지 못하면 자신의 진정한 욕구와 필요는 깨닫지 못한 채, 사람들을 위해서 한 일에 대해 인정받는 것이 삶에서 만족을 얻는 유일한 방법이라 여길 수 있다.

관계에 초점을 둠

자신이 얼마나 관계에 초점을 두고 있는지, 무의식중에 사람들과 연결을 통해 자신의 필요를 간접적으로 충족시키려 하는지 관찰하자. 사람들에게 부담을 주고 불편하게 만들 수 있다는 두려움 때문에 직접적으로 필요한 것을 요구하지 못하는지 살펴보자. 자신도 모르게 상호작용을 상호교환으로 보고 '내가 무언가를 주면, 상대방도 보답으로 내게 무언가를 줘야 한다'라고 생각하는 경향이 있다. 이러한 '물물교환 사고방식'은 결국 요구하지 않으면서도 받기를 기대하는 마음으로 과도하게 주는 패턴을 만든다. 이로 인하여 2유형은 소진되고 분개한다.

중요한 사람이 되고 싶어함

삶에서 가장 중요한 사람을 기쁘게 하거나 좋은 인상을 주고 싶다는 마음에 사로잡혀있는지 살펴보자. 아마도 소중하게 생각하는 사람들의 애정을 얻기 위해 많은 에너지를 쓰고 있을 것이다. 중요한 사람이 되고 싶다는 욕구는 자주 자신이 '별로 중요하지 않은 사람'이라고 느끼게 할 수 있다. 사람들을 기쁘게 하고 긍정적인 관계를 만들기 위해서, 원하는 인정이나 중요성을 얻는 데 부족한 것이 무엇인가에 주의를 집중하는 자신을 관찰하자. 자신의 가치를 확인하기 위해 사람들의 인정에 얼마나 의존하는지 알아차리자. 이로 인해 사람들이 인정해주지 않을 때는 자신을 괜찮다고 느끼지 못할 수 있다. 이런 패턴은 중요한 사람으로 느껴질 때까지 훨씬 더 많이 애쓰게 한다.

필요한 사람이라는 사실에 자부심을 가짐

사람들의 삶에서 중심적인 역할을 해야 할 필요를 느끼고 어떤 방법을 써서라도 가장 가까운 이들에게 자신이 중요한 사람임을 내세우고 있음을 알아차리자. 누군가가 '당신이 없었더라면 우리는 그 일을 하지 못했을 거예요'라고 말할 때 특별한 전율을 느끼는가? 자신이 필요한 존재임을 사람들에게 상기시키려고 돕거나 지지하는 전략을 사용하고 있음을 무시하거나 부인하는 경향이 있을 것이다. 그리고 인정하기는 힘들겠지만, 사람들이 자신의 진가를 충분히 알아주지 않거나 상대방의 필요를 채워주었는데도 자신을 우선시하지 않으면 통제하거나 조종하는 경향이 있다.

때로 도움을 요청하는 것은 자기 신뢰의 가장 의미 있는 사례이다.
- 코리 부커

2유형의 정서적 격정

교만은 2유형을 움직이게 만드는 격정이며 정서적 핵심 동기이다. 여기서 교만은 일종의 자아 팽창으로, 중요하거나 가치 있게 여겨지고 싶은 욕구이다. 교만은 일종의 거짓 거만함의 특성을 보여주며, 기독교에서 이야기하는 사탄이 몰락하게 된 원인과 같은 성격을 띤다. 이런 동기는 무엇이 최선이고 무슨 일이 일어날지 자신은 안다고 생각하게 만들어, 앞으로 일어날 일들을 조종하며 '신의 역할'을 대신하려 한다. 이런 방식으로 2유형은 일어나는 일과 사람들이 느끼는 것을 지시할 수 있고, 무엇이든 통제할 수 있다는 환상이 있다.

교만으로 인해 일상생활에서 사람들에게 인정받는 초인이 되어야만 한다고 여긴다. 모든 사람의 욕구를 항상 충족시켜야 하며 꼭 필요한 사람이 되도록 자신을 몰아간다. 그러나 동시에, 교만으로 인하여 2유형은 자신의 필요에 대해 의식하지 못하게 되며 도움이 필요하지도 않고 모든 사람을 다 맞출 수 있다고 확신한다. 자신의 필요는 보지 못하고 다른 사람의 필요만을 봄으로써, 무의식적으로 모든 사람보다 우위에 있다고 자신을 높인다.

대체로 무의식적으로 작동하는 교만은 중요한 사람이 되고 싶은 욕구 아래에 있는 전능감을 부추긴다. 그들은 영향력을 끼치거나 통제하는 수단으로 '도움'을 사용하지만, 반대로 결코 훌륭하거나 중심적인 인물이 될 수는 없다고 여긴다. 2유형은 교만의 이 두 가지 양상, 즉 자신이 중요한 사람이라는 자신의 존재감을 격상시키는 교만과 충분히 중요한 사람이 아니라고 느끼게 만드는 고통의 원인으로서의 교만에 대해 의식해야만 깨어나기 위한 여정으로 나아갈 수 있다.

2유형이 깨어나기 위해서는 교만이 드러나는 다음과 같은 징후를 관찰하고 주의를 기울여야 한다.

- ✓ 자신의 욕구를 부인하며 도움이 필요한 사람으로 보일까 봐 두려워한다.
- ✓ 도움을 요청하지 않는다.
- ✓ 스스로 도움이 필요할 수 있음은 인정하지 않으면서 모든 사람의 필요를 채워 줄 수 있다고 여긴다. 사람들의 필요를 늘 채워주기에 만일 상대가 나의 필요를 채워주는 것으로 보답하지 않을 때 분개한다.
- ✓ 모든 사람이 자신을 좋아하도록 만들 수 있다고 여긴다.
- ✓ 근면하고 유능하며 관대하고 자기희생적인 태도를 보임으로써 꼭 필요한 존재가 되려고 애쓴다.
- ✓ '얻기 위해 주는 것'으로 사람들의 인정이나 지지를 얻기 위해 전략적으로 주는 반면, 무언가를 돌려받고 싶은 마음을 부인한다.
- ✓ 우월하다는 마음이 들고 자신이 가장 잘 알고 있거나 중요한 사람으로 여겨져야 한다고 생각한다. 충분히 알아주지 않거나 중심인물이 되지 못할 때 기분이 상한다.
- ✓ 비난받거나 호감을 얻지 못하거나 인정받지 못할 때 위축되고 실망하며 모욕감을 느낀다.
- ✓ 돌보는 사람, 구원자, 전능한 지지자, 또는 '배후 세력'으로 자신을 인식한다.

교만은 자신만의 작은 왕국을 만들어내고 그 안에서 군주 노릇을 한다.
- 윌리엄 해즐릿

날개를 이용한 성장 경로

2유형은 옆에 있는 날개 1유형과 3유형을 통합
함으로써 성장할 수 있다. 2유형은 1유형의 자기
훈련을 적극적으로 받아들여 사람들의 사랑을 얻
는데 과하게 집중하는 성향을 완화한 후, 목표를
세우고 그 목표를 향하여 일하는 3유형의 능력을
통합할 수 있다. 이는 관계에 너무 많은 초점을 두
는 성향을 넘어서서 자신의 필요와 우선순위를 인
식하여 앞으로 나아갈 수 있도록 도와줄 수 있다.

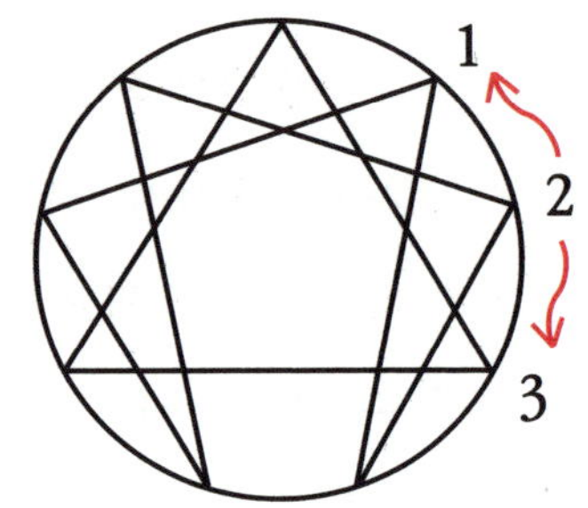

삶의 특정 측면을 개선하고 자기 돌보기를 위한 절차, 과업, 결과에 더 많은 관심
을 기울이는 1유형의 성향을 사용하자. 자기 훈련, 구조화, 이를 북돋워 주는 생
활 습관에 주의를 더 두면서, 사람들과의 관계에만 초점을 두지 않도록 균형을 잡
자. 너무 감정적일 때 분별력을 기르는 연습을 하여 지금 일어나고 있는 일에 대하
여 논리적으로 무엇이 '옳고' 또는 무엇이 '적절한' 것인지 헤아리자. 다른 사람들
에게 집중하다가 '자신을 잃어버릴' 때는 자신의 목표를 찾아서 성취할 수 있도록
단계적으로 접근해보자. 감정에 압도된다는 느낌이 들 때 복식호흡을 함으로써
몸에 더 기반을 두자. 규칙적인 운동 습관을 만드는 것도 도움이 된다.

감정보다는 행동에 더 집중하고 기분을 탓하지 않고 생산성을 높이고 개인적인 목표를 세우며 길을 모색함으로써 3유형의 건강한 측면을 통합하자. 관계에서 일어나는 문제로 인하여 속도가 늦추어질 때, 해야 할 일의 목록을 정리하여 해결해 나가거나 그저 다음 일을 해내는 것에 집중하자. 기분이 가라앉거나 고갈된 느낌이 들 때는 자신이 좋아하는 일을 하거나 구체적인 필요와 욕구를 만족시키는 활동을 하자. 자신에게 이득이 되고 전문적이며 개인적인 욕구를 충족시켜주는 프로젝트와 포부에 더 관심을 가지면서 사람들에게만 집중하지 않도록 균형을 잡자.

우리는 계획했던 삶을 놓아버려야 한다.
그래야만 우리를 기다리고 있는 삶을 받아들일 수 있다.
- 조셉 캠벨

2유형의 그림자 마주하기

2유형 성장 경로의 두 번째 여정은, 남들이 바라는 이미지에 부응하는 삶에 지배당하는 대신 진정한 자신을 인정하고 소유하며 특히 자신의 진짜 욕구와 감정을 수용하는 것이다. 이것은 억누르고 부인해 왔던 자기 모습을 볼 수 있게 도와줄 것이며, 다른 사람들을 기쁘게 하고 돌보는 것이 때로는 나쁜 일이 될 수 있음을 더 많이 의식하게 해준다.

자기 인식이 부족하면 2유형은 선을 넘거나 애정을 갈망하거나 사람들을 조종하면서도 자신이 이타적이고 독립적이며 도움을 줄 수 있다고 생각한다. 얻기 위해서 베푸는 타고난 생존 전략을 직면하지 못할 때, 이들은 사람에게 매달리고 과민하며 특정 관계나 빚을 갚아야 한다는 생각에 과도하게 집착한다. 이들의 표현되지 않은 기대치를 다른 사람들이 충족해 주지 않을 때, 이들은 조용히 분개하거나 화를 내는 것이 정당하다고 여긴다. 자신의 상냥한 모습 아래에 숨어있는 더 깊은 수준의 동기와 감정적인 반응을 의식하는 것은 고통스러울 수 있으며 심지어 수치스럽게 느껴질 수도 있다.

2유형의 그림자 직면하기

다음은 이러한 2유형의 무의식적인 핵심 패턴과 맹점, 고통의 지점들을 표면 위로 가져와 더 잘 인식하고 대응하기 위해 할 수 있는 방법이다.

✓ 자신의 더 깊은 욕구를 알아차리고 표현하며 다른 사람들에게 도움을 구하자. 처음에는 이것이 매우 도전적일 것이며 자신이 실제로 무엇을 원하는지 모를 수도 있기에 어떻게 도움을 청해야 할지 더욱 알 수 없고 그런 행동은 아마 수치스럽게 느껴질 것이다. 만약 그렇다면 이것을 좋은 신호로 여기고 취약하다는 느낌 때문에 멈추지 말자.

✓ 자신의 감정과 연결하고 그 감정을 처리하며 받아들이고 감당하자. 사실 매우 감정적이지만, 자신의 감정이 다른 사람과의 연결을 막아 버릴까 봐 두려워서 감정을 억누르는 경향이 있다.

✓ 관계 맺는 것과 사랑받는 것에 집중하는 것을 줄이자. 모든 사람이 당신을 좋아할 수는 없다는 것을 적극적으로 인정하자. 처음에는 이것이 어렵겠지만 사람들이 좋아하는 방식으로 더는 행동하지 않을 때 얼마나 자유로울 것인지 생각해 보자.

✓ 도움이 되지 않는 관계는 버리자. 누군가를 지지하는 것이 습관이 되었고 중요한 존재로 여겨진다는 자부심 때문에 어떤 사람들에 대해서는 필요 이상으로, 심지어 아무것도 돌려받을 수 없는데도 오랫동안 견디고 있을 수도 있다.

✓ 자신과 사람들 사이에 경계를 세우자. 바라는 것을 말로 표현하고 '아니요'라고 말하는 법을 배우자. 자신의 경계를 존중하는 법을 배우고 다른 사람들 역시 그 경계를 존중하게 도와주면서 큰 도움을 얻게 될 것이다. 시간이 없을 때나 사람들이 너무 과하게 요구할 때 그러한 사실을 말로 표현하자.

✓ '나 자신이 되는 것'이 어떤 의미인지 배우자. 진실한 내가 되는 것에 초점을 맞추고 사람들을 기쁘게 하려고 모습을 바꾸지 말자. 혼자서 시간을 보내자. 무엇이 필요하고 무엇을 원하며 무엇을 좋아하는지 자신에게 물어보고 그것을 스스로 자신에게 해주자.

✓ 덜 중요한 사람이 되고 다른 사람들을 위해 덜 일하는 자유를 느껴보자. 중요한 존재가 되고 싶은 욕구가 어떻게 자신을 몰아가고 있는지 의식이 되면, 그 욕구를 놓아버리자. 나는 나이니, 나 자신에게 중요한 사람이 되자. 이런 자유가 어떤 느낌인지 적극적인 자세로 경험해보자.

✓ 자신의 인간적인 연약함과 한계를 인식하자. 관계에 있어서 내가 감당할 수 있는 이상을 하고 있을 때 멈추자. 슬퍼하고 상심할 수 있도록 마음의 여유를 갖자. 모든 고통, 슬픔, 분노, 그동안 회피해 왔을 그 어떤 감정이든 느낄 수 있도록 자신을 내버려 두자. 눈물이 나면 울자. 이것은 꼭 필요한 작업이고 좋은 일이므로, 이렇게 할 수 있도록 반드시 도움을 요청하자.

잠든 자아는 이러한 도전을 전혀 원하지 않는다. 특히 없으면 안 될 사람이라는 이미지를 만들어내고 그것을 믿으면서 그동안 많은 투자를 해왔다면 더욱 그런 마음이 들 것이다.

고통 없이는 의식할 수가 없다.
- C.G.융

2유형의 맹점

2유형은 행복한 마음을 원하고 슬픈 느낌을 원하지 않기에 자신의 맹점을 인정하고 싶지 않을 것이다. 마음 깊은 곳에서는 불안정할 수 있지만, 이들의 생존 전략은 긍정적인 겉모습과 '할 수 있다'라는 태도 뒤에 숨겨진 더 깊은 감정을 피할 수 있게 도와준다. 외면에서 긍정적인 피드백을 얻는 데 집중하느라 내면을 들여다보기를 거부한다. 이들은 관대하고 지지를 잘하는 자기 모습을 뿌듯해하며, 자애로운 사람이 되려는 욕구 아래 놓여있는 것들은 무시하는데 이런 태도가 성장을 막고 있다.

좋은 소식은 이들이 기꺼이 자기 맹점을 살펴보고 어떤 고통이라도 느끼고자 한다면, 결국 자유를 경험할 수 있다는 것이다. 관계에서 자신의 무의식적인 전략이 드러날 때 수치심이 느껴지더라도 견딜 수 있다면 항상 다른 사람을 위해 행동하거나 많은 것을 하지 않아도 된다는 것에 안도감을 느낄 것이다.

자신의 욕구를 부인함

누군가 무엇이 필요한지 물으면 머릿속이 하얘지는가? 어렵게 자신에게 필요한 것이 무엇인지 알아냈을 때도 그것을 요구하는 것이 어려운가?

이러한 맹점을 통합하는 아래의 방법들을 시도해 보자.

✓ 하루에 몇 번씩 이 구절을 반복하자. '지금 나는 무엇이 필요한가?'

✓ 코치나 믿을만한 친구와 함께, 지금까지 충족되지 못한 나의 모든 욕구에 관해 이야기를 나누자. 무엇이 나의 욕구를 느끼지 못하게 막는가? 자신의 욕구를 느끼거나 표현하면 무슨 일이 일어나게 될까 봐 두려운가? 궁핍해 보이는 것이 뭐가 그렇게 나쁜가? 곤란한 처지에 있는 사람들에 대하여 진정으로 어떻게 느끼고 있는가?

✓ 스스로는 필요를 느끼지 않고 사람들이 무엇인가를 필요로 할 때, 자신을 그 사람들보다 우위에 두면서 느끼는 자만심을 인지해보자. 나도 사실은 욕구가 있다는 것을 인정하고 그런 욕구를 언급함으로써 겸손을 향해 나아가자.

✓ 나의 욕구를 부인하고 도움을 청하지 않는 태도 뒤에 숨은 거절에 대한 두려움에 대해 더 의식하자.

✓ 나에게 필요한 것을 분명하고 직접적으로 사람들에게 요청하며, 자신의 욕구가 충족되고 다른 사람들의 욕구가 충족되지 않을 때 느껴지는 감정을 견뎌내어 보자.

살아있다는 것은 취약하다는 것이다.
- 매들렌 렝글

얻기 위해 주려고 함

사람들을 도울 때 사용하는 숨겨진 전략을 알고 있는가? 도움을 줄 때 내가 정말로 원하는 것을 부인하는가? 사람들에게 전략적 도움을 주는 것이 충족되지 못한 사랑의 욕구를 채우려는 시도가 되고 있지는 않은가?

이러한 맹점을 통합하기 위해 취해야 할 행동은 다음과 같다.

✓ 도움이나 지지를 제공할 때마다 이면의 동기를 인식하자. 무엇을 받고 싶은가?

✓ 호의를 베풀었으나 내가 원하는 것을 얻지 못했을 때 느껴지는 분개를 의식하자. 심지어 당신이 무언가 바라고 호의를 베푼 것이 아니었을 때도 마찬가지이다.

✓ 사람이나 상황을 조종하고 싶은 욕구를 의식하자. '조종'이라 부를 만한 행동을 하고 있는가? 어떤 방식으로 원하는 것을 간접적으로 얻으려 하는가? 필요한 것에 대해 직접적으로 소통하지 못하게 막고 있는 것이 무엇인가?

✓ 내가 생각한 것만큼 도움이 되지 않을 수도 있다는 것을 인정하고, 무언가를 얻을 수단으로 도움을 주고 있음을 인정하자.

✓ 도움을 구하면 거절당할지도 모른다는 두려움이 있음을 의식하자. 필요한 것을 요청하지 않음으로써 어떤 감정을 회피하고 있는가?

✓ 칭찬하고 기쁘게 하며 아첨하거나 지지하는 것이 사람들이 나를 좋아하게 만드는 방법임을 알아차리자. 나의 충족되지 않은 사랑과 관심에 대해 더 의식하자.

친밀감을 두려워하고 피함

누군가 다가와 나를 사랑하려고 할 때 두려움을 느끼는가? 사람들의 긍정적인 피드백이 도전적으로 느껴지는가? 나에게 오는 좋은 것들을 받아들여 잘 사용하는 것이 어려운가? 사람들과 진정으로 가까워지려고 애를 쓰는가? 모순되게도 2유형은 자신이 원하는 사랑을 받아들이기가 힘들다.

이러한 맹점을 통합하기 위해 할 수 있는 방법은 다음과 같다.

✓ 원하는 사랑을 받는 것과 그것을 얻기 위해 노력하는 것이 얼마나 어려운지 인식하자. 다른 사람을 성공적으로 유혹했을 때조차도 애정을 받아들이기 어려움을 알아차리자.

✓ 칭찬을 받아들이기가 어렵다는 것을 인정하자. 긍정적인 피드백을 받아들이는 것을 가로막고 있는 것이 무엇인지 이해하려고 노력하자. 긍정적인 피드백을 적극적으로 받아들이자.

✓ 아무리 많이 인정받아도 조금 더 원하는 경향을 살펴보자.

✓ 손에 넣을 수 없는 사람들로부터 사랑을 얻으려는 이유를 탐색하자. 도전적인 관계에 내가 어떤 식으로 자극받는지를 알아보자. 친밀함을 피하려는 수단으로 나의 필요를 충족시킬 수 없는 사람을 쫓아다니는 이유를 알아보자.

✓ 나를 사랑할 수 있는 누군가가 다가올 때 무슨 일이 일어나는지 살펴보면서 진정한 교류에 대한 두려움을 직면하자. 이러한 두려움의 근원과 형체를 이해하기 위해 노력하자. 더 친밀해지기 위해서는 가까워지고 싶은 사람과의 두려움이나 불편함에 대해 말해 보자.

✓ 거울 앞에서 긍정적 확언을 연습하면서 그 말이 내면에 자리 잡도록 하자.

2유형의 고통

2유형은 행복하고 쾌활한 편이다. 이들은 상대방을 기분 좋게 만들고 싶은 충동으로 긍정적인 감정에 집중한다. 그리고 분노, 슬픔, 상처 같은 고통스러운 감정은 무의식적으로 피하거나 억누르는 경향이 있다. '부정적' 감정을 표현하면 사람들이 자신을 싫어할까 봐 스스로 걱정한다. 이들은 사람들이 행복한 사람을 좋아하고 우울하거나 과도하게 감정적인 사람들에 대해서는 불평한다는 것을 알고 있다. 그래서 그들이 생각하기에 사람들을 매혹할만한 감정 상태를 선택하며, 관계에서 조화를 깨뜨리지 않으려고 진정한 감정과 만나는 것을 피한다.

깨어나기 위해 2유형은 자신의 진정한 감정을 더 의식하고 온전히 느끼고 받아들여 그 감정에 대해 당황하지 않아야 한다. 이들은 천성적으로 정서적이며, 감정은 이들에게 중요한 정보를 준다. 하지만 스스로 드러내기 편하지 않은 감정이나 사람들이 불편해할 것 같은 감정들은 적극적으로 밀어내버린다. 2유형이 성장하기 위해서는 고통을 포함한 모든 감정을 환영할 필요가 있다. 모두가 그러하듯 이들도 고통을 느껴야만 잠든 상태에서 깨어날 수 있다.

2유형은 사람들이 자신이 원하는 만큼 자신을 좋아해 주지 않는다는 사실과 모든 사람이 자신의 '도움'을 환영하지는 않는다는 사실을 직면하기 어려울 수 있다.

다음 방법은 이런 구체적인 고통의 감정을 참아내고 참 자아를 더 온전히 깨달을
수 있도록 도와줄 것이다.

- ✓ 자신의 성향과 전략이 드러날지도 모른다는 두려움과 만나자. 사람들에게 좋
  은 인상을 줄 수 있고 자신만이 관계를 발전시킬 수 있다는 환상이 있음을 직
  면하자. 이런 전략이 단지 사람들에게 사랑받기를 바라는 필사적인 시도일 뿐
  이라는 것이 수치스러울 수도 있을 것이다. 자신의 실수, 진정성 없음, 자만심
  과 자신의 다른 결함들을 정직하게 인정하는 법을 배우자. 지지를 얻고 싶은
  마음이 때로 사람들을 조종하고 통제하며 지나치게 밀어붙이거나 경계선을
  침해하고 거슬리게 할 수도 있음을 깨닫자.
- ✓ 사람들을 위해 얼마나 많은 일을 하는지 인정할 때 오는 탈진을 인식하자.
- ✓ 눈에 띄지 않거나 인정받지 못하거나 이해받고 사랑받지 못할 때 느껴지는 분
  노를 수용하자. 받을만하다고 생각하는데도 받지 못할 때, 또는 사람들에게
  집중하느라 자신을 챙기지 못했다는 것을 깨달았을 때 느껴지는 분노를 알아
  차리자. 이것이 타당한 분노인지, 자만심에서 생겨난 분노인지를 분별하는 용
  기를 갖자.
- ✓ 자신이 원하고 필요한 만큼 사람들이 좋아하거나 사랑해주지 않을 때 오는 고
  통을 느끼고 받아들이자. 오해받거나 거절당하거나 사람들이 들은 척 만 척하
  거나 소외되었을 때 오는 고통을 다루는 방식을 배우자.

✓ 사람들이 원하는 모습이 되려고 노력하며 너무나 많은 시간을 보낸 후, 자신이 누구인지 알지 못한 채 자기 정체성을 분명히 느끼지 못하여 생기는 혼란에 대처하는 법을 배우자. 사람들을 기쁘게 하려고 계속 모습을 바꾸었기에 나를 잃어버렸다는 느낌이 드는 것일 수 있다.

✓ 진짜 내 모습으로는 사랑받지 못한다고 느끼는 슬픔과 사람들의 애정을 얻으려고 노력하다가 '나 자신을 잃어'버렸다는 비통함을 느끼자. 내가 진정으로 원하고 필요로 하는 것이 사랑이기에 인정받으려는 욕구에 기인한 슬픔뿐 아니라 사랑을 찾기 위해 자신을 버려서 느껴지는 슬픔도 받아들이자.

> 사랑은 오직 한 가지만 구한다. 즉, 사랑하는 그 사람이 잘 되는 것이다.
> 자기 돌봄 같은 모든 부차적 노력은 내버려 둔다. 그러므로 사랑은 그 자체가 보상이다.
> - 토마스 머튼

2유형의 하위유형

자신의 하위유형을 파악하면 맹점, 무의식적 경향, 숨겨진 상처를 다룰 때 구체적으로 접근할 수 있다. 각 하위유형의 특징적인 패턴과 경향은 다음 세 가지 본능 중 어느 것이 우세하게 작용하느냐에 따라 달라진다.

자기보존 2유형

이들은 다른 하위유형보다 더 어린애 같으며, 더 두려워하고 수줍어하며 매력적이고 어려 보이며 장난기가 많아 보이지만 상처에 더 민감하다. 이들은 다른 사람들과 연결되는 것에 대해 양가감정을 갖고 있어서 친밀감을 형성하는 데 집중하지만, 상처받으면 위축되어 마음을 완전히 주는 것을 꺼리는 편이다. 이들은 자유를 가장 갈망하고 상당히 유능하면서도 주기적으로 무력감이 뒤섞여 있는 모습을 보인다. 이들은 의욕적이고 근면하지만, 때로는 게으르고 상황에 압도되며 제멋대로이기도 하고 불안하며 자신감이 없는 편이기도 하다.

사회적 2유형

이들은 리더십이 있고 권력과 영향력에 마음이 끌리며 대중을 '유혹하고' 싶어 한다. 유능함과 자신감을 드러내며 대중의 기대에 부응하고 관중 앞에서 하는 연설도 즐긴다. 이들은 세 하위유형 중에서 무언가를 얻어내고자 전략적으로 주는 것을 가장 잘한다. 정치적으로 요령 있으며 취약한 상태로 있는 것이 어렵다. 자신의 필요를 부인하는 경향이 있고 직접적으로 도움을 요청하는 것을 주저한다. 이들은 세 가지 하위유형 중 가장 통제적이며, 원하는 것을 얻기 위해 사람들을 조종하는 경향이 더 많이 나타난다.

일대일 2유형

일대일 2유형은 일대일 관계에 가장 주의를 많이 둔다. 이들은 상대방에게 완벽한 파트너가 되어 로맨틱한 관계를 강하게 맺으려고 한다. 자신이 매력적이고 호소력이 있으며 상대를 설레게 할 수 있다는 사실에 자부심을 느낀다. 연애에도 뛰어나고 아주 개방적인 태도로 사람들과 교류한다. 유혹하는 수단으로 넉넉함과 헌신적인 태도를 보이며 사람들을 깊은 관계로 끌어들인다. 거절당하면 대부분은 공격적으로 반응하고, 성적인 매력을 무기로 사용하며 중요한 관계가 끝나 버릴 때는 극심한 괴로움을 경험한다.

2유형의 하위유형의 그림자

하위유형의 특징적인 그림자를 안다면 그림자 작업을 효과적으로 할 수 있다. 다음은 각 하위유형의 그림자에 대한 설명이다. 하위유형에 따른 행동은 매우 자동적이며 무의식으로 이루어지기에 이런 특성들을 파악하거나 수용하기가 가장 어렵다.

자기보존 2유형의 그림자

자기보존 2유형은 나이가 들어가면서 성숙한 태도로 삶을 살아가기보다는 떼를 쓰거나 삐치는 유치한 태도를 보이기도 한다. 숨거나 움츠러드는 것이 이들의 핵심적인 방어 방법이다. 이들은 자존심을 세우려는 경향에 대해 두려워하는 반응으로 '어린애처럼 행동'한다. 영향력 있는 일을 하는 것이나 사람들에게 마음을 열거나 삶을 제대로 사는 것에 저항하는 방식으로 무력감이나 절망감 속에서 위안을 구한다. 이들은 스스로 독립적이라고 생각할지 모르나 무의식적으로는 의존적인 경향이 있으며 책임져야 하거나 힘을 발휘해야 하는 순간을 회피하려고 분개, 두려움, 불안의 수렁에 갇히는 경향이 있다.

사회적 2유형의 그림자

사회적 2유형은 중요하고 영향력 있는 사람이 되고 싶은 자만심 때문에 눈이 가려져 있는 경향이 있다. 상대를 통제하고 영향력을 갖기 위한 전략으로서 사람들에게 도움을 주거나 관대함을 보여주고 있는지 알아차리는 것은 중요하다. 이들은 아마도 통제하거나 조종하기 위한 수단으로 사람들을 지지하고 있을 것이다. 사람들이 자신의 충고나 도움을 거절하면 화가 날 수도 있으며 따뜻하고 도량이 넓어 보이지만 힘을 추구하거나 통제력을 행사할 때는 무자비할 수 있다. 취약한 감정을 피하며 유혹하기 위한 수단으로 연약한 모습의 거짓 페르소나를 이용할 수 있다. 힘과 영향력을 행사하고자 하는 에고에 부응하기 위해 사회적 2유형은 탈진과 슬픔을 억누른다.

일대일 2유형의 그림자

일대일 2유형은 유혹하기 위해 거짓 관대함을 사용한다. 사람들을 끌어들이기 위해 환심을 사는 말을 하지만 했던 말을 잘 지키지는 못하고 있음을 알아차리자. '특별한 사람' 즉, 완벽한 파트너 또는 연인이 되는 것에 자부심을 느끼며, 성을 정복의 수단으로 사용할 수도 있다. 심지어 자신을 매력적으로 드러내면서 관계를 조작하고 상대방에게 자신이 원하는 모든 것을 달라고 요구하는 뱀파이어 같은 기질을 드러낼 수 있다. 유혹이 실패로 돌아가거나 자신의 요구가 충족되지 않으면 공격적으로 반응하는 경향이 있으며 외부적으로 지지해주는 파트너가 없으면 불안을 드러낼 수도 있다. 다른 사람과 연합할 때 자의식을 잃어버리기에 이별이 마치 죽음처럼 느껴질 수 있다.

> 언젠가 내가 스스로 돌보는 법을 마침내 알아내면,
> 다른 사람도 돌볼 것인지 생각할 것이다.
> -마릴린 맨슨

2유형의 역설

2유형의 역설은 '교만'이라는 격정과 '겸손'이라는 미덕 사이에서 양극을 통해 경험된다. 겸손은 그 이상도 그 이하도 아닌 자신의 존재 그대로의 모습으로 온전히 평화로운 상태이다. 이들은 긍정적으로 보이고 싶고 중요한 사람으로 여겨지고 싶은 욕구가 있음을 인식해야 한다. 2유형은 교만이 어떻게 작동하는지 인식함으로써 있는 그대로의 자기 모습을 알고 수용하게 되며 사람들이 원하는 부풀려진 이미지에 더는 자신을 맞추려고 애쓰지 않게 된다.

성장의 여정에서 교만을 더 의식하고 건강한 차원인 겸손에 접근하기 위해 취할 수 있는 행동은 다음과 같은 것들이 있다.

- ✓ 초인이 되고 싶은 욕구를 느낄 때 그것을 인식하자. 긴장을 풀고 그저 나 자신이 되게 하자. 인정받고 싶은 욕구를 내려놓고 인정해 주지 않아도 이름 없이 일하자.
- ✓ 교만함에서 시작된 행동이 나올 때 비판하는 마음 없이 이를 알아차리자. 그 순간에 내 안에서 올라오는 나의 진정하고 연약한 감정이 무엇인지 자문하고 그것을 표현하자. 그리고 실패를 겸손의 기회로 삼자.
- ✓ 가치 있고 사랑받는 것을 확인하기 위해서 사람들에게 중요하게 여겨지고 싶은 마음도 내 존재의 일부분이라는 사실에 연민을 갖자. 원하는 사랑을 늘 받을 수는 없다는 고통과 마땅히 사랑받아야 하는 사람으로 여겨지지 못하는 고통을 느끼도록 하자.

✓ 중요하게 여겨지고 싶은 충동에 대한 반응으로 실제보다 자신을 덜 중요하게 만드는 것에 대해 생각해 보자. 중요하게 여겨지고 싶을 때와 무언가 혹은 누군가가 중요하지 않다고 말할 때 어떻게 느껴지는지를 의식하자. 자신의 실제적인 중요도를 인정하는 법을 배우자.

✓ 과도하게 주거나 과도하게 공감할 때 소진되는 느낌을 존중하고, '아니요'라고 말했을 때 또는 사람들을 지지하는 것을 멈추고 나 자신에게 집중할 때 느껴지는 안도감을 기억하자.

✓ 자신의 구체적인 필요를 파악하여 그것이 평범하고 정상적인 인간의 욕구라는 것을 느끼고 받아들이자. 자신의 필요를 이야기하지 않는 것이 교만임을 알아차리고 하루에 몇 번씩이라도 도움을 요구하자.

교만은 영혼의 암이다.
그것은 사랑, 자족, 심지어 상식의 가능성조차 먹어 치운다.
- C.S. 루이스

에니어그램 도형에서 2유형과 화살로 연결된 두 유형은 4유형과 8유형이다. 자신의 필요와 감정에 접근하는 4유형의 능력을 계발함으로써 2유형은 급진적 성장을 경험하고 사람과 관계에 집중하는 것을 넘어설 수 있으며, 건설적으로 갈등하는 8유형의 역량을 통합할 수 있다. 이는 2유형이 사람들과 연결하려고 모습을 바꾸는 태도를 넘어서서 자신의 필요와 느낌을 인정할 수 있도록 도와준다.

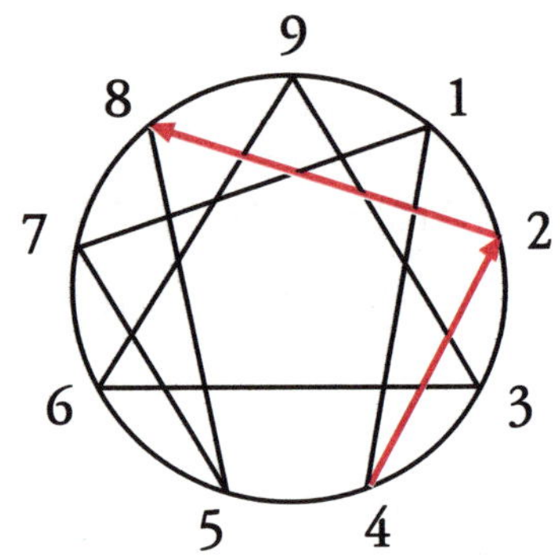

필요를 표현하고 진정한 감정을 받아들이는 4유형의 역량을 수용하자. 자기 내면에서 무슨 일이 일어나는지 더 주의를 기울이고 외부에 집중하여 사람들을 챙기는 것과 자기 내면의 감정, 욕구, 선호에 집중하는 것 사이의 균형을 맞추어 보자. 자신의 모든 감정을 느끼고 수용하며 편안해지는 법을 배우자. 자신의 감정을 사람들에게 전달하는 것에 편안함을 느끼고 자신감을 더 키우자. 진정으로 자신이 누구인지 알아가며 어떤 형태로든 진정한 자기표현을 하여 진실을 사람들에게 전하자. 더 솔직해지고 더 용감하게 진실한 것을 말하자.

도전에 직면하는 8유형의 성향을 통합하자. 4유형의 건강한 측면을 이용하여 작업하면서 내면의 영역과 자연스러운 민감함을 충분히 이해한 뒤에, 자신이 생각하는 것을 말하고 원하는 것을 요구하며 자신의 힘과 권위를 획득하는 능력을 기르자. 더 직접적이고 단호하며 정직하게 말하고, 인정받는 것에 관심을 줄이며 자신감을 기르고 더 무신경해지자. 힘과 강인함을 소유하고 진정한 권위를 가지며, 자신의 진짜 의견을 표명하고 필요 이상으로 사과하지 말자. 건강한 방식으로 분노를 표현하는 법을 배우고 관계를 튼튼하게 하는 건강한 갈등에 관여하자.

겸손이야말로 진실이며, 자존심은 한낱 거짓일 뿐이다.
- 성 빈센트 폴

건강한 차원 받아들이기

여정의 세 번째 단계에서, 2유형은 자기 모습에서 진정한 자신이 아닌 부분을 더 명확히 보기 시작하며 더 이상 상대가 원하는 모습으로 바꾸지 않는다. 호기심을 갖고 자신을 더 인식하고 맹점을 이해하며 고통에 직면할 때 자신의 가치를 확인하기 위해 사람들에게 기대지 않는 자유를 누릴 수 있다.

2유형을 위한 도전은 깨어나 자신을 알아감으로써 자신을 가치 있게 여기는 것이다. 이렇게 할 때 애써 사랑을 얻어내야 할 필요를 느끼지 않으며 사랑받고 있음을 외부에서 확인받으려고 사람들을 챙겨야 할 필요도 느끼지 않게 된다. 또한 자신을 몰아가는 교만과 타인의 필요를 알아차리고 통제하려는 욕구를 내려놓을 때 훨씬 더 나은 삶을 살 수 있음을 배우게 된다. 자신이 가치 있음을 아는 데서 오는 행복감과 평화 속에서 긴장을 풀 수 있게 된다. 있는 그대로의 자신을 알고 좋아하며 수용함으로써 겸손한 마음이 생기므로, 이제는 사람들을 기쁘게 하려고 자신을 소진할 필요가 없다는 것을 발견한다.

이런 건강한 상태는 사랑, 통합, 사람들 및 온 세상과의 연결을 경험할 수 있는 더 큰 능력을 계발하고자 노력을 할 때만 달성될 수 있다. 에고의 우월감이나 과도한 중요성에 대한 의미가 없어질 때 2유형은 건강한 상태를 경험한다. 이것은 2유형이 자신을 남들과 비교하기를 멈추고 꼭 필요한 사람이 되고 싶은 욕구를 내려놓으며, 관심을 얻으려는 노력을 멈추는 것을 의미한다.

이러한 건강한 상태에서, 2유형은 전에는 하지 못했던 일들을 할 수 있으며 성장을 위해 계속해서 노력할 수 있다.

- ✓ 돌려받기를 기대하지 않고 사람들을 돕자. 순수한 사랑의 마음으로 주는 행위에서 오는 기쁨을 정기적으로 경험하자.
- ✓ 사과하지 말고 있는 그대로의 자신이 되며, 가장 중요한 사람들이 인정해 줄까에 대해 걱정하지 말자.
- ✓ 자신의 필요, 감정, 욕구를 자유롭고 개방적으로 표현하자. 온 우주가 나를 돌보고 있다는 것을 믿자.
- ✓ 사람들에게 준 부정적인 영향이 인지되더라도 사과하거나 후회하지 말자. 사람들이 자기 스스로 더 잘 돌볼 수 있다는 것을 믿고, 그들이 정말로 도움이 필요하다고 하는지 살펴보자.
- ✓ 스스로 더 신뢰하고 자신의 가치를 의심하거나 뒤늦게 비판하지 말자.
- ✓ 과거의 고통과 아픔을 만나고 더 겸손하게 자기 마음과 만나자.
- ✓ 어떤 실수를 저질렀든지 그것을 받아들이고 사람들이 나를 어떻게 볼까에 대하여 관심을 내려놓자.
- ✓ 나 자신이 중요한 존재라는 경험을 환영하자. 모든 일에 개입하려 하지 말고 일어나야 할 일은 결국 일어난다는 것을 인정하자.
- ✓ 있는 그대로의 자신을 사랑하고 긍정적인 점을 찾자. 자신 안에 내재하는 선함을 인정하자.

교만은 우리를 가식적으로 만든다. 겸손은 우리를 진실되게 만든다.
- 토마스 머튼

2유형의 미덕

겸손은 2유형의 미덕으로 격정인 교만의 해결책이 된다. 교만과 사랑을 추구하는 데서 생겨난 습관적 패턴을 2유형이 인정하고 나면, 겸손은 이들이 앞으로 작업해 나아가야 할 분명한 목표를 보여준다. 교만이 부추기는 성향들에 맞서는 작업을 하고 겸손의 자질을 구현하려고 애씀으로써, 2유형은 깨어나 참 자아에 더 가까이 갈 수 있다.

겸손은 가치를 얻기 위해 더 이상 초인이 될 필요가 없다는 것을 의미한다. 이는 자신을 실제보다 더 중요하거나 덜 중요하게 만들지 않음을 의미한다. 또한 겸손은 자신이 어떤 사람인지, 또는 어떤 사람이 아닌지를 정확히 아는 현실적인 감각을 갖고 있음을 의미하며, 진정한 나 자신으로서 기쁨, 평화, 만족을 느끼고 있음을 뜻한다. 그것은 내가 단지 나라는 이유만으로 사랑할 수 있으며, 마찬가지로 사람들도 있는 그대로의 나를 사랑하게 둔다는 것을 의미한다.

2유형이 미덕으로 다가갈 때 다음을 경험하게 된다.

✓ 중요한 사람으로 여겨지지 않아도 괜찮다.

✓ 자신을 알고 자신을 사랑하며, 정확히 있는 그대로의 내 모습과 나의 실제적 중요도에 대하여 편안함을 느낀다.

✓ 사람들에게 베풀 때 관대하게 익명으로, 보상에 대한 기대 없이 한다. 내가 한 선한 일에 대하여 드러내거나 인정받을 필요를 느끼지 않는다.

✓ 모든 사람이 나를 좋아하지는 않는다는 것을 이해하며 그런 사실이 괜찮게 느껴진다. 심지어 환영하는 마음이 든다.

✓ 나의 필요, 감정, 한계에 대하여 나 자신과 사람들에게 온전히 정직하다.

✓ 도움을 요구하고 열린 태도로 도움을 받는다. 마음을 열어 사랑하고, 사람들이 나를 어떻게 보며 나에 대해 어떻게 느끼는가를 조종할 수 없음을 안다.

✓ 경계를 세워 '아니요'라고 말하며 나 자신을 보살핀다.

✓ 다른 사람이 나를 인정하든 인정하지 않든, 내가 나의 진정한 가치를 알기에 자신에 대해 좋은 느낌이 든다.

겸손의 문을 통과한 사람만이 영혼의 높이까지 올라갈 수 있다.
- 루돌프 스타이너

2유형이 참 자아를 받아들일 때의 핵심은 자신을 사랑하는 법을 배워나가는 것이다. 이것은 불가능하지는 않으나 성장 여정의 초기에는 어려워 보일 수 있다. 왜냐하면 그들의 에고는 그들이 사랑받기에 매력적이거나 유능하거나 완벽하지 않으며, '충분하지 않다', '더 많이 무언가를 해야 한다'고 말하기 때문이다. 그러나 자신의 성격 패턴과 그로 인한 고통에 직면할 때, 2유형은 있는 그대로의 자신에 대해 더 넓은 시야를 갖게 될 뿐 아니라 과거의 제한적인 정의를 넘어서서 더 건강한 차원의 자기 인식과 자기 존중을 이루어 낸다.

2유형이 사람들에게 의존하여 상대가 자신의 가치를 결정하는 것이 소용없음과 그런 방식으로 진정한 사랑의 경험을 결코 얻을 수 없음을 깨달을 때, 이들은 자신을 사랑하는 일에 전적으로 목적과 주의를 두기 시작할 수 있다. 사람들을 위한 사랑을 느낄 수 있거나 다른 사람이 주는 사랑을 온전하게 느낄 수 있는 순간은 오직 자신을 사랑할 때만 가능하다. 잠자는 상태일 때 2유형은 가짜 사랑을 주고받는다. 2유형은 깨어나야만 자신과 타인을 위한 진정한 사랑을 할 수 있게 된다. 이를 이해할 때 2유형은 있는 그대로의 자신이 될 수 있고, 있는 그대로의 자신을 사랑할 수 있다. 또한 관대하고 겸손하며 따뜻하고 자립심이 강하며 돌려 말하지 않는 사람이 된다.

교만의 까다로운 특성과 상처, 고통, 슬픔, 수치를 보는 것은 자연스럽게 저항을 불러일으키므로 2유형이 성장하는 길은 도전일 것이다. 어떤 면에서는 자만심이 좋은 것이기 때문이다. 그러나 이런 교만은 자신에 대해 타인이 느끼는 바를 통제하려는 뿌리 깊은 욕구에 자신도 모르게 집착하게 만든다. 이를 통해 2유형은 세상이나 자신의 마음에서 자신을 '긍정적'으로 계속 바라보며 동시에 이 욕구가 가져오는 문제점의 많은 부분을 감추게 된다. 이들이 연민을 갖고 용기 있게 자신의 그림자에 직면하고, 느껴야 할 필요가 있는 불편한 감정들을 받아들여 성격 좋은 사람이라는 집착을 떨쳐 버리고 나올 때, 이들은 진정한 자유를 얻게 된다.

이 여정을 시작하기 전에도 이들은 종종 더 자유로워지고 싶다는 깊은 갈망을 느낀다. 사람들을 기쁘게 하고 지지하는 2유형의 주요 생존전략은 인정을 얻기 위해 자유를 내어놓도록 충동질하기에 이런 갈망도 생길 수 있다. 그러나 2유형이 외부세계의 인정을 받고 싶은 욕구에서 벗어나 자신을 자유롭게 놓아두기 시작할 때, 자신 안에 내재하는 선함과 사랑스러움을 알게 되고 자신의 진짜 모습에 기반한 더 진정성 있는 감각에 깨어 있게 된다.

기만에서 진실로 가는 여정

> 뛰어난 거짓말쟁이는 자기 자신을 속이는 데 탁월한 전문가이다.
> 약간의 하얀 거짓말은 괜찮다고 하는 사람들은 곧 색맹이 될 것이다.
> - 오스틴 오말리

옛날에 3이라는 사람이 살았다. 그녀는 천성적으로 감성이 풍부한 아이로 태어났으며 항상 자신의 따뜻하고 정서적인 본성에 온전히 진실하였다. 누구라도 그녀의 순수하고 진정성 있는 마음을 알 수 있었다.

그러나 어린 시절에 3은 자신이 존재로서가 아니라 자기가 해낸 일로서 칭찬받는다고 느꼈다. 주위 사람들은 그녀가 성공적으로 과제를 끝냈거나 체조에서 묘기를 보였거나 게임에서 이겼을 때 정말로 즐거워하고 좋아했다. 하지만 그녀가 슬프거나 낙담했을 때 솔직하게 그 감정을 이야기하면 아무도 그녀에게 관심을 주지 않았다. 그녀가 마음으로 표현한 것을 아무도 신경 쓰지 않고 알아보지 못할 때 외롭고 무서웠다. 사람들은 3이 무언가 성취했을 때는 그녀를 좋아하는 것 같았지만 그녀가 그저 자기 자신으로 존재할 때는 마치 없는 사람처럼 여겼다.

3은 더 이상 외롭거나 두려워하지 않을 확실한 방법을 찾았다. 자신에게는 사람들이 가치가 있다고 여기는 것을 감지하고, 마법처럼 정확히 그것으로 변신하는 능력이 있다는 것을 발견했다. 그녀는 자유자재로 변신할 수 있게 되었고, 다양한 그룹의 사람들 사이에서 그들이 성공했다고 여기는 완벽한 본보기가 될 수 있었다. 마치 카멜레온처럼 자신이 누구와 함께 있고 어떤 상황에 있는지에 따라 모습을 바꿀 수 있었다. 이런 능력은 그녀가 사람들의 주의를 끌 수 있도록 해주었고, 그것은 정말 기분 좋은 일이었다. 그리고 그 능력은 사람들에게 무시당하지 않도록 해주었으며, 무시당하는 것은 기분 나쁜 일이었다.

나이가 들면서 3은 성공한 사람들, 즉 스스로 세운 목표가 무엇이든지 성취해 내는 사람들이 존경받는다는 것을 알게 되었다. 그녀가 많은 돈을 벌거나 경기에서 이기거나 남들보다 더 매력적으로 보일 때, 사람들은 그녀에게 관심을 가졌다. 그래서 3은 자유자재로 변신하는 능력이 인생에 많은 보상을 가져다준다는 것을 알게 되었다. 특히 사람들이 중요하게 여기는 것에 대해 그럴듯한 이미지를 만들려고 노력했고 3은 성공함으로써 사람들의 긍정적인 주의를 끌 수 있었다.

사실 3은 성공에 너무나 목이 말라서 일을 멈출 수가 없었고 성공하기 위해서 자기 모습을 바꾸는 것도 그만둘 수 없었다. 그리고 만약 멈춘다면 그녀에게 필요한 관심과 칭찬을 얻지 못할까 봐서 두렵기도 했다. 시간이 갈수록 자신이 만든 다양한 성공의 이미지 이면에 있는 진정한 자신이 누구인가를 잊어버렸으며 결국 자신의 진정한 감정을 느낄 수도, 자신의 진정한 모습을 인식할 수도 없게 되었다. 자신을 가치 있다고 느끼게 하는 성공의 이미지를 유지하기 위해 계속 움직이고 열심히 일해야만 했다. 그것은 엄청난 양의 일이었지만, 3은 많은 일을 하는 데 능숙했다.

생존전략으로 3은 자신이 누구인지 궁금해할 시간조차 없었다. 가끔은 진정성 있는 사람이 되고 주위 사람들과 진실한 소통을 원했지만, 에너지를 사용하지 않았다. 모두가 그녀를 존경하게 만들기 위해서는 계속 일할 수밖에 없었다. 이것을 멈추면 무슨 일이 일어날지 상상할 수가 없었다. 불행하게도 3의 생존전략은 돈, 명예, 박수갈채, 관심 등 포기할 수 없는 너무나 많은 보상을 가져다주었다.

어느 날 아침, 3은 침대에서 일어날 수가 없었다. 스트레스와 우울감에 짓눌려 2주 동안 침대에 누워 있었다. 놀랍게도 그때 비로소 이미지를 유지하느라 그렇게 열심히 일하다가 완전히 녹초가 되었다는 사실을 깨달았다. 마음 깊은 곳에서 너무나 슬프고 외로웠다는 것을 마침내 인정하게 되었다. 그러나 회복되었을 때, 슬픔과 외로움을 모두 잊어버리고 해야 하는 일과 감동을 주어야 할 사람들에 대해 생각했다. 다른 감정들은 잊어버리고 일할 수 있게 되었다는 안도감만을 느끼며 3은 다시 바쁜 일정으로 지내게 되었다.

이렇게 3은 잠들어 버렸다. 매우 성공적이고 매력적이며 인상적이었지만, 그저 잠든 상태일 뿐이었다.

다음 문장 중 대부분 혹은 전부에 공감한다면 3유형일 수 있다.

✓ 상황을 파악하는 능력이 뛰어나다. 주위 사람들에게 자동으로 주파수를 맞추어 그들이 중요하게 여기는 것을 파악하고, 이에 기반해 좋은 인상을 주기 위해 자신을 맞춘다.

✓ 목표를 세우고 어떻게 해서든지 그것을 이루기를 좋아한다. 원하는 결과를 분명하게 정하면 그 목표에 도달하는 지름길을 쉽게 찾아낸다.

✓ 유능하고 성공적인 사람으로 보이기를 원한다. 무슨 일이 있더라도 열심히 일하여 결과를 내놓기에 자신의 사회적 페르소나에 대해 자신감이 있다.

✓ 삶의 다양한 상황에서 돋보이고 성공하기 위해서 무엇을 해야 하는지 자연스럽게 안다.

✓ 과제를 쉽게 끝내고 생산적으로 움직여 일을 완수하는 것을 즐긴다. 속도를 늦추거나 멈추는 것이 어려울 수 있다.

✓ 의식적으로 애쓰지 않아도 외적인 모습을 효과적으로 바꾸어 각 상황에서 적절한 이미지를 보여 줄 수 있다.

✓ 무슨 수를 써서라도 실패는 피한다. 실패할 것 같으면 아예 시도조차 하지 않는다.

✓ 관계에 가치를 두고 있지만 어떤 임무를 맡든지 일을 완료하는 것에 자연스럽게 집중하기에 때로는 일을 위해 관계가 뒤로 밀린다.

✓ 내면은 매우 정서적일 수 있지만 일을 처리하기 위해서 무의식적으로 감정 표현을 피한다.

3유형은 다음과 같은 세 단계의 경로를 따라 성장할 수 있다.

먼저, 유능하고 존경받을만하며 성공적인 사람으로 보여야겠다고 느낄 때마다 스스로 모습을 바꾸는 것을 인식함으로써 자신에 대해 알아가는 성장의 여정을 시작할 수 있다.

다음은, 성공한 모습으로 보이기 위해 다양한 이미지와 역할을 취하느라 참 자아를 잃어버렸다는 것을 깨닫기 위해 자신의 그림자를 직면해야 한다. 그래야만 계속해서 성공하고 성공한 사람처럼 보이는 것에 초점을 맞추고 있는 에고의 패턴을 탐구할 수 있다.

마지막 단계에서, 자신의 감정을 인정하고 자신이 누구인지 알아감으로써 진정한 정체성을 갖고 살아가며 사람들과 진정한 연결을 할 수 있게 된다.

모든 기만 중의 최악은 자신을 기만하는 것이다.
- 플라톤

여정을 시작하기

3유형이 깨어나기 위한 첫 단계는, 자신이 상대에게 맞추고 있는 것과 사람들에게 잘 보일 방법을 알기 위해 그들을 읽으려고 하는 것을 관찰하는 것이다. 사람들의 감탄을 자아내기 위해서 얼마나 빨리 모습을 바꾸는지를 알아차리게 되면, 자신이 업무를 완수하고 유능하게 보이는 데 얼마나 많은 관심을 기울이는지와 내면의 감정과 더 깊은 욕구는 얼마나 등한시하는지를 인지하기 시작한다. 사람들의 인정을 받기 위해 자신이 하는 모든 것을 인식함으로써, 3유형은 자신을 성찰하는 능력을 키우며 마음을 열어 회복의 과정에 참여할 수 있다.

3유형의 핵심 패턴

3유형은 이유 불문하고 열심히 일해 목표를 달성하며 성공적으로 보이고자 한다. 일에 중독될 수 있고 일벌레 경향이 있으며, 열심히 일했을 때 얻을 수 있는 부, 지위, 명성과 같은 보상을 포기하는 것이 어렵기에 속도를 늦추거나 멈추는 것이 힘들 수 있다. 성공에 가치를 두는 문화가 3유형의 습관적 패턴을 강화함으로 '잠자는 상태'를 깨닫는 것이 어려울 수 있다. 따라서 3유형은 스스로 성취에 얼마나 갇혀있는지를 보려는 진정한 노력을 해야만 한다.

3유형은 다음의 다섯 가지 습관적인 패턴을 더 관찰하고 의식함으로써 성장의 여정에 오를 수 있다.

사람들에게 좋은 인상을 주기 위해 자동으로 모습을 바꿈

다양한 사람과 상황에 적응하기 위해 끊임없이 자연스럽게 모습을 바꾸는 자신을 관찰하자. 청중이 무엇에 가치를 두는지 알기 위해 분위기를 읽은 다음, 그들이 가치를 두는 이상적인 이미지에 자신을 '동일시'하여 그 속성들을 흡수하고 있는지 살펴보자. 사람들이 감탄할 만한 이미지에 맞추어 자신의 페르소나를 바꾸는 미묘한 방식을 의식할 수 있는지, 또한 이 페르소나를 참 자아와 혼동하는지 살펴보자. 이러한 경향에 비추어 내가 정말로 누구인지를 자문하자.

성공적으로 보이고 싶은 욕구

자신이 일할 때 성공을 지표로 삼는지 살펴보자. 주변 사람들이 '성공'으로 정의하는 것에 얼마나 부합하는지 평가해서 무엇을 하고 어떻게 할 것인가를 결정하는지 알아차리자. 자신이 하는 모든 일에서 성공할 수 있는 능력을 중심으로 자신의 정체성을 확립하며, 그 성공에 비추어 자신을 재정의하는지 관찰하자. 성공에 관한 3유형의 생각은 사회적 환경이나 직업 환경을 기반으로 하며, 사람들이 세운 기준에 부합하는 목표를 세운다. 아마도 물질적 소유, 지위, 학력, 사회적 위치에 관련 없이 열심히 일해서 임무를 마치며 목표를 달성해 내는 경향이 있을 것이다. 신속하고 효율적으로 결과물을 만들어 내기 위해 빠른 속도를 선호한다.

감정보다 일을 우선순위에 둠

일을 완수하는 것에 주된 초점을 두고 있음을 살펴보자. 속도를 늦추거나 멈추는 것이 어려울 것이며, 남는 시간이나 여유를 그냥 내버려 둘 수가 없을 것이다. 자신을 잘 관찰하면, 천천히 한다거나 그냥 가만히 있거나 감정을 느끼는 것은 생각만으로도 어렵다는 것을 알아차리게 된다. 한동안이라도 모든 활동을 멈추면 무섭고 낯선 느낌이 들 것이다. 자신의 감정을 인정하는 것이 어려울 수 있고 감정을 부인하거나 피하는 경향도 있다. 자신이 하는 일과 자신을 동일시하는 경향이 있으며, 일을 덜 했다는 생각이 들면 두려울 수도 있다.

감정을 차단함

감정을 느낄 수는 있으나 무의식적으로 그 감정이 생산성을 떨어뜨릴 것을 우려한다. 자신이 해낸 일들로 인해 사랑받고 있다고 여기기에 자신이 누구이며 어떻게 느끼는가와 같이 존재 그 자체로 사랑받을 수 있음을 신뢰하기가 어려울 수 있다. 따라서 원래 정서적인 사람인데도 무의식적으로 감정을 부인하거나 억누르려고 한다. 특히 감정 표현이 적절하지 않은 상황이라면 감정을 피하려 할 것이다. 이렇게 감정을 단절하거나 피해버리면 진실한 자신과의 연결도 끊어진다.

실패를 피함

3유형은 실패했음을 인정했던 적이 없기에 실패를 어떻게 설명해야 하는지 모를 수도 있다. 실패를 경험했더라도 그것을 그저 성공으로 가는 여정에 있는 중요한 배움의 기회였다고 생각할 가능성이 있다. 실패를 피하려고 하는 것은 자신이 실패자로 규정될까 두려워서이다. 무언가 성취해 내고 싶은 욕구가 실패에 대한 두려움을 유발하는 경향이 있으며, 일을 멈추고 평화를 경험하고 자신을 더 느끼는 것은 실패처럼 보여서 힘들 수 있다. 그래서 사람들과 관계를 형성할 수 있는 여지도 안 만든다.

> 깨어나는 것은 내가 누구인지를 바꾸는 것이 아니라,
> 내가 아닌 것을 놓아주는 것이다.
> - 디팩 초프라

3유형의 정서적 격정

기만은 3유형을 움직이게 만드는 격정이며 정서적 핵심 동기이다. 이는 다른 사람이 인정하고 존경할만한 방식으로 자신을 드러내기 위해 무의식적으로 모습을 바꾸는 경향을 말한다. 이들은 이상적인 이미지 또는 페르소나를 만들고 유지하며, 자신이 바로 그러한 사람이라고 여긴다. 이런 기만은 때때로 거짓말하는 것으로 오해되기도 한다. 그러나 대부분의 3유형은 의도적으로 사람들을 속이는 것은 아니다. 그들은 정말로 자신이 누구인지를 모른 채, 자기가 아닌 그 무언가로 자신을 표현하는 것이다. 심지어 어릴 때도 이들은 가족들이 원하는 모습을 감지하는데, 이는 의식적인 과정이 아니라 무의식적으로 그 기대에 부응하려고 시도하는 생존전략이다.

이 기만은 가치 있게 여겨지고 존경받기 위해서는 그 어떤 모습이라도 되고 싶은 3유형의 욕구를 일생토록 부채질한다. 결국 이들은 되어야 한다고 생각하는 모습이 바로 자신이라고 믿게 된다. 이 과정은 대체로 자동적이고 무의식적으로 일어난다. 이런 변신의 기술은 별 생각하지 않고도 상황에 맞게 자기 모습을 바꾼다는 것을 의미한다. 자기가 하는 일이 바로 자기 자신이라고 믿게 된다는 점에서, 또한 남들에게 좋은 인상을 주기 위해서 3유형이 취하는 이미지가 바로 자신이라고 믿는다는 점에서 그들은 자신에게도 거짓말을 한다. 결국 이들은 이 모든 변신술과 그것을 떠받치는 행동들 아래에 있는 진정한 자신을 보지 못하게 된다.

3유형이 깨어나기 위해서는 기만이 드러나는 다음과 같은 징후를 관찰하고 주의를 기울여야 한다.

- ✓ 극도로 성공하고자 하며 심지어 하고 싶지 않은 일을 하면서도 성공하기를 원한다.
- ✓ 자신이 만들어 내고 싶은 이미지와 맞지 않는 자신의 본 모습인 감정, 생각, 의견을 감춘다.
- ✓ 다양한 사회적 환경 속에서 다른 사람에게 가치가 있는 이상을 충족하기 위해 모습을 바꾼다.
- ✓ 눈에 보이는 현실을 사회적 합의에 근거한 이상으로 보고 이에 맞추어 페르소나를 만들어내며 이것으로 인해 자신을 다른 유형으로 착각하기도 한다.
- ✓ 단순히 존재하기보다는 행동하고 성취하는 일에 모든 에너지를 집중시킨다.
- ✓ 어떤 목표든 이루어 내며 어떤 임무든 완수할 수 있다고 믿는 높은 수준의 자신감을 드러낸다.
- ✓ 잘 포장하여 말하는 법을 알기에 어떤 물건이든 전략적으로 팔 수 있다.
- ✓ 다른 사람들의 감탄을 얻어내기 위해서 아무리 어렵고 지치는 일이라도 해낼 수 있고 어떤 이미지라도 만들어 낼 수 있다고 생각한다.
- ✓ 감정을 의식하지 않으려고 차단하며, 특정 이미지를 만들어 내거나 성취에 필요한 일들을 처리하는 데 감정이 방해될 수 있음을 우려한다.

자기기만보다 더 쉬운 것은 없다.
자신이 바라는 바가 곧 사실이라고 믿는다.
- 데모스테네스

날개를 이용한 성장 경로

3유형은 옆에 있는 날개 2유형과 4유형을 통합함으로써 성장할 수 있다. 2유형의 특성을 통합하여 사람들에게 더 깊이 연결됨으로써 임무와 목표에만 초점을 두는 성향을 넘어설 수 있으며, 4유형의 건강한 특성을 통합하여 자신의 감정과 의도적으로 더 많이 접촉할 수 있다.

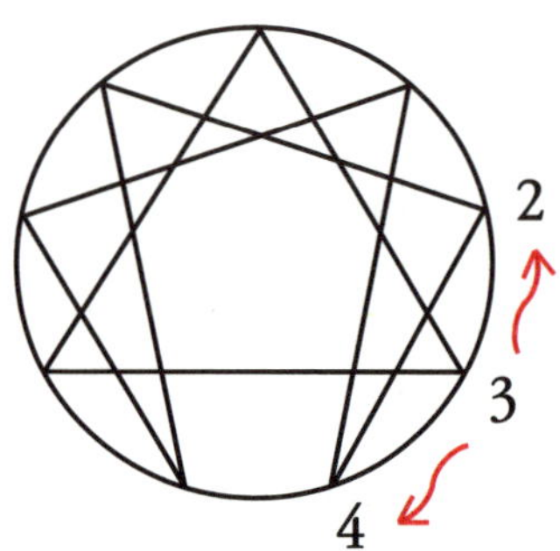

다른 사람들과 친밀한 관계를 잘 형성하는 2유형의 특성을 통합해 중요한 사람들과 소중한 시간을 보내는 일에 더 주의를 기울이면서 과업에만 우선순위를 두지 않도록 균형을 잡을 수 있다. 일할 때 생산성과 효율성에 초점을 맞추기보다는 사람들과 협력하고 그들의 말에 귀를 기울이는 데 초점을 두자. 가정에서는 가족들을, 직장에서는 공동의 목표와 공동 프로젝트에 팀원들을 강력하게 독려하자. 다른 사람들이 느끼는 것을 공감하려는 노력으로 우선 자신의 감정과 더 깊이 접촉하려고 마음을 다하자. 다른 사람의 목표를 자기 목표보다 더 우선순위에 두며 사람들이 감정을 공유할 때 조급해하지 말자. 감정과 관계에 가치를 부여하는 일에 더 비중을 두자.

4유형의 특성을 통합하여 의도적으로 자신의 감정과 더 깊이 연결되고자 노력하며, 시간과 장소를 할애하여 자신의 감정과 접촉하자. 고통을 포함한 모든 감정을 느끼는 일이 가치 있다는 것을 알아차리자. 감정은 자신이 누구인지, 무엇이 중요한 것인지 알려주는 타당한 지표이며 신뢰할 만한 것이다. 이런 감정과 접촉하면서 창의적인 활동을 통해서든 사람들과 열린 마음으로 대화를 해서든 자신의 마음을 더 많이 표현하자. 일의 속도를 늦추는 연습을 하고 규칙적으로 자신의 감정과 욕구에 다가가며, 사람들에게 찬사를 받고 싶은 마음과 자신에게 정말 중요한 것이 무엇인지 파악하려는 마음 사이에서 균형을 잡자. 힘들지라도 진실을 말하며 진정성과 의미와 삶의 목적을 의식하며 살자.

> 기만은 당장 필요한 것을 채워 줄 수는 있지만
> 기어이 그것을 다시 가져가 버릴 것이다.
> - 레이첼 호돈

3유형의 그림자 마주하기

　3유형 성장 경로의 두 번째 여정은, 자신의 감정과 참 자아의 진정한 면모를 돌보지 않고 거짓 페르소나에 초점을 맞춘 삶을 살아가는 이유와 방식을 이해하고 인정하는 것이다. 이는 자신의 진짜 감정과 만나고 더 진정성 있는 삶으로 가는 문을 열게 해준다.

　3유형은 사람들의 존경과 인정을 무의식적으로 끊임없이 추구하기에 자기 인식이 부족한 상태가 된다. 이로 인하여 효율적이고 칭찬할만하며 성공하는 사람들이지만 피상적이고 진정성이 없으며 자신의 참된 성격에 대하여 혼란스러워한다. 자신의 가치를 성취와 동일시함으로써 이들은 자신의 깊이를 부정하는 함정에 빠지는 것이다. 함정에 빠지면, 자신이 누구이며 어떻게 느끼는가에 대한 감각을 잃어버린 채 오로지 밖으로 보이는 가면에 따라 행동하거나 반응한다. 자기 자신에게 거짓말을 하거나 무의식적으로 거짓된 이미지를 보여줄 때 이들은 빈껍데기가 될 수 있으며, 결국 자신의 진짜 감정을 표현할 수 없고 관계에서 진실한 연결이 불가능하게 된다.

3유형의 그림자 직면하기

　다음은 이러한 3유형의 무의식적인 핵심 패턴과 맹점, 고통의 지점들을 표면 위로 가져와 더 잘 인식하고 대응하기 위해 할 수 있는 방법이다.

✓ 일하는 수위와 속도를 늦추자. 속도를 늦추거나 멈출 때 내면에서 무엇을 느끼는지 살펴보자.

✓ 목표나 임무와 관계없이 긴장을 풀어주는 활동을 하자. 한가한 시간을 가지면서 두려움이나 불안이 올라오는지 살펴보자.

✓ 나의 감정을 환영하자. 내가 실제로 얼마나 정서적인 사람인지 인정하고 감정을 긍정적인 경험으로 재구성하자.

✓ 나를 기만하는 방식을 모두 꺼내어 살펴보고 환상 뒤에 숨겨진 이유를 조사하자.

✓ 나의 이미지를 깨보자. 의식적으로 내가 좋아하는 것을 말하고 행동하며, 그것이 어쩌면 나의 이미지를 망가뜨릴 수도 있겠으나 더 보태지 말자. 그래도 여전히 나를 좋아하는 사람이 누구인지 관찰하자.

✓ 실패할 가능성이 있는 활동에 참여하자. 실패할 때 내면에서 일어나는 일을 관찰하고 실패를 긍정적인 학습 경험으로 재구성하는 경향을 관찰하자.

✓ '진정한 나'의 진가를 아는 사람들과 가깝게 지내자. 나의 거짓 자아를 지지하고 그 거짓말을 영원히 지속시키는 이미지를 계속 유지하게 만드는 사람들과는 거리를 두자.

✓ 나의 진짜 생각과 감정을 가장 가까운 사람들과 더 많이 공유하자.

✓ 실제 나를 돌아보게 하는 좋은 거울 같은 사람들을 찾자. 나를 잘 알고 있는 세 사람에게 나의 어떤 면이 가장 좋은지 물어보라. 그들의 대답이 당신인가, 아니면 당신의 이미지인가?

> 어디에 서 있든지 우리는 그림자를 드리울 수밖에 없다.
> - E.M 포스터

3유형은 모든 상황이 잘 되고 있다고 생각하기에 자신의 맹점을 보고 싶지 않을 것이다. 특히 서구 사회에서 이들은 최선을 다함으로 결과를 만들어 내고 멋져 보이는 것을 통해 보상받는다. 그러나 더 깊은 수준에서 이들은 자신에 대해 잘 모르고 있을 수 있다. 그리고 이런 이유로 삶에서 완전히 만족스럽다고 느끼기 어렵다. 자기 내면을 들여다보는 것은 이들에게 위협적이고 무서운 일이다. 3유형의 생존전략은 끊임없이 계속 일하게 하며 자신이 얼마나 유능해 보이는가에 초점을 맞추게 한다. 일을 잘 해낼 수 있는 능력에 안정감을 느끼며, 많은 일을 하기 위해 내면에 숨겨진 것들을 살펴보아도 얻게 될 것은 아무것도 없다고 여긴다. 그러나, 3유형이 내면 보기를 거부한다면 이는 자기 스스로 성장을 막는 것이다.

3유형이 진정한 자신이 누구인지 탐구해 볼 용기가 있다면 훨씬 더 깊고 풍성한 삶을 경험할 수 있다. 가면 뒤의 숨은 모습을 탐색하느라 생긴 혼란스러운 경험을 견뎌낼 수 있다면, 진정한 자신으로 살아가는 법을 배워 점진적으로 충만하고 자유로우며 안도감을 느낄 것이다.

일을 너무 많이 하는 것

너무나도 강도 높은 활동을 계속 유지하는 것의 부정적인 측면을 인식하지 못하고 일에만 모든 초점을 두고 있는가? 항상 바쁜 상태인 것에 대해 정당성을 찾고 있는가?

다음은 이러한 맹점을 통합하기 위한 몇 가지 방법들이다.

- ✓ 나의 신체적, 정신적 건강에 대하여 객관적으로 평가해 보자. 지난 몇 년간 아팠거나 다쳤던 적은 없는가? 정말로 나 자신을 돌보고 있는가? 과로와 관련된 진짜 위험들에 대해 스스로 인식하자.
- ✓ 현재 나의 일과 삶의 균형을 평가해 보고, 자신의 평가에 대해 피드백을 받아 보자. 조금이라도 불균형이 있다면 그것의 의미와 그 결과를 솔직히 받아들이자.
- ✓ 일 중독은 물질에 대한 중독만큼이나 파괴적이라는 사실을 인식하자. 일 중독 경향은 해결될 수 없는 트라우마가 있다는 신호일 수도 있다. 업무량을 줄이는 방법을 찾자.
- ✓ 코치나 가까운 친구와 작업하여 내면의 영역을 탐구하고, 멋지지 않은 측면에 관한 '비밀스럽고도 솔직한' 대화를 나누자.
- ✓ 열심히 일하느라 인생에서 놓치고 있는 것이 무엇인지 생각해 보라. 과중한 일 때문에 사람들과 문제가 생기지는 않았는가? 자녀, 배우자나 친구들과 결코 다시 얻을 수 없는 소중한 시간을 놓치고 있지는 않은가?
- ✓ 일의 속도를 늦추고 쉬는 시간을 챙기며 가만히 앉아 아무것도 하지 말아 보자. 조용히 마음을 돌아보며 호흡하자.

감정을 피하는 것

3유형은 일할 때 속도를 늦출 수가 없어서 조금만 여유가 있으면 느낄 수 있는 감정을 경험하지 못하게 된다. 감정을 느낄 수 있는 여유를 거부함으로써 감정을 인정하지 못하게 막고 있는가? 자신의 감정을 이해하고 존중하기보다는 억제하거나 과하게 표현해 버리는가?

여기 이런 맹점을 통합할 수 있는 몇 가지 전략이 있다.

- ✓ '내가 성취하는 것이 곧 나다'라는 믿음에 제동을 걸어주는 것들을 더 많이 의식하자.
- ✓ 감정에 다가갈 때 느껴지는 혼란스럽고 두려운 느낌을 인정하자. 감정을 이해하는 작업을 하면서 자신에게 연민을 가지자. 다른 사람에게 지지를 요청하자.
- ✓ '감정은 생산성을 떨어뜨리며 발목을 잡는다'와 같이 감정을 평가절하하게 만드는 신념을 능동적으로 의식하자.
- ✓ 감정을 더 많이 의식하도록 연습하자. 매일 느끼는 것들에 대해 일기를 쓰자. 감정을 불러일으키는 음악을 듣고 영화를 보자.
- ✓ 사람들이 감정을 나누려 할 때 그 이야기를 들을 시간을 할애하자. 초조해하거나 불편해지지 않는지 살펴보자.
- ✓ 사람들이 감정에 관해 이야기할 때 또는 나 자신의 감정이 느껴질 때, 그 순간에 존재하며 열린 마음을 취하는 연습을 하자.

> 인간의 얼굴은 결국 가면으로, 그 이상도 이하도 아니다.
> - 아가사 크리스티

실패의 가치를 부인하는 것

내가 성취한 일들을 내 존재 가치의 척도로 삼아 너무 무게를 두고 있지는 않은가? 그것들이 나에게 근본적으로 중요한가? 그것들이 얼마나 피상적이며 공허할 수 있는지에 대해 외면하려는 경향이 있지는 않은가? 끊임없이 성공을 갈망하며 무슨 수를 써서라도 실패를 피하려고만 하는가? 성공할 수 없으리라 생각해서 긍정적인 경험이 될 수 있는 일들에 관여하지 않음으로써 가능성과 기회에 대해 눈을 감고 있지 않은가?

이러한 맹점을 통합하기 위해 아래의 전략을 시도해 보자.

- ✓ 스스로 성공을 어떻게 정의하고 있는지 깊이 탐구해 보자. 나의 성공은 사람들의 생각에 근거한 것인가, 아니면 나에게 의미가 있는 성공인가?
- ✓ 어떤 일에 성공했을 때, 다음 단계로 나아가기 전에 잠깐이라도 멈춰서 축하하는 시간을 가지는가?
- ✓ 다음부터는 '승리'를 이루어 냈을 때 잠시 쉬면서 그 상황을 누리자. 만약 다음 목표를 향해 곧장 달려가고 싶다면 그 이유를 자신에게 물어보고 이 모든 갈망에 대해 어떤 느낌이 드는지 생각해 보자.
- ✓ 최근의 성공이 나에게 진정 얼마나 의미가 있었는지 스스로 물어보자. 정말로 내가 원하는 일들이었는가?
- ✓ 내 인생에서 실패의 경험을 피하려고 해 왔던 일들을 알아차리고 나열해 보자. 왜 그렇게 열심히 일하여 실패를 막으려 하였는가?
- ✓ 실패가 사실은 좋을 수도 있다는 방식으로 생각해 보자. 실패의 긍정적인 측면을 열거해 보자.

3유형의 고통

3유형은 긍정적이고 자신감 있는 사람들로, 고통이나 그 어떤 감정이든 감정을 느끼는 것에 습관적으로 저항한다. 3유형은 때때로 '감정을 드러내지 않는' 사람으로 정형화되어 있기도 한데 이는 사실이 아니다. 사실 그들은 잠재적으로는 매우 정서적인 사람들이다. 그러나 이들이 행동하는 생존전략을 취할 때, 감정 느끼기에 저항하는 방어기제를 구축하게 된다.

성장의 여정으로 나아가기 위해서 3유형은 속도를 늦추고 과거와 현재의 감정과 고통을 느껴야 한다. 이들은 감정이 느껴질 만큼 충분히 여유를 가진다면 더 쉽게 감정에 접근할 수가 있다. 일단 자신이 어떻게 무의식적으로 감정 느끼기를 피하는가를 의식하게 되면, 이런 충동을 멈추고 자신의 감정을 환대할 수 있다. 이렇게 고통을 느끼기 시작한다면, 처음에는 어렵겠지만 감정을 알아차리는 방법을 개발하는 것이 곧 진정한 자신을 더욱 온전히 인식할 수 있도록 이끌어준다는 사실을 발견하게 된다.

3유형은 고통을 포함한 자신의 감정을 만나는 것이 처음에는 어려울 수 있다. 아마도 감정을 느끼는 것이 일할 때나 목표를 달성할 때나 좋은 이미지를 유지하는 데 방해가 될까 두려워하고 있을 것이다. 그러나 자신의 감정을 온전히 느끼는 것은 자유를 향해 가는 특별한 여정에 중요한 한 걸음이 된다. 3유형은 잠들어 있는 상태에서 벗어나 이러한 구체적이고 특별한 고통을 견디는 법을 배워 참 자아를 더 온전히 깨달을 수 있도록 작업해야만 한다.

✓ 상황에 따라 이미지를 바꾸고 외부 세계에 맞추어 만들어 낸 페르소나를 자신이라고 생각하는 경향에서 혼란이 비롯된다. 이 혼란으로 인하여 참 자아를 인지하지 못할 수 있다. 처음으로 감정과 만날 때는 내가 누구인지 알 수 없어 방향을 잃은 듯한 느낌이 들 수 있다. 감정을 경험하는 것에 대하여 혼란스러울 것이며, 계속 그래왔던 것처럼 감정을 피하고 싶은 유혹을 받을 수도 있다.

✓ 알지 못하고 친숙하지 않은 감정에 대한 두려움이 있다. 자신의 거짓 자아로 인해 가지게 된 정체성과 통제감을 놓치게 될까 봐 두려울 수 있다. 감정을 표현하면 사람들 앞에서 자신의 이미지를 해치게 될까 두려울 수 있다.

✓ 사람들 앞에서 감정이 드러나면 당황한다. 세상에 보이기 위해 공들여 만든 정교한 페르소나에서 찾은 안전함을 잃어버릴까 두려울 수 있다.

✓ 그동안 애써 온 것에 대해 지칠 정도로 부단히 노력한다. 자신에게 새롭게 인지된 이 느낌이 그간 얼마나 열심히, 얼마나 많은 일을 해 왔는지 비로소 깨닫게 해줄 것이다.

✓ 자신이 가진 감정보다 더 많이 표현해야 할 것 같은 분위기에서 초조함을 느낀다. 사실 이런 반응은 당신의 참 자아가 아니라 거짓 자아로부터 오는 것일 수 있다.

✓ 나 자신보다 나의 이미지를 더 좋아할지도 모른다는 두려움에 슬퍼진다. 나의 거짓 자아가 진짜가 아니라는 사실을 모른 채로 너무 많은 시간을 보내버린 것에 대해 비통한 감정이 들 수 있다. 사람들이 진정한 당신을 모른다는 것, 나조차도 나를 모른다는 것이 슬플 것이다.

> 모두가 기만하는 시대에 진실을 말하는 것은 혁명적인 행위다.
> - 조지 오웰

자신의 하위유형을 파악하면 맹점, 무의식적 경향, 숨겨진 상처를 다룰 때 구체적으로 접근할 수 있다. 각 하위유형의 특징적인 패턴과 경향은 다음 세 가지 본능 중 어느 것이 우세하게 작용하느냐에 따라 달라진다.

자기보존 3유형

이들은 보기에 괜찮은 사람이 아니라 실제로 괜찮은 사람이 되기를 원한다. 어떤 역할을 하든지 사회적 합의로 인정받는 좋은 모델이 되고자 초점을 맞추며 27개 유형 중 가장 강한 일 중독이 될 수 있다. 물질적 안전에 대한 불안을 부채질하는 자기보존 본능과 함께 그들의 생존전략으로 인해 열심히 일한다. 이들은 좋은 이미지로 살고 싶어 하지만, 과도하게 자신을 드러내거나 자기가 이룬 것을 자랑하고 싶어 하지는 않는다. 자기보존 3유형은 보다 겸손하고 허영심이 적으며 사회적 3유형만큼 경쟁심이 강하지는 않다.

사회적 3유형

사회적 3유형은 다른 하위유형보다 무대에 서는 것을 더 좋아하며 인정과 박수갈채를 받는 것을 즐긴다. 이들은 흠 없는 이미지를 만들어 내는 데 가장 능숙하며, 무엇을 홍보하든 어떻게 포장하여 시장에 내놓는 것이 좋을지를 잘 안다. 사회적 3유형은 리더의 자리에서 편안함을 느끼며 직장에서나 사회에서 사다리를 오르는 데에 뛰어난 기술을 보인다. 가장 공격적이고 경쟁적인 하위유형으로, 이기고 싶어 하며 효과적으로 방법을 제시하고 수행함으로써 사람들에게 영향력을 행사하는 방법을 안다.

일대일 3유형

이들은 일대일 관계에 가장 집중하며 매력적인 모습이 되고자 한다. 매우 낭만적이고 동화와 같은 말로 상대방을 끌어당기고 있음을 알 수 있다. 카리스마와 매력을 어떻게 드러내는지 알지만, 외적으로 보여주는 것에만 초점을 맞춰 자신이 누구인지에 관한 내적 경험에서는 단절될 수 있다. 이들은 정서적이고 종종 내면 깊이 슬픔을 느낀다. 사람들을 지지하여 성공할 수 있도록 돕는 데에 엄청난 관심을 두며 수줍어하고 경쟁적이지 않은데, 이는 일대일 3유형이 다른 사람이 성공할 수 있도록 도와줄 때 그들도 성공하는 것이라 생각하기 때문이다.

사랑은 가면 없이는 살아갈 수 없다고 두려워하는 우리의 모습을 벗겨 버린다.
우리는 가면 안에서 살아갈 수 없음을 이미 알고 있다.
- 제임스 볼드윈

3유형의 하위유형별 그림자

하위유형의 특징적인 그림자를 안다면 그림자 작업을 효과적으로 할 수 있다. 다음은 각 하위유형의 그림자에 대한 설명이다. 하위유형별 행동은 매우 자동적이며 무의식으로 이루어지기에 이런 특성들을 파악하거나 수용하기가 매우 어렵다.

자기보존 3유형의 그림자

이들은 속도를 늦추는 일에 어려움을 겪거나 힘들 수 있다. 살아남아야 하고 괜찮은 사람이 되어야 한다는 불안은 이들의 에고가 일을 멈추면 안 된다고 말하기 때문이다. 과도하게 자율적이고 자급자족하는 경향이 있으며 사람들과 연결되거나 의지하는 것이 어려울 수 있다. 끝없이 좋아 보이기를 원할 뿐 아니라 일을 올바르게 처리하고 싶어 한다. 그러나 1유형과는 달리 외견상 올바른 것으로 결정한다. 더 깊은 감정을 느끼거나 취약함을 표현하는 것이 어렵다. 겸손할 수 있으며 좋아보이고 싶고 좋은 사람이 되고 싶으며 좋은 것을 행하고 싶다는 마음에 갇힐 수도 있다. 그러나 긴장을 풀 수가 없고 이 모든 일에서 성공했다는 느낌이 없을 수도 있다.

사회적 3유형의 그림자

이들은 상황에 적합한 멋진 이미지를 만드는 데 능숙하지만, 항상 결점이 없는 이미지를 가지려고 집착하는 경향이 있다. 만약 자신이 세상에 보여주는 이미지 이면을 본다면 취약함을 느낄지도 모른다. 심지어 진정한 자아를 인식하지 못할 수도 있다. 경쟁과 승리에 대한 강한 욕구로 가차 없이 행동할 수도 있고 정상에 오르기 위해 무엇이든 할 수도 있다. 이들은 긍정적인 이미지 뒤에 이러한 행동들을 숨기면서, 이기기 위해 거짓말을 하거나 사기를 치거나 훔치려고 할 수도 있다. 특히 자신이 불안하다고 느낄 때 실패를 어려워하고 그것을 피하려고 할 수 있는 모든 것을 하기도 한다. 대중들의 박수갈채를 받으면 가치가 있다고 느끼고, 표면적으로 성공한 이미지 뒤에 숨어서 진정한 내면의 안정감을 피한다.

일대일 3유형의 그림자

일대일 3유형은 사람들에게 많은 관심을 쏟는다. 외부세계에 매력적으로 보이고 싶은 욕구가 있다는 것은 종종 진정한 자신과 내면적으로 연결되지 못하고 있음을 의미한다. 진정한 자신과 접촉하지 못하고 있다는 깊은 슬픔을 느낄 것이며 자존감이 낮은 경향이 있다. 그러나 이러한 슬픔이 참 자아를 만나는 데 도움이 됨에도 그 슬픔을 알아차리는 것이 어려울 것이다. 이들은 자신을 드러내지 않고 타인이 성취를 이루어 낼 수 있도록 도움으로써 그들을 지지하여 성공하게 한다.

세상에 질서를 가져오는 것은 사랑하고 그 사랑이 일하게 하는 것이다.
- 크리슈나무르티

3유형의 역설

3유형의 역설은 격정인 '기만'과 미덕인 '진실성' 사이의 양극을 통해 경험된다. 어떤 희생을 치르더라도 사람들에게 잘 보이고 존경을 얻고 싶은 욕구를 인식함으로써 3유형은 기만이 작동하는 것을 보기 시작할 것이다. 그리고 자신을 기만하는 온갖 방식들을 살펴볼 수 있어야 한다. 자신이 추구하는 이상적인 이미지인 거짓 자아와 참 자아를 구별할 수 있을 때, 자신이 이루어 낸 일이 곧 나라는 신념에서 벗어나서 자신이 진정으로 누구인가를 내면으로부터 깨달을 수 있게 될 것이다. 자기기만을 깨달음으로써 자신과 사람들에게 자신이 정말로 원하는 것과 진정으로 느끼고 있는 것을 알아차리고 말하기 시작할 것이다.

이러한 맥락에서 이들에게 진실성은 자신 안에 내재된 진실에 접근하는 것과 자신이 아닌 다른 사람이 되고 싶지 않은 마음을 의미한다. 이 역설을 깨닫는 것과 어떻게 자신을 기만하여 내 이미지가 곧 자신이라고 여기게 되는지를 아는 것은 3유형 성장 여정의 주요 목표 중의 하나이다.

성장의 여정에서 기만을 의식하고 건강한 차원인 진실성에 접근하기 위해 취할 수 있는 행동은 다음과 같은 것들이 있다.

- ✓ 자신의 이미지와 진정으로 자신이 생각하고 느끼는 것과의 차이를 알아차리자.
- ✓ 삶의 여러 영역에서 사용하고 있는 다양한 가면을 인정하자. 가정에서와 직장에서 나는 다른 사람인가? 주중과 주말에 나는 다른 사람인가? 특정 그룹의 친구들에게 다른 이들에게 보여준 것과 상반되는 이미지를 보여주고 있는가? 만약 그렇다면 이유는 무엇인가?
- ✓ 빠른 속도로 활동을 유지하고 있는 자신의 성향을 살펴보자. 감정에서 도망치고 싶어서 쉬지 않고 일을 하는 것인지 자문해보자.
- ✓ 감정을 위한 공간이 얼마나 작은지를 알아차리자. 감정은 내 참 자아의 가장 분명한 지표라고 생각하자. 조금씩 조금씩 내가 누구인가에 대한 진실을 더 알기 위하여 스스로 감정을 느낄 수 있게 허용하자.
- ✓ 속도를 늦추지 못하도록 막는 것이 무엇인지 인식하자. 자신의 감정을 인정하고 정체성에 대해 질문할 때 느낄 수 있는 불안이나 두려움을 알아차리자.
- ✓ 내가 누구인지에 관하여 나 자신과 사람들에게 소소하게 거짓말을 하는 태도를 알아차리고 자신을 기만하는 방식을 살펴보자.

자기기만의 회피는 위안의 문제가 아니라 진실성의 문제다.
- 오린 우드워드

화살을 사용한 3유형의 성장 경로

에니어그램 도형에서 3유형과 화살로 연결된 두 유형은 6유형과 9유형이다. 3유형은 속도를 늦추고 우려되는 면들을 파악하며 위협 요소를 가늠하는 6유형의 성향을 계발함으로써, 일에 초점을 두고 목표를 성취하며 사람들의 인정을 얻으려는 태도에서 더 나아가 크게 성장할 수 있다. 9유형의 통찰력을 통합함으로써 사람들과의 연결에 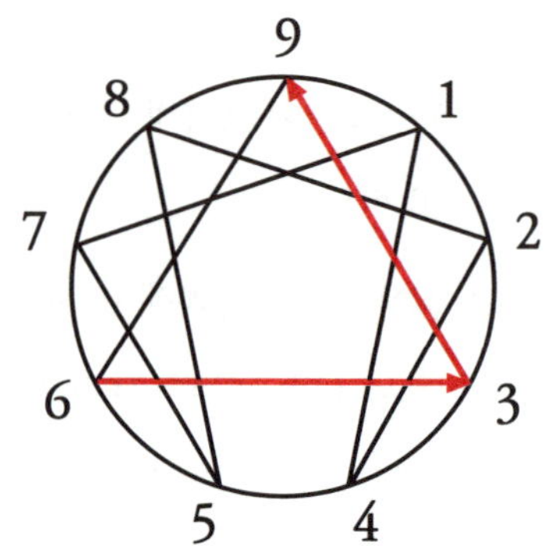더 열려있는 법을 배울 수 있게 된다. 또한 이러한 통찰력은 3유형이 긴장을 풀고 사람들과 더 깊이 연결할 수 있는 역량을 계발할 수 있게 도와준다.

6유형의 강점을 통합하여 일이나 목표를 생각할 때 일어날 수 있는 잠재적 문제를 탐색하는 능력을 기르자. 무엇이 잘못될 수 있는지 멈추어 생각하고, 계획과 프로젝트에 따라 일을 시작하기 전에 발생할 수 있는 위협과 위험을 고려하자. 다음 과제로 건너뛰기 전에 지금 무슨 일이 일어나고 있는지를 질문해보자. 하는 일에 대해 생길 수 있는 두려움과 불안을 만나고, 그 걱정을 탐색하며 일과 관계에 대한 자신의 생각에 깊이를 더하자. 진정한 감정과 참 자아를 만나는 수단으로 합리적 자기 의심을 해보자.

속도를 훨씬 늦추며 더 수용적이고 겸손한 태도에 집중함으로써 9유형의 강점을 통합하자. 목표로 가는 지름길과 시기적절한 결과를 얻는 데만 초점을 맞추지 말고 타인에게 좋은 쪽으로 초점을 넓히자. 상대의 말을 온전히 경청하고 목표를 이행할 때 타인의 시선을 고려하자. 자신의 의견을 처리하기 위해 임무를 앞서 이끌어 가는 대신에 다른 사람의 의견을 따르는 능력을 계발하자. 일에 초점을 맞추는 것과 연결과 조화를 만들어 내고 자기 자신에게 주의를 두는 것 사이의 균형을 유지하자. 균형이 잡힌 삶을 살고, 긴장을 풀어주는 활동을 많이 해보자.

> 최고의 자기기만은 '우리는 자족할 수 있다.'라고
> 자기 자신에게 말하는 것일지도 모른다.
> - 조셉 스토웰

건강한 차원 받아들이기

여정의 세 번째 단계에서, 3유형은 자기가 만들어낸 이미지와 역할을 넘어서서 진정한 자기 모습을 받아들인다. 이 단계에서 3유형은 특정한 이미지를 만드는 데 드는 에너지를 줄이고 깊이 내려가 자신의 감정과 참 자아에 진정으로 연결된다. 의식적으로 작업하여 자신에 대해 더욱 인지하고 맹점을 통합하며 고통에 접근할 때, 전혀 생각지도 못했던 방법으로 훨씬 더 깊은 수준에서 자신을 알고 평가하는 법을 배운다.

이 작업을 할 때 3유형은 긍정적 피드백과 존경을 구하는 에고의 욕구를 넘어서 내면의 진실을 알게 된다. 사랑과 존경을 얻게 해주는 가면을 더는 쓸 필요가 없음을 깨닫게 될 때, 이들은 참 자아에 대한 기억으로 살기 시작하며 자신이 움직여야 온 세상이 돌아간다는 생각을 멈추게 된다. 가치 있는 사람이 되고 긍정적 결과를 얻기 위해서는 자기 자신이 되는 것 이외에 다른 어떤 것도 필요하지 않다는 것을 발견하게 된다.

건강한 상태에서 3유형은 사랑, 통합, 사람들 및 온 세상과 연결될 수 있다. 또한 현재 일어나고 있는 상황에 자신이 포함되어야 한다거나 중심이 되어야 한다는 것에 의미를 두지 않는다. 중요하고 가치 있는 사람이 되기 위해서 특별한 직함, 성취, 이미지를 얻어야 한다는 신념 또한 이제는 의미 있는 일이 아니다.

이러한 건강한 상태에서 3유형은 전에는 하지 못했던 일들을 할 수 있으며 성장을 위해 계속해서 노력할 수 있다.

✓ 내 성격이 내가 아님을 인식하여 진정한 나를 만나자. 가면을 쓰고 살아갈 때, 그것이 '있는 그대로의 나'가 아님을 나의 '내면 관찰자'가 분명히 볼 수 있게 하자. 거짓 자아와 참 자아의 차이를 구별할 수 있다.

✓ 마음과 만나는 상태를 유지하자. 사과하거나 당황하는 일 없이 정서적으로 안정된 사람이 되자. 이것이 사람들에게 어떤 식으로 긍정적인 영향을 끼치는지 살펴보자. 아무런 애도 쓰지 않고 결과를 만들어 낼 수 있게 자신의 감정을 놓아 둘 때 그것이 얼마나 좋은 느낌인지 살펴보자.

✓ 그저 존재하는 경험을 즐기자. 근본적으로 진실한 상태로 살아가는 것이 얼마나 좋은 느낌인지를 인정하자.

✓ 내면의 가치를 소중히 여겨 외부의 칭찬이나 인정을 바라는 자신의 욕구를 넘어서자.

✓ 자신이 진실로 원하고 좋아하는 것이 무엇인지 파악하자. 사람들이 가치가 있다고 여기는 것이 아닌 자신의 자연스러운 욕구에 근거하여 선택할 때 그것이 얼마나 좋은 느낌인지를 살펴보자.

✓ 나의 삶과 일에서 사람들과 긴밀하게 협력하자. 내가 하는 일을 알리기 위해서는 먼저 사람들의 생각과 감정을 경청하자.

✓ 더 진정성 있는 태도를 선택하고 사람들이 알 수 있도록 함으로써 더욱 든든한 관계를 맺자. 사람들에게 기대고 그들이 나와 함께 일하도록 두자.

✓ 내가 얼마나 많은 일을 하고 있는지, 일이 돌아가게 하려고 실제로 얼마나 중심적인 역할을 하고 있는지 깨닫자. 더 제한적으로 활동하자. 꼭 필요한 일만 하자.

✓ 내가 어떻게 느끼고 무엇을 원하는지 진정성 있게 표현함으로써 사람들의 마음을 얻자.

3유형의 미덕

진실성은 3유형의 미덕으로 격정인 기만의 해결책이 된다. 이들에게 진실성은 성격 구조 속에 내포된 기만을 더 완전하게 의식하는 것을 포함한다. 이는 자신이 믿어왔던 자아가 거짓임을 알아차리고, 자기 정체성을 사람들이 원하는 모습이나 사람들에게 보이고 싶은 방식에서 찾지 않는다는 것을 의미한다.

진실성은 내면과 연결되어 있다는 분명한 느낌과 투명성을 요구한다. 이는 가슴에 귀를 기울여 내 안에서 진실과 거짓의 차이를 발견한다는 의미이다. 이때 3유형은 진짜 나에 대하여 좋은 느낌이 들고, 충만함에 대한 인식과 진실한 나로 살아간다는 만족감이 생겨난다. 이는 또한 매일 만나는 모든 사람과 더불어 진리를 알고 표현하며, 진실한 존재로 살아감으로써 생겨나는 자연스러운 흐름을 경험하면서 안온하고 느긋한 삶을 살아간다는 뜻이다.

진실성은 진실하게 그저 존재로 살아가는 것에서 궁극적인 가치를 발견할 수 있게 해줄 것이다. 사실 진실성은 그저 나 자신이 되고 싶은 마음이고, 가면을 쓴 모습으로 살고 싶지 않은 마음이다. 생존전략의 한 부분으로 자신에게 하는 모든 거짓말을 의식적으로 탐구함으로써, 3유형은 진실과 거짓의 차이를 알 수 있으며 맞추고 변신하는 것을 멈출 수 있다. 그리하면 당신은 참 자아를 발견하고 자신과 사람들에게서 그 어떤 거짓이라도 용납하지 않게 될 것이다.

3유형이 미덕인 진실한 상태로 다가갈 때 다음을 경험하게 된다.

✓ 자신의 깊은 본성이 알려준 대로 내가 누구이며 무엇인가에 대한 진실한 지식
   에 뿌리내린 삶을 산다.
✓ 사람들에게 좋은 인상을 남기거나 인정받을 필요가 없기에, 자신을 좋아하지
   않거나 가치 있게 여기지 않는 사람들을 수용하는 마음이 생긴다.
✓ 사람에게 감동을 주거나 정서적으로 영향을 끼칠 수 있는 마음에서 나온 자신
   의 능력에 대해 인식한다.
✓ 표현과 상호작용, 활동에서 어떻게 느끼고, 무엇에 가치를 두며, 무엇을 원하는
   지에 대하여 가장 깊은 진실을 드러내는 상태가 된다.
✓ 스스로 속이는 온갖 방법들을 묻고 탐색하는 능력과, 분위기에 휘말려 과한
   언행을 했을 때도 자신을 용서할 수 있는 능력이 생긴다.
✓ 상황이 닥쳤을 때 외부에서 일어날 일들에 신경 쓰기보다는 그 순간 자신의 내
   면에서 일어나고 있는 진실에 참여한다.
✓ 피상적인 현실과 에고에 연결하는 것이 아니라 깊은 내면에 계속하여 연결하
   려는 마음이 생기며 이는 사람들과도 더 깊이, 더 진정성 있게 연결할 수 있도
   록 해 준다.

> 자신을 속이는 한 나의 진정한 마음은 알 수가 없다.
> - 보디다르마

3유형이 참 자아를 받아들일 때의 핵심은 에고가 아니라 진정한 자신을 알고 좋아하는 법을 배워나가는 것이다. 이는 특정한 역할이나 가면 없이 자기 모습 그대로에 대한 감각을 키워나갈 때 일어난다. 이들이 자신을 속이는 성향과 상황에 따라 모습을 바꾸는 자신을 알아차리게 될 때, 참 자아는 거짓 자아가 할 수 없는 사랑과 관계에 능하다는 사실을 배우게 된다.

성장 여정의 이 단계에 있을 때, 3유형은 주로 외부에 초점을 두던 것에서 나아가 내면에서 일어나는 일에 더 관심을 가질 수 있게 된다. 이들은 자신이 누구이며 무엇을 원하는지에 대한 진실에 접근하는 새로운 능력을 개발한다. 또한 사람들에게 사랑과 인정을 얻기 위해 가면을 바꾸어 쓰는 자신을 의식하게 된다. 그리고 자신이 유능하거나 생산적이라는 것을 증명하려 애쓰던 것을 멈출 때 오히려 진정으로 사랑받을 수 있다는 것을 알게 된다. 그들은 높은 성취를 이루는 사람이 되려는 욕구를 내려놓고, 내면에서 자신이 누구인지 보다 잘 이해하며 긴장을 풀게 된다.

3유형의 생존전략은 대부분의 문화권에서 긍정적으로 여겨져서 보상받고 강화되기에, 이 여정은 이들에게 도전적일 수 있다. 자신의 성격이 사회에서 훌륭하고 성공적인 사람의 지표로 인정하는 것들을 성취하기에 성격 변화의 필요성을 보기 어려울 수 있다. 더구나 이 유형은 특유의 방어기제로 인하여 성격 패턴과 진정한 자신을 분리하기 어렵고, 참 자아와 거짓 자아를 구별해 내기도 어렵다. 그러나 내면 작업은 에고가 지배하는 상태로 살아가는 잠든 상태에서 깨어나기 위해 반드시 해야 한다. 이들은 자신이 성격이상의 존재임을 이해해야 한다. 이러한 작업이 없다면 내면의 역동을 인식하지 못하고 잠재력을 최대한 발휘할 수 있는 능력도 제한받는다.

하지만 3유형이 자기 계발의 여정을 시작하고 자신이 하는 일이나 사람들에게 보이는 모습이 자신이 아니라는 사실을 깨달을 때, 이들은 상상할 수 없었던 방식으로 자신이 가진 충만함을 세상에 베풀 수 있다. 진정한 성공은 자신이 정말로 누구인지 아는 능력에 있다는 것을 깨닫고, 자기 내면 깊은 곳에 있는 존재에 기반한 감각으로 살아가는 것이다. 이렇게 할 수 있을 때, 이들은 진정으로 자신을 사랑할 뿐만 아니라 있는 모습 그대로 사람들의 깊은 사랑도 받을 수 있게 된다.

고전 동화인 마저리 윌리엄스의 「장난감 헝겊 토끼의 눈물」의 내용을 인용하면서 이 부분을 마무리하고자 한다. 이 이야기는 본질적인 실제를 알아가는 과정을 통해 3유형이 자신을 사랑하고 다른 사람들에게 사랑받는 것이 어떤 의미인지를 완벽하게 보여준다.

"진짜라는 건 무엇인가요?" 장난감 헝겊 토끼가 어느 날 물었습니다. 벽난로 옆에 가죽 인형 말과 나란히 누워 있을 때였습니다. "내 몸에 윙윙 소리가 나는 태엽과 손잡이가 달려 있다는 뜻인가요?"

"진짜라는 것은 몸이 어떻게 생겼는가를 말하는 것이 아니란다." 가죽 말이 말했습니다. "그것은 네 마음에서 일어나는 일이지. 어떤 아이가 너를 정말로 오랫동안 사랑할 때, 그냥 장난감으로 가지고 노는 것이 아니라 정말로 너를 사랑할 때, 그때 너는 진짜가 되는 거란다."

"진짜가 되는 건 아프지는 않나요?" 헝겊 토끼가 물었습니다.

"때로는 아프기도 하지. 왜냐하면 항상 진실만을 말하기 때문이야. 하지만 네가 진짜가 되면, 아픈 것은 문제가 되지 않는단다." 가죽 말이 대답했습니다.

"진짜가 되는 것은 태엽을 감았을 때처럼 갑자기 확 변하는 건가요? 아니면 조금씩 달라지는 건가요?" 헝겊 토끼가 물었습니다.

"갑자기 일어나는 일이 아니란다." 가죽 말이 말했습니다. "천천히 만들어지는 거지. 시간이 걸리는 일이야. 그래서 진짜가 되는 일은 쉽게 부서지는 이들, 뾰족한 모서리를 갖고 있거나 조심해서 다루어야만 하는 이들에게는 일어나지 않는 일이야. 진짜가 될 때쯤에는 대체로 털은 많이 쓰다듬어서 다 빠지고, 눈알도 떨어지며, 관절도 헐렁해져서 아주 초라한 모습이 되지. 하지만 이런 것들은 문제 되지 않는단다. 왜냐하면 일단 진짜가 되면 겉모습이 못생긴 건 문제가 되지 않거든. 이해하지 못하는 사람들은 모르겠지만."

시간이 지난 후, 헝겊 토끼는 많이 낡고 초라해졌습니다. 하지만 소년은 예전과 똑같이 헝겊 토끼를 사랑했습니다. 그는 헝겊 토끼를 너무나 사랑했기에 헝겊 토끼는 수염이 다 빠지고 귀에 덧댄 분홍색 안감이 회색으로 변하였으며, 갈색 점들은 색이 바랬습니다. 심지어 토끼 모양도 망가져 가기 시작해서 이제는 거의 토끼처럼 보이지도 않았습니다. 하지만 소년에게는 아니었습니다. 그에게 헝겊 토끼는 늘 아름다웠고, 헝겊 토끼는 그 생각만 했습니다. 다른 사람에게 어떻게 보이는가는 신경 쓰지 않았습니다. 왜냐하면 아이의 마법이 자신을 진짜로 만들었고 진짜가 되면 초라해 보이는 것은 문제 되지 않았기 때문입니다.

시기에서 평정심으로 가는 여정

> 시기심은 자기 복이 아닌 다른 사람의 복을 세는 기술이다. - 해럴드 코핀
> 기쁨과 평정의 비결은 이해가 아닌 감사다. - 앤 라모트

옛날에 4라는 사람이 살았다. 어렸을 때 그녀는 자신의 세상인 자연과 주변 사람들에 온전히 연결되어 있다고 생각했으며 부모의 사랑을 받고 있다고 느꼈다.

그러다 동생이 태어나자 모든 것이 바뀌었다. 마치 4의 완벽한 세상이 끝난 것 같았다. 더는 부모의 관심을 독차지하지 못했고 세상에서 가장 특별한 아이도 아니었다. 누군가와 놀거나 누가 안아주기를 원했을 때, 모두 아기를 돌보느라 바빴다. 4는 자신이 중요하지 않으며 외롭고 평범하다고 느꼈다. 4는 새롭게 마주한 이 끔찍한 상황에 대해서 자신이 뭔가를 잘못해 부모와의 연결을 상실한 것으로 이해했다. 부모가 자신을 이전처럼 돌보지 않는 것 같았고, 이것이 자기 잘못 때문인 것 같았다. 자신의 결점이 들통난 것이 틀림없었다. 태어난 동생이 나보다 왠지 더 나은 것이 분명했다. 어떤 다른 설명이 가능하겠는가?

이런 사고방식에 고통과 괴로움을 느꼈지만 4는 안 좋은 기분과 슬픈 감정에 점점 익숙해졌고, 만약 예전에 느꼈던 연결을 상실한 것이 자기 탓이라면 바로잡기 위해 뭔가를 하면 된다고 생각했다. 사람들에게 자신이 얼마나 특별한 아이인지를 보여주거나, 또는 자신이 생각했던 것처럼 특별하지 않다는 것을 알았을 때 얼마나 고통스러웠는지를 알게 한다면, 사람들 및 세상과 다시 연결될 수 있다고 여겼다. 그러는 사이에 슬픔은 4가 외로울 때 곁에 있어 주는 친숙한 친구가 되었다.

시간이 흐르면서 4는 잃어버린 연결을 회복할 다양한 방법들을 시도했다. 아름다운 그림을 그리거나 진솔한 말을 하고 노래로 깊은 감정을 표현함으로써 자신이 얼마나 비범하고 특별하며 독창적인지를 보여주려 했다. 그러나 아무도 자신의 특별함을 알아주지는 않고 그저 '너무 예민해' 혹은 '너무 극적이야'라고 말했다. 4는 사람들이 자신의 고통을 덜어주길 바라며, 자신이 느끼는 고통과 상실이 얼마나 미세하고 복잡한지 모두 말하려 했다. 또는 아무런 불평 없이 고통을 참으면서 자신이 얼마나 강한지 보여주려고 노력하기도 했다. 자신의 우월함을 입증하기 위해 화를 내거나 경쟁하기도 했다. 하지만 아무도 자신을 이해하지 못했고 갈망하던 깊은 연결도 이루어지지 않았다.

그 어떤 노력에도 4는 이해받는다거나 특별하다고 느끼지 못했지만 이런 감정, 생각, 행동 방식은 결국 습관이 되었다. 사랑과 이해, 깊은 연결에 대한 갈망을 멈출 수 없었고 자신은 이러한 것들을 받을 만한 가치조차 없는 존재라는 생각이 떠나질 않았다. 다시 연결되려는 욕구로 4는 잃어버린 사랑의 느낌에 계속 집중하고 경험하려 했다. 끊임없이 자신의 결점을 보며 자기 삶에는 없고 다른 사람에게 있는 좋은 점들에 신경을 썼다. 그리고 자신을 가치 있는 존재로 느끼게 해 줄 사람과 대상에 대한 갈망을 멈출 수 없었다.

자신의 마음을 인식하지도 못한 채, 상실감에 대처하기 위해 채택한 4의 전략은 그녀의 삶을 지배하게 되었다. 4가 자신의 무가치함에 집중함으로써 사랑과 이해를 받으려 애쓰는 모습에 사람들은 아주 의아해했다. 이따금 그녀의 전략으로 부정적인 관심을 얻는 데 성공하기도 했지만, 이는 오히려 습관을 강화할 뿐이었다.

때로 누군가는 4가 특별하다고 여기며 갈망하던 사랑을 주고자 했다. 하지만 4는 처음부터 자신은 사랑받기에 충분히 좋은 사람이 아니라고 전적으로 확신했기에 누군가 사랑을 주려 해도 받아들이지 못했다. 자신의 부족함을 확인하는 상황을 끊임없이 만들어 냈다. 사람들이 자신을 버릴 것이라 여겼기에, 자신이 먼저 사람들을 밀어내는 것을 멈출 수가 없었다. 항상 낙담했으며 무엇인가를 믿으려고 노력할수록 고통만 커졌다. 그녀는 좋은 일이 일어나도록 허용할 수 없어서, 좋은 일에 대한 희망에서 자신을 보호하기 위해서는 슬퍼하는 것이 더 나았다.

이렇게 4는 잠들어 버렸다. 진솔하고 감정을 잘 느끼지만, 그저 잠든 상태일 뿐이었다.

다음 문장 중 대부분 혹은 전부에 공감한다면 4유형일 수 있다.

- ✓ 감정의 역동에 지나치게 집중한다. 폭넓은 감정을 느끼며 강렬한 감정도 편하게 여긴다.
- ✓ 상황이나 자신에게서 결핍을 쉽게 발견한다.
- ✓ 자신을 다른 사람과 비교하면서 때로는 우월감을, 때로는 열등감을 느낀다.
- ✓ 좋은 의미에서든 나쁜 의미에서든 잘 어울리지 못한다고 느낀다.
- ✓ 슬픔의 감정이 친숙하다.
- ✓ 사람들과의 관계에서 겉으로 표현되지 않은, 표면 아래 깊은 수준에서 일어나는 일들을 쉽게 느낄 수 있다.
- ✓ 자신과 사람들에게서 진정성을 중요하게 여긴다. 진실을 말할 때 어떤 사람은 이를 수용하고, 어떤 사람은 수용하지 않는다.
- ✓ 누군가와 어떻게 연결되고 단절이 되는지 섬세하게 알 수 있다. 자신과 사람들 사이에 있는 마음의 거리에 민감하다.
- ✓ 종종 오해받기는 하지만, 이해받기를 강렬히 원한다.

4유형은 다음과 같은 세 단계의 경로를 따라 성장할 수 있다.

먼저, 4유형은 무엇인가를 잃어버렸다는 것과 자신이 이상적이지 않고 부적절하며 남과 다른 존재라고 느끼는 것에 집중하느라 오히려 자신을 제한한다. 이런 성격 패턴을 관찰함으로써 자신에 대해 알아가는 성장의 여정을 시작할 수 있다.

다음은, 자신을 부적절한 존재로 보느라 자신의 강점과 재능을 인정하지 못하고, 결핍을 곱씹으며 더 많은 오해와 단절을 만드는 방식을 인식하기 위해 자신의 그림자와 대면해야만 한다. 용기를 내어 에고의 패턴을 파악하면 이것이 어떻게 자신의 성장을 막고 있는지 이해하게 된다.

마지막 단계에서, 온전해지기 위해서는 거짓된 자아를 내려놓고 건강한 차원의 자신을 수용해야 한다. 이렇게 할 때 감정적인 기복을 넘어서게 되고 자신 안에, 또 지금의 삶 안에 이미 존재하는 긍정적인 면을 인식함으로써 자신 및 다른 사람과도 진정으로 연결될 수 있다.

사람들은 보통 마음먹은 만큼 행복해진다.
- 에이브러햄 링컨

여정을 시작하기

4유형이 깨어나기 위한 첫 단계는, 자신과 다른 사람들을 비교하는 마음의 패턴을 의식적으로 관찰하는 것이다. 자신의 결핍에 대한 신념을 확인하는 모든 방식을 보기 시작하고, 자신에게는 다른 사람들 같은 좋은 면이 없다고 여기는 습관이 있음을 인정할 때, 진정한 자신이 누구인지 알고 수용하기 시작한다.

자신이 공상에 얼마나 많이 집중하는지, 반대로 자신이 누구인지, 다른 사람에게 어떻게 받아들여지는지, 현실에는 얼마나 관심이 적은 지를 인식하는 것에서 4유형의 여정이 시작된다. 사실과는 다른 자신에 대한 부정적인 신념을 붙잡고 삶에서 부정적인 시나리오를 만들어 내는 방식을 알게 되면, 첫 번째 발걸음을 내딛게 된다.

4유형의 핵심 패턴

대부분의 4유형은 자신의 부적절함을 인정하는 것이 어떻게든 자신을 정직하거나 진실하게 만든다고 생각한다. 그러나 이것은 모든 경험이 자신의 부족함을 확인하는 것으로 해석되는 방어적 패턴을 강화할 뿐이다. 결핍에 대한 잘못된 신념을 보지도 못하고 막지도 못하며, 잘못된 신념이 좋은 것을 향해 마음을 열지 못하게 방해한다는 것을 깨닫지 못하기에 잠든 상태에서 성장하지 못한다. 4유형이 성장하기 위해서는 자신의 열등감 혹은 우월감(깊은 열등감을 반영하는)의 증거를 찾는 것이 오히려 자신이 누구인지에 대한 그릇된 인식에 갇히게 만들며, 또 자기 능력을 보지 못하게 막고 있음을 알아야 한다. 자신이 충분하지 않다는 신념에 의문을 제기하고, 무가치함에 기반하여 자신의 정체성을 만들어 왔다는 것에 대해 인식하면 깨어날 수 있다.

4유형은 다음의 다섯 가지 습관적인 패턴을 더 관찰하고 의식함으로써 성장의 여정에 오를 수 있다.

현재의 가치 절하

멀리 있는 것을 이상화하고 현실에서는 결핍만을 보는 경향을 알아차리자. 과거를 미화하거나 후회하고, 미래에 대한 환상이 있는지 관찰하자. 놓친 기회들을 끊임없이 곱씹고 장밋빛 미래를 그리면서 '지금' 일어나고 있는 일을 즐거워하거나 받아들이지 못하는 마음의 상태를 확인해 보자. 종종 어딘가 있을 '더 환상적인 것'에 대해 생각하느라 실제로 행동을 할 수 있는 유일한 시간인 현재에서 멀어지게 된다. 이러한 패턴은 관계에서 밀고 당기는 역동을 만들기도 하는데, 상대가 나와 연결될 가능성이 없을 때 그들이 더 매력적으로 보인다.

자신과 타인을 비교함

자신을 관찰하는 과정에서 '비교하는 마음'을 알아차리기도 한다. 다른 사람들에게서 느끼는 것을 자동으로 자신과 비교하는지 살펴보자. 이는 다른 사람이 가진 것이나 하는 일과 자기 모습을 거의 매일 비교하면서 주로 패배감을 느낀다는 뜻이다. 속으로 열등감이든 우월감이든 느끼지만, 결코 동등하다고 여기지는 않는다. 4유형은 사람들과 자신을 비교하는 데 주의를 두고 자신이 그들보다 못하다고 여겨 낙담하는 경향이 있다. 종종 자신에게 없는 좋은 것을 다른 사람이 갖고 있다고 여기며, 때로는 경쟁심이 강해지고 자신이 다른 사람들보다 더 낮다고 생각하기도 한다.

자기 내면세계에서 주로 살아감

내면의 역동인 감정, 생각, 환상에 주의를 집중하는 경향을 알아차리자. 이로 인해 자신의 한계에 대해 객관적이라고 생각할 수 있음에도 불구하고 스스로에 대해 왜곡된 인식이 생길 수 있다. 자신에 대한 사람들의 긍정적인 평가를 대체로 받아들이지 않고 자기 평가를 확신했을 수 있다. 4유형은 내면세계에서 살아감으로써, 외부의 현실을 받아들이지 못하고 실제 일어나는 일에 현존하기가 어렵다. 자신에 대한 거짓 느낌을 바탕으로 살아가는 방식이 자신의 성장을 방해하는지 관찰해야 한다. 내면의 감정과 자기만의 이야기에 지나치게 집중하여 실제 있는 그대로의 자신이 가진 좋은 면을 인정하지 않는지 생각해 보자.

감정이 곧 나라고 생각함

지나치게 자기감정을 바탕으로 경험을 바라보기에 실제 일어나는 일을 왜곡해서 인식하게 되고, 이로 인해 사람들이 4유형을 지나치게 예민하고 자신에게만 몰두한다고 여길 수 있다. 데카르트의 '나는 생각한다. 고로 존재한다.'라는 유명한 말이 있듯, 4유형은 의심도 하지 않고 '나는 느낀다. 고로 나는 존재한다.'라는 개념으로 살아갈 수 있다. 삶의 모든 경험을 감정으로만 받아들이는지와 이것이 자아를 제한하는 습관으로 작용하는지 살펴보자. 감정도 물론 중요하지만, 이것은 있다가 없어지는 것이며 자신을 설명하는 전부는 아니다. 감정은 자신에게 중요한 정보와 지혜를 알려주지만, 느끼고 다루어진 후에는 놓아주어야 하는 것이다.

자신을 무가치하다고 여김

종종 자신은 부족하거나 우월하다고 여기는데, 더 깊은 내면에서는 근본적인 결함이 있다고 믿는다. 자신의 부족함을 확인하기 위해 계속해서 비교할 수 있다. 완전하고 가치 있으며 사랑받는 존재가 되기 위해 필요한 뭔가가 부족하다고 믿고 있거나, 그런 존재가 되기에는 충분히 좋은 사람이 아니라고 여기는 경향이 있는지 확인해보자. 이러한 잘못된 믿음을 강화하는 생각과 감정을 알아차리고, 이로 인해 진정한 자기 모습을 받아들이지 못하는지 자문해 보자.

행복을 향한 하나의 문이 닫히면 다른 하나가 열린다.
하지만 우리는 닫힌 문을 너무 오래 바라보느라 우리를 위해 열려있는 문을 보지 못한다.
-헬렌 켈러

　시기는 4유형을 움직이게 만드는 격정이며 정서적 핵심 동기이다. 이는 다른 사람에게 있는 좋은 면을 자신의 것으로 소유하고자 하는 열망이다. 시기는 라틴어 'invidere'에서 유래한 말로 '쳐다보다'라는 뜻이다. 단테는 [신곡] 연옥에서, 격정으로서의 시기를 없애려는 영혼들을 '자신이 원하는 것을 가진 타인을 볼 수 없도록 철사로 자기 눈을 꿰맨 모습'으로 묘사했다. 시기는 부족하다고 느끼는 것에 대한 갈망뿐 아니라, 중요한 뭔가를 상실한 고통스러운 감정까지도 포함한다. 이들은 자신의 이상에 다가가지 못하는 자기 모습을 항상 의식하며, 자신이 하지 못하는 방식으로 다른 사람은 어떻게 이상에 다다르는지도 늘 생각한다.

　시기는 4유형으로 하여금 갖고 있지 않은 것에 집중하게 만들며, 있는 그대로의 자신은 완전하지도 충분하지도 않다고 여기게 한다. 자신에게 있는 좋은 것을 알지 못하고 다른 사람의 긍정적인 자질 덕분이라고 여긴다. 또한 시기가 자신에게는 없다고 생각하는 긍정적인 자질에 대한 투사임을 깨닫지 못한 채, 자기보다 더 완전하며 가치 있다고 여기는 사람에 대한 분한 마음을 부추기므로 시기의 영향은 파괴적이기까지 하다. 또 시기로 인해 자신과 시기하는 대상 모두에게 마음이 닫혀 사실상 갈망하던 좋은 것을 갖거나 받아들이지 못한다.

4유형이 깨어나기 위해서는 시기가 드러나는 다음과 같은 징후를 관찰하고 주의를 기울여야 한다.

✓ 있는 것보다 없는 것에 더 집중한다.

✓ 자신에게 없는 긍정적인 특성에 집중하여 자신을 비난한다. 자신과 다른 사람을 비교하며, 자신이 낮거나 부족하다고 느낀다. 결코 동등하다고 느끼지 않는다.

✓ 타인을 과하게 칭찬하고 감탄하며 열정적으로 찬사를 보낸다.

✓ 다른 사람들을 무시하고 신랄하게 비판한다.

✓ 우월감이나 열등의식을 계속 갖고 있으며 다른 사람을 우러러보거나 낮게 본다.

✓ 상황에 대해 지나치게 흥분하거나 슬퍼한다.

✓ 경쟁의식을 느끼며 공공연한 혹은 은밀한 경쟁심이 동기가 되어 행동한다.

✓ 자기중심적인 성향으로, 자기 경험과 자기와 관련된 것에 최우선으로 집중한다.

✓ 특별하다고 느끼길 원하며 높은 기준을 추구하고 결코 만족하지 못한다.

시기는 저명한 사람들 모두가 물어야 하는 세금과도 같다.
- 랄프 왈도 에머슨

날개를 이용한 성장 경로

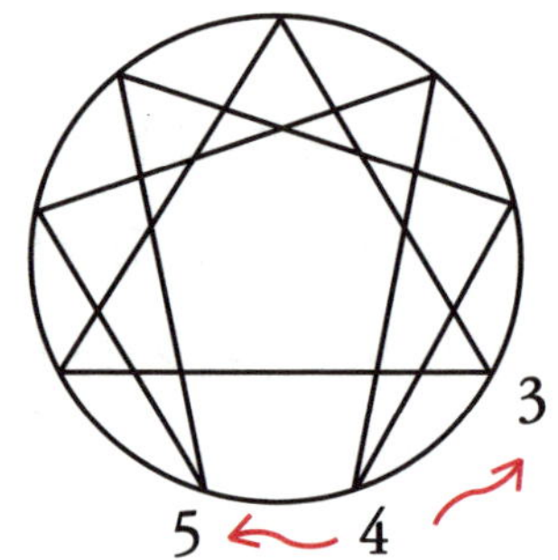

4유형은 옆에 있는 날개 3유형과 5유형을 통합함으로써 성장할 수 있다. 3유형을 통해 더 실용적이고 덜 감정적으로 될 수 있으며, 5유형은 보다 객관적이 되고 균형을 잡도록 도와준다. 날개를 통합함으로써 습관적으로 연결, 감정, 관계에 집중하는 시야가 확장되고 다른 방식으로 실제적 능력을 계발할 수 있다.

3유형을 통합해 감정보다는 해야 할 과업을 우선시하며, 보다 효과적이고 실제적으로 살기 위한 작업을 해보자. 필요 이상으로 감정을 곱씹는 것으로부터 관심을 돌려 일과 목표, 실제적인 과업에 집중하고, 해야 할 일에 집중하지 못하게 방해하는 감정을 내려놓고, 일을 성공적으로 수행했을 때 오는 긍정적인 감정에 관심을 가지자. 강렬한 감정이 증폭될 때, 감정의 소리를 줄이고 해야 할 일 목록에 더욱 집중하자.

5유형을 통합해 강한 감정에 휩싸였을 때를 알아차리고 의식적으로 침착해지고 균형을 잡도록 노력하자. 어떤 일이 일어나든 이를 이해하기 위해 감정을 분석해 보자. 감정에 지나치게 집중하게 되는 때는 언제인지 알아차려 감정에서 생각으로 관심을 돌리는 법을 배우도록 하자. 또한 자신이 중요하게 여기는 감정에서 정보를 추출하여 건강한 방식으로 분리하는 법을 배우자. 마음에서 사고로 이동하는 연습은 발생하는 일을 객관적으로 보게 하고 감정을 큰 맥락에서 이해하게 한다. 사람들과의 관계에 집중하는 시간과 거리를 두고 혼자 보내는 시간에 균형을 잡자.

4유형의 그림자 마주하기

　　4유형 성장 경로의 두 번째 여정은, 사랑을 얻기 위해 고통에 지나치게 집중함으로써 이해와 인정을 받으려는 방식을 알아차리고, 삶에 있는 모든 긍정적인 면들을 인정하고 받아들이며 통합하는 것이다. 이렇게 할 때 자신을 결함이 있는 존재로 여기는 경향이 줄고 소박함과 감사와 만족에 더 집중하는 법을 배우게 된다.

　　건강한 의식 상태에서 4유형은 내면의 진실한 감정(이들이 선하다고 여기는)에 집중하는 것이 좋지 않을 수 있음을 깨닫기 시작한다. 자기 인식이 잘되지 않을 때, 이들은 극단적이고 피학적이며 자아도취적이고 요구가 많은 사람이 될 수 있는데, 심지어 자기 스스로는 민감하고 공감을 잘하며 정직하다고 여길 때조차도 그렇다. 내면에 과도하게 집중하고 우울감에 오래 머물러 있을 때, 이들은 감정적으로 압도되고 자기 중심적이며 지나치게 부정적으로 될 수 있다. 다른 사람들이 자신을 비범한 사람으로 여기게끔 지나치게 애를 쓰기도 한다. 독특하다고 여겨주길 원하는데 기대에 부응하는 반응을 받지 못하면 이들은 위축되고 기분이 안 좋아지며 화를 내기도 한다. 또 긍정적인 면을 보지 않고 부정적인 것에 집중한다. 이 단계에서 4유형은 당혹스럽고 어쩌면 기분이 더 나빠질지 모른다. 이때 자신의 그림자를 받아들인다는 것은 자신의 진실한 가치를 보며 스스로에 대해 더 긍정적으로 느끼는 법을 배우는 것이다.

4유형의 그림자 직면하기

다음은 이러한 4유형의 무의식적인 핵심 패턴과 맹점, 고통의 지점들을 표면 위로 가져와 더 잘 인식하고 대응하기 위해 할 수 있는 방법이다.

- ✓ 자신의 감정을 존중하는 것과 감정을 느끼고 다루며 공유한 뒤 내려놓을 수 있는 능력과의 균형을 유지하자.
- ✓ 실제적이며 당장 해야 하는 일에 집중할 수 있도록 현 상태를 인식하자.
- ✓ 느낌에서 지적인 분석으로 옮겨감으로써 특정한 감정에서 나오도록 하자.
- ✓ '지금, 여기'에 현존하는 능력을 계발하자. 과거에 대한 향수나 미래의 이상적인 갈망에 빠져들기 시작할 때 의식적으로 바로 현실에 집중하자.
- ✓ 내면 역동에 집중하는 것과 타인의 감정, 필요, 욕구를 파악하는 것 사이에서 균형을 유지하자.
- ✓ 중요한 관계에서 일어나는 일을 통제하기 위해 무의식적으로 다른 사람의 감정 상태를 자신의 것으로 받아들이는 경향을 알아차리고 탐구하며 작업해 보자.
- ✓ 자신의 것이 아닌 다른 사람의 무엇인가를 무의식적으로 받아들였음을 알게 되면 그것을 상대에게 돌려주자.
- ✓ 자신을 평가절하하고 좋은 점을 인정하길 거부하는 방식을 알아차리고, 긍정적인 면을 적극적으로 받아들임으로써 자신을 가꾸자.
- ✓ 관심과 에너지를 외부로 돌리는 연습을 하여 내면 및 자기 자신에게 집중하는 모습과 균형을 맞추자.

내 생각에 세상에서 가장 아름다운 것은 그림자임에 틀림이 없다.
- 실비아 플래스

4유형은 특정한 감정 상태에 집착하는 경향이 있기에 자신의 맹점을 알려고 하지 않을 수 있다. 행복한 상태를 유지하려고 맹점을 회피하는 다른 유형과 달리, 이들은 좋지 않고 슬프거나 화난 감정에서 일종의 만족을 느끼기 위해 행복을 피하기도 한다. 이들은 불안함을 느끼기도 하지만, 잠든 상태에서는 훨씬 더 큰 고통을 방어하기 위해 불만을 증폭시키는 특정한 생존전략을 사용한다.

4유형은 내면을 들여다보고 자신에게 좋은 면이 없다고 여겨 찾으려 하지 않는데, 사실 찾지 않기에 보지 못하는 것이다. 이는 불만과 낙담한 감정에서 편안함을 느끼기 때문이다. 한 번 더 버려지거나 어떤 식으로든 실패할 것 같아 두려우므로, 이들은 기분이 나아지는 위험 부담을 감수하려 하지 않는다. 하지만 더 나빠지는 것을 막기 위해 부정적 기분에 사로잡히게 되는 것은 그저 성장을 가로막을 뿐이다. 좋지 않은 감정에 집착할 때 부정적인 자아상이 왜곡되었다는 것을 스스로 보지 않으려 한다. 사실 이들에게는 자신을 좋게 생각할 많은 이유가 있음에도 맹점이 이것을 가려 버린다.

스스로 맹점을 보려고 하고 자신을 긍정적으로 여기도록 마음을 연다면 이전에는 가능할 것 같지 않았던 자신의 최고의 모습이 진짜라고 느끼며 살아갈 수 있다. 진정한 행복함을 알아가는 과정에서 만나는 충격과 실망을 이겨낸다면, 자신에 대해 기쁨을 느끼는 법을 배울 수 있을 것이다.

좋은 것을 보지 않음

자기 자신과 삶에서 멋진 것이 아닌 오직 나쁜 것만을 보고 있는가? 자기 모습과 현재 상황에서 좋은 면이나 잘 되어가고 있는 면보다는 결핍이나 부족한 면에 집중하는가?

이러한 맹점을 통합하기 위해 취할 수 있는 방법은 다음과 같다.

- ✓ 자신의 긍정적인 자질을 적어 보고, 부정적이라 여겨지는 자질에 대해서 정말 그러한가 질문을 던져보며 긍정적인 자질 목록을 늘려나가자.
- ✓ 가까운 친구와 가족에게 자신의 좋은 면을 모두 말해달라고 요청하고 이를 적어놓은 뒤 매일 보며 이를 수용하고 완전히 받아들이자.
- ✓ 과거나 미래를 생각하지 말고 깨어서 현재를 살도록 연습하자. 현재 좋은 것을 알아차리도록 하자.
- ✓ 주변 사람들에게서 발견하는 긍정적인 면을 관찰하자. 이 중에 어떤 것이 자신 안에 있는 좋은 면을 투사한 것인지, 즉 실제 자기 모습인데 다른 사람의 것이라 여기는지 생각해 보자.
- ✓ 우리는 모두 동등한 가치를 지니고 있다는 많은 영적인 가르침들의 진실성에 주목하고, 더 낮거나 더 못한 사람은 없음을 반복적으로 상기하자. 이에 반하는 모든 비교는 오해이다.
- ✓ 부정하고 있는 자신의 좋은 면을 통합하기 위한 '거울 작업'을 하자. 이는 거울 앞에서 자신에게 긍정적인 선언을 하여 이 내용이 자신 안에 자리 잡게 하는 연습이다.

감정과 지나치게 동일시함

자신의 감정이 곧 자신이라고 믿는가? 현실이 아닌 내면 상태에 지나치게 의미를 부여한 이상에 집중하고 있는가?

이러한 맹점을 통합하기 위해 취할 수 있는 행동은 다음과 같다.

✓ 자신의 정체성이 주로 감정과 감정적 깊이를 느끼는 능력에 대한 것이라고 믿고 있음을 알아차리자.

✓ 전적으로 감정에 근거해서 무언가를 믿을 때, 외부에서 발생한 일이 실제 그러한지 생각하면서 '현실 확인'을 해보자. 하루에 여러 번 하면 더 좋다.

✓ 자신의 감정에 두던 관심을 주변에서 실제 일어난 일로 옮기자.

✓ 오랜 기간 자신 안에서, 즉 자신의 풍부한 감정과 공상의 세계에서 어떻게 살아왔는지 깨닫도록 하자.

✓ 내면 상태에 두던 초점을 주변 사람들의 일로 옮겨 그들의 생각과 느낌, 경험이 어떤지 정기적으로 알아보자.

✓ 누군가와 상호작용할 때, 상대에게 이야기를 해달라고 요청하며 자신에 대해서는 이야기를 덜 해보자. 상대가 하는 이야기에 온전히 귀 기울이고 주관적으로 듣지 말며 다른 사람의 입장이 되어 보도록 하자.

남들이 이해하지 못하는 방식으로 이해를 구함

상대도 자신과 같은 방식으로 감정을 느낀다고 생각하는가? 감정을 중요시하지 않거나 감정을 피하는 사람을 평가절하하는가? 관계에서 오해가 계속될 때 책임을 지지 않으려 하는가?

이러한 맹점을 통합하기 위해 취할 수 있는 행동은 다음과 같다.

✓ 다른 사람에게서 온전히 이해받는 것이 자신에게 어느 정도로 중요한지 알아차리고 이를 인정한 뒤 이것이 의미하는 바를 탐색해보자.

✓ 살면서 사람들에게 이해받기 위해 어떤 노력을 기울이는지를 관찰하고 이것이 과연 효과가 있는지 다른 사람과 함께 점검해 보자.

✓ 자신이 느끼는 것처럼 느끼지 않는 사람들에게 감정을 드러내는 방식을 인식하고 자신이 얼마나 감정적이며 얼마나 이해받기를 원하는지에 대해 사람들에게 알려줄 필요가 있음을 깨닫자.

✓ 오해받는다고 느낄 때 감정 혹은 감정의 강도를 증폭시키는지 알아보자.

✓ 사람들이 자신을 이해하지 못하게 만드는 너무 어려운 말이나 추상적(은유적)인 표현을 피하자. 간결하고 직접적으로 의사소통하자.

✓ 사람들과 의사소통할 때 감정과 사고에 균형을 잡도록 연습하자. 특히 감정을 직면하는 것이 불편한 사람일 경우에는 더욱 그렇게 하자.

> 시기는 자신의 독특함과 가치를 인정하지 못하는 징후이다.
> - 엘리자베스 오코너

4유형의 고통

4유형은 고통을 인식하고 온전히 통합하며 고통에서 벗어나는 데 어려움을 겪는다. 이미 엄청난 고통을 경험하고 있기에 이들은 '고통을 느낄' 필요가 없는 것처럼 보일 수 있다. 또한 고통을 마주하면 오히려 강해지고 회복력이 좋아지는 경향이 있는데 이는 다른 유형보다 고통의 감정에 더 편안함을 느끼기 때문이다. 하지만 4유형은 특정한 종류의 고통을 더 의식적으로 경험해야 하고, 생존 전략에 따라 무의식적으로 회피하는 다른 감정을 마주해야 한다. 이는 쉽지 않은데 4유형이 일부 고통에만 너무 집중하고 때로는 유달리 고통을 느끼는 유형으로 여겨지기 때문이다. 4유형이 고통을 과하게 느끼는 것은 사실이지만 이 모습이 전부는 아니다.

깨어나기 위해 4유형은 성장을 위해 다루어야만 하는 특정한 고통을 의식적으로 견뎌내어야 한다. 이들은 거짓 자아의 모습으로 살아가면서 같은 주제에 대한 고통을 무의식적이고 기계적이며 반복적으로 드러낸다. 그림자를 통합하기 위해 느껴야 하는 고통처럼 보이겠지만 사실은 아니다. 이들은 생존 전략으로써 우울함, 슬픔, 절망감과 여러 종류의 고통에 너무 오래 머물러 있을 수도 있다. 그러나 성장의 여정을 통해 온전해지기 위해서는 방어기제로써 고통 속에서 뒹구는 것인지 아니면 피하고 있는 고통에 직면하는 것인지 구별해야 한다.

4유형은 행복감, 버림받는 두려움, 상실이나 버려짐과 관련된 고통과 비통함을 느끼지 않기 위해 슬픔과 여러 감정에 얼마나 많이 탐닉하는지를 알아차려야 한다. 이들이 가장 피하고 싶은 깊은 고통은 어린 시절에 연결이 끊어졌던 경험을 떠올리게 하는 고통이다. 그 어떤 것보다도 상실을 또다시 경험하게 될까 두려워하며, 이로 인해 자신에 대해 좋게 느끼는 것이 어렵다. 행복하다는 것은 또다시 버려질 수 있기 때문이다. 사랑받을 만하다는 희망을 가지면 버림받음, 비통, 실망의 망상이 드러난다. 아이러니하게도, 스스로에 대해 좋게 생각하면 마치 추락할 것만 같은 느낌이 든다. 이를 방지하기 위해 미리 사람들을 밀어내는 것이 다시 버려지는 고통을 피하는 강력한 방법이 된다.

자신이 정말로 가치 있고 온전하다는 현실과 이에 관련한 느낌을 마주하는 것은 어려울 수 있다. 있는 모습 그대로 사랑받을 가능성에 대해 마음을 여는 것이 어렵다. 사랑받는다는 느낌이나 좋은 감정은 다시 무언가를 잃을 수 있는 것을 의미하기에, 기분이 좋아지는 것을 막기 위해 슬픔에 숨어버리는 것이 더 쉽다고 느낄 수 있다.

성장 여정을 계속하려면 4유형은 다음의 고통스러운 감정을 인내하는 법을 배워야 한다.

- ✓ 버려지는 것을 두려워한다. 진실하고 만족스러운 관계를 구축하기 위해 애쓰다 실패하고 실망할까 봐, 이해받고 인정받기를 바라지만 자신에게 뭔가 문제가 있어서 불가능하다는 것을 알게 될까 두렵다. 가장 두려워하는 것은 자신의 무가치함을 알게 되는 것이다.
- ✓ 버려질 수 있다는 두려움과 관련된 수치심이 있다. 자신의 근원적 결핍에 대한 잘못된 신념과 관련된 수치심이며, 이는 거짓 자아로 작용해 마주할 필요가 있는 더 깊은 고통에 다가가지 못하게 막고, 더 나아가 고통에서 구원받을 수 있다는 가능성까지도 차단해 버린다.

✓ 어린 시절 경험했던 연결의 단절과 관련된 슬픔을 작업하자. 슬픔은 이들을 중요한 감정의 표면적 상태로 도피시킨다. 마땅히 받아야 했고 그토록 원했던 사랑을 받지 못한다고 느꼈을 때의 슬픔이며, 버림받았다고 느꼈을 때 이들이 잃은 것의 비통함이다. 4유형은 원래 사랑의 대상인 '근원', 혹은 '원천'과의 분리로 인한 가장 깊은 수준의 슬픔에 접근할 필요가 있고 그 후에 이를 놓아주어야 한다.

✓ 자신에게 중요한 사람에게서 이해받지 못하고 거부되며 버려짐에 대한 고통이 있다. 이러한 고통의 가장 깊은 수준을 느껴야 하는데 4유형은 이를 피하려고 얕은 수준의 절망과 우울을 느끼는 데 머물 수 있다.

✓ 분노를 억누르거나 죄책감을 느끼거나 건강하지 못한 방식으로 표출한다. 적절한 분노는 자신을 보호하고 긍정적인 면을 받아들이는 데 도움이 된다. 하위유형에 따라 고통에 대한 방어로 분노에 지나치게 많이 머무를 수 있는데 분노 아래 있는 고통을 느껴야 한다.

✓ 슬픔, 비탄, 두려움과 수치심에 지나치게 집중하면서 행복감과 기쁨을 회피하는지 보자. 행복을 느낄 때 부족한 것을 찾지 말고 진정으로 이를 느끼고 받아들이며 껴안아야 한다.

자신을 축하할 누군가를 찾아 헤매는 것은 성공을 누리지 못하는 것이다.
- 베트 미들러

자신의 하위유형을 파악하면 맹점, 무의식적 경향, 숨겨진 상처를 다룰 때 구체적으로 접근할 수 있다. 각 하위유형의 특징적인 패턴과 경향은 다음 세 가지 본능 중 어느 것이 우세하게 작용하느냐에 따라 달라진다.

자기보존 4유형

이들은 고통을 표현하지 않고 내면의 감정을 느끼지만 다른 사람과 나누지는 않는다. 힘든 감정을 대할 때 금욕적이고 강하며, 사랑받기 위해서는 강인해지거나 행복하거나 혼자 고통을 견뎌내야 한다는 신념으로 지내기도 한다. 열심히 일하며 행동 지향적이다. 질투심을 항상 느끼는 것은 아니지만 자신의 가치를 증명하기 위해 일한다. 지나치게 감정적이라기보다는 자학적인 성향이 있으며 내적인 고난을 힘겹게 인내하면서도 이를 드러내지 않고 행복하거나 괜찮게 보이기도 한다. 자급자족하고 자율적이며 많은 수고가 뒤따름에도 세상의 고통을 덜어주려고 애쓴다.

사회적 4유형

고통에 머무르고 고통스러운 감정을 나누며 무척 예민할 수 있고 종종 슬퍼 보인다. 다른 하위유형에 비해 민감함과 우울함, 행복하지 않은 마음을 잘 드러낸다. 자주 다른 사람들과 비교하고 자신이 그들보다 열등하거나 가치 없다고 느끼는 감정적인 고통에 과하게 집착한다. 자신에게 뭔가 문제가 있다고 믿는데 반대의 증거가 있어도 믿지 않는다.

일대일 4유형

고통을 표출한다. 이해받지 못하거나 박탈감을 느낄 때 분노를 쉽게 드러내기에 종종 '화난 4유형'이라고 불린다. 고통, 수치심, 결핍감에 대한 방어로 분노를 드러내는 데 집중한다. 가장 경쟁적인 하위유형으로, 이들의 시기심은 경쟁으로 드러나며 특별함이나 우월함을 확인받기 위해 애를 쓴다. 다른 사람과 비교했을 때 매력적이고 특별하며 남다르다고 여겨지길 바라고 오만한 경향이 있다.

4유형의 하위유형별 그림자

하위유형의 특징적인 그림자를 안다면 그림자 작업을 효과적으로 할 수 있다. 다음은 각 하위유형의 그림자에 대한 설명이다. 하위유형별 행동은 매우 자동적이며 무의식으로 이루어지기에 이런 특성들을 파악하거나 수용하기가 가장 어렵다.

자기보존 4유형의 그림자

자학적인 경향이 있으며, 자기 자신에게 가혹하고 가벼움이나 연약함을 절대로 용납하지 않고 있음을 인식하지 못한다. 어린 시절 사람들이 자신의 고통에 귀 기울이길 원치 않았다는 메시지를 받아들여 자신을 증명하기 위해 조용히 고통을 감내한다. 피해자로 여겨지길 싫어하고, 어려움이나 아픔을 드러내거나 나누지 않으며 참아야 한다고 생각한다. 깊은 슬픔 속에서나 스트레스 상황일지라도 얼굴에는 미소를 띨 수 있으며 정신적, 신체적 고통을 인식하지도 못한 채 짊어지려는 경향이 있다. 이들은 고통을 다른 사람과 나누고 지지를 받을 수 있도록 마음을 여는 방식을 배워야 한다.

사회적 4유형의 그림자

사랑을 얻기 위해 고통을 느끼고 표현하는 것에 과하게 집착한다. 피해자라고 느끼는 데서 위안을 얻고 있으나 여기에서 벗어나는 작업을 해야만 한다. 고통스러운 감정에 지나치게 집중하여 행동을 취하지 못하고 현실적이지 못하며, 슬픔이나 실망감에 지나치게 집착하고 과하게 예민하다. 분노의 감정에 죄책감을 느끼기도 하는데 분노를 표현하는 법을 배우는 게 도움이 되며 삶에 행복을 허용할 필요가 있다. 자신이 열등하다고 믿음으로써 우월감이나 혹은 삶에서 좋은 것에 만족하지 않으려는 마음을 감춘다. 이들은 자신의 강점과 긍정적인 면을 받아들이려고 노력해야 한다.

일대일 4유형의 그림자

고통을 드러내어 고통스러운 감정을 회피하고 내면의 슬픔과 상처, 결핍의 경험을 인식하지 않으려 한다. 수치심과 결핍감을 느끼지 않기 위해, 사람들이 자신의 기대에 미치지 못한다는 것에 집중한다. 아마 자신이 '연기'하듯이 무의식적인 시기심을 경쟁심으로 드러내고 있음을 알지 못할 것이다. 즉 시기심을 경쟁이라는 형태로 표출하면서 경쟁 상대나 자신보다 우월하다고 여기는 사람에 대해 부정적인 감정을 품고 있는지 알아차리는 것이 중요하다. 이해받지 못하고 원하는 바를 얻지 못했을 때 무례하고 요구가 많아지기도 하는데 성장을 위해서는 자신의 분노를 조절하고 분노 이면의 고통을 마주하는 법을 배워야만 한다.

> 철학은 우리에게 타인의 불행을 차분하게 대하도록 가르친다.
> - 오스카 와일드

4유형의 역설

4유형의 역설은 격정인 '시기'와 미덕인 '평정심' 사이의 양극을 통해 경험된다. 평정심은 정서적 균형의 상태로 감정 기복을 넘어서고 모든 사람과 상황이 동등한 가치가 있음을 아는 것이다. 열등감을 느끼면서도 특별하며 독특한 존재가 되고 싶은 욕구를 인식할 때 4유형은 시기가 작동하는 방식을 이해하며 결핍의 고통에서 벗어날 수 있는 법을 배우게 된다. 평정심으로의 여정을 걸어가면서 내적인 평안을 느끼기 시작하고 감정 기복을 조절하는 능력이 생기며, 사람은 본질상 모두 귀하다는 진실을 수용하게 된다.

성장의 여정에서 시기를 의식하고 건강한 차원인 평정심에 접근하기 위해 취할 수 있는 행동은 다음과 같은 것들이 있다.

- ✓ 끊임없이 자신을 타인과 비교하여 평가하는 모습을 관찰하자. 비교에서 벗어나 현재 자신과 자기 삶에서 괜찮은 점에 감사를 느끼는 데 집중해 보자.
- ✓ 자신에 대해 과도하게 좋지 않게 여기고 타인에 대해서는 과하게 좋게 여기는 모습을 알아차리자. 모든 사람이 평등하다는 것을 받아들이고 늘 감정을 격화시키는 대신에 있는 그대로 편하게 느끼도록 하자.
- ✓ 다른 사람보다 못하다고 생각하는 부분에 긍휼한 마음을 갖자. 이는 불필요한 고통을 유발하는 잘못된 신념에 기반한 것임을 알고 안심하자.

✓ 때로 경쟁하여 자신이 우위에 있음을 확인하려는 모습을 알아차리자. 어떤 감정이 이러한 경향을 부추기는지 탐색하고, 가치 있음을 느끼기 위해 다른 사람보다 뛰어나야 할 필요가 없음을 깨달았을 때 느끼는 내적인 평화를 인정하자. 사람들의 진가를 인정하고 그들의 좋은 면이 자신을 열등하게 만든다고 여기지 말고 진심으로 긍정적으로 바라보자.

✓ 격한 감정은 평정심으로 인한 평화와 충만함을 경험하지 못하게 만들기에 감정이 격해지는 것을 피하자. 혹시 자신의 감정적 격렬함에 자부심을 느끼고 있지는 않은지 생각하고 이것이 어떤 방어적 목적이 있는지 자문해 보자.

✓ 좋은 점에 대한 열린 마음과 인정이 없다면, 좋은 점을 받아들일 수 없으면서 갈망하는 악순환에 휘말리게 된다. 자신이 원하는 것을 얻는 데 어떤 방어벽을 세우고 있는지 관찰하고 이를 넘어서기 위한 작업을 하자.

> 평정심을 기르기 위해서는 집착이나 부정으로 굳어지기 전에
> 끌림이나 혐오를 느끼는 순간을 알아차려야 한다.
> - 페마 외드론

화살을 사용한 4유형의 성장 경로

에니어그램 도형에서 4유형과 화살로 연결된 두 유형은 1유형과 2유형이다. 4유형은 1유형을 통합해 내면에 지나치게 집중하는 것을 내려놓고 몸에 기반을 두고 현실을 볼 수 있다. 또한 2유형의 역량을 발전시키면 다른 사람에게 집중하고 깊이 공감할 수 있게 된다.

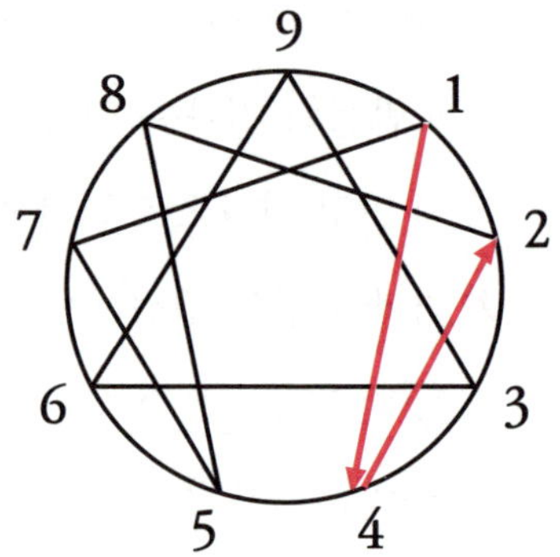

1유형의 강점을 받아들여 감정과 의미뿐 아니라 실제적인 행동에도 집중하도록 하자. 뭔가를 발전시키고 높은 수준의 결과물을 내기 위해 해야 하는 것에 관심을 두자. 구조화와 과정, 훈련에 관심을 가지고 창의적인 아이디어를 실행하기 위한 행동을 하자. 감정적 상태와 업무에 집중하는 것 사이에 균형을 잡자. 몸을 움직이면 움직일수록 오락가락하는 감정을 다스리는 데 도움이 됨을 기억하고, 운동하며 몸을 움직이자.

2유형을 통합해 자신에게 집중하는 것과 다른 사람에 대해 의도적으로 관심을 두는 것 사이에 균형을 잡자. 다른 사람의 필요와 자신에게 중요한 사람에게 어떻게 도움이 될 수 있을지에 관심을 기울이도록 하자. 이는 자기중심적인 경향과 내면을 최우선으로 하는 습관에 균형을 잡아줄 것이다. 외부세계에 집중하며 다른 사람의 이야기를 듣고 더 공감하며 서로를 이해하면서 관계를 발전시켜 나가도록 하자.

> 큰 고통이나 위대한 사랑에 의해, 혹은 이 두 가지 모두로 인해
> 자아의 껍데기가 깨진 사람에게 평정과 공감의 두 가지 미덕이 더 잘 나타난다.
> - 리처드 로어

건강한 차원 받아들이기

여정의 세 번째 단계에서, 4유형은 특별한 존재가 되려는 에고의 욕구를 기반으로 만들어왔던 거짓 정체성을 내려놓고 진정한 자아에 대해 인식하게 된다. 이들은 자신 안에 있는 좋은 면으로 인해 자신을 가치 있게 여기고 결핍이 없음을 보기 시작할 때 깨어난다. 또 자신 안에 필요한 모든 것을 갖고 있음을 깨달을 때, 뭔가 좋은 것은 닿을 수 없고 남의 떡이 더 커 보인다는 생각을 멈추게 된다. 시기와 버려지지 않으려는 욕구를 인식하게 될 때, 자신의 진실성과 섬세한 감정, 깊은 연결을 포기하지 않고도 행복할 수 있음을 알게 된다. 좋든 나쁘든 삶에서 만나는 모든 경험에 감사함으로 이들이 이전에 최우선으로 삼았던 내면의 감정적 격정을 넘어서는 평정심의 상태를 만들 수 있고, 가장 만족을 주는 삶의 의미는 지금 일어나는 일에 현존함에서 나온다는 것을 이해하게 된다.

건강한 상태에서 4유형은 갖지 못한 것과 거짓 이상에 다다르지 못하는 것에 집중하는 에고의 성향을 넘어서서 자신이 누구인지를 배워간다. 또한 자신을 증명하는 방식으로 계속 결점에 사로잡혀 있는 습관에서 벗어날 수 있게 된다. 자신이 어떤 사람이 될 수 있고 어떤 삶을 살아갈 수 있는지에 대한 기대를 사전에 최소화하는 단점을 볼 수 있다. 자신 안에는 문제가 없음을 깨닫고, 가치 있는 존재가 되기 위해 항상 이해받고 인정받으며 사랑받아야 할 필요가 없음을 알아차리기 시작한다.

4유형의 건강한 의식 상태는 통합과 평등, 훨씬 차분하고 안정된 분위기의 감정을 갖는다. 결핍과 특별함을 확인하려는 욕구를 넘어설 때 평화와 관대함으로 나아가며, 다른 사람의 이해와 지지를 얻으려는 노력을 멈추고 있는 그대로의 온전한 자신을 수용하게 된다.

이러한 건강한 상태에서, 4유형은 전에는 하지 못했던 일들을 할 수 있으며 성장을 위해 계속해서 노력할 수 있다.

- ✓ 결핍의 느낌에 집중하는 것을 멈추고 자신 안에는 부족함이 없다는 것을 받아들이자.
- ✓ 이미 충분하며 놓친 것이 없는 존재로 자신을 바라보자.
- ✓ 깊은 선함과 다시 연결되자.
- ✓ 자신의 모든 모습, 주변의 모든 것과 맞닿아 있을 때의 잔잔함과 평화의 순간에 감사하자.
- ✓ 타고난 격렬함에 균형과 안정을 위한 공간을 만들도록 허용하자.
- ✓ 현재 삶의 모든 것을 의심하지 말고 누리자.
- ✓ 자신을 다른 사람과 비교할 그 어떤 필요도 없음을 받아들이고, 모든 사람을 중요한 존재로 바라보자.
- ✓ 감정 지능과 다른 사람에 대한 공감 능력을 잃지 않으면서도 감정적으로 덜 예민해지자.
- ✓ 자신은 평범하고 행복한 사람임을 겸손히 받아들임으로써 얼마든지 사람들과 깊이 연결될 수 있음을 기억하자.

4유형의 미덕

평정심은 4유형의 미덕으로 격정인 시기의 해결책이 된다. 정서적으로 균형 잡힌 상태인 평정심은 감정 기복을 넘어서고 모든 사람과 느낌, 상황에 대해 동등한 가치를 볼 수 있게 한다. 또한 독특함으로 자신의 가치를 느끼려는 욕구를 넘어서서 성장하도록 돕는다. 어떤 특정한 감정에 과하게 사로잡히는 것을 멈추고 모든 감정은 내면의 진실을 반영한다는 점에서 동등한 가치를 갖고 있음을 알게 된다. 널뛰는 감정 상태에 지나치게 집중하는 것에서 벗어나 어떤 일이 일어나든, 누구와 함께 있든지 관계없이 놀라운 평화와 내적 고요함을 누린다.

자신과 타인에게 감사함을 느끼고 사람은 모두 귀하며 잠재력을 발휘할 수 있음을 알며, 각 사람은 유일무이하며 더 나은 사람도 없음을 인정한다. 자신과 다른 사람을 비교하는 마음이 사라지고 자신만의 기준으로 판단하지 않고 있는 모습 그대로를 바라보게 된다.

4유형이 미덕인 평정심으로 다가갈 때 다음을 경험하게 된다.

✓ 마음과 생각을 열고 자신의 모든 것을 받아들인다. 이미 자신에게 있는 것과 현재의 모습에 대해 편안해하고 감사하면서 가장 깊은 본성에 참여하게 된다.
✓ 평범하든 평범하지 않든, 모든 경험은 잠재적으로 어떤 의미가 있을 것이기에 이를 소중히 여기고 삶 전체에 균등하게 참여한다.
✓ 자신과 다른 사람에게 내재된 선함과 자신을 연결하는 마음을 수용한다.
✓ 외부의 자극에 지나치게 부정적인 영향을 받지 않고 모든 것에 필요한 만큼의 에너지를 사용하여 반응하면서 감정의 내적 균형을 이룬다.
✓ 스트레스 상황에서도 자신과 타인에 대한 균형 잡힌 시각을 유지하며 이러한 정서적 균형으로 주변 환경과 조화를 이룬다.
✓ 자신을 다른 사람과 비교하지 않고 삶을 있는 그대로 받아들이는 습관을 갖는다.
✓ 삶에 대한 넓은 관점을 가진다. 오고 가는 감정과 경험을 넘어서서 모든 것이 균형 잡힌 조화를 이루는 것을 볼 수 있게 된다.
✓ 변화하는 환경에서도 내적인 평안으로 인해 온전히 현존할 수 있는 마음의 넉넉한 고요함을 갖는다.
✓ 자기 자신과 경험에서 떠나려고 하지 않고 자신에게 더 좋은 것을 받아들인다.

4유형이 참 자아를 받아들일 때의 핵심은 매사 부정적이고 자신에게 없는 것에 집중하던 시선을 거두고 긍정적으로 현재를 바라보게 하는 것이다. 에고는 우리가 충분하지 않으며 더 많이 가져야 하고 전혀 완벽하지 않으며 독자적인 기준을 충족시키지 못한다고 말하기에 이는 분명 어렵다. 하지만 4유형은 자신의 성격 패턴과 그 패턴에 사로잡히는 방식을 인식해야만 이상화된 과거 혹은 미래로 도망치려는 자기 파괴적인 습관을 넘어설 수 있다. 사실, 우리가 경험할 수 있는 유일한 순간은 현재이다. 4유형이 현존하면 할수록 진정한 자아에 다가가며 현재 모습 그대로 모두 괜찮음을 알게 된다.

원하는 것을 가질 수 없다고 믿기에 정말로 원하는 것에서 멀어지게 만드는 모습을 보기 시작할 때, 자신이 누구인지를 넓은 관점으로 보게 되고 이를 감사함으로 받아들인다. 결핍에 대한 신념을 유지하려는 에고의 습관은 이들을 잠자는 상태에 있게 한다. 하지만 거짓된 가정을 넘어서기 위해 작업할 때, 이들은 내면의 평화를 물씬 풍기며 사람들에게 받아들여지고 기쁨을 내뿜는다. 또한 모든 감정적 경험을 인정하면서도 그 어떤 것에 의해서도 평정심을 잃지 않는다. 자신이 무가치하다는 신념을 내려놓으면 아무것도 부족한 것이 없음을 알게 되고 만족을 누리게 된다. 4유형의 본성인 평화와 기쁨, 평온함을 향해 문을 여는 것이다.

성장의 여정은 쉽지 않다. 자신은 뭔가 부족하다는 믿음이 거짓 자아의 핵심인 부정적인 자아상을 확고하게 만들어 변화를 위한 도전을 하기가 어렵기 때문이다. 이 거짓말을 간파하기 시작할 때 필요한 것은 진정한 자아이며 자신은 이미 더없이 충분하다는 것을 깨닫는다. 비교에서 벗어날 때까지는 모든 것이 우월하냐, 열등하냐의 관점으로 평가하는 제한된 시각에 갇혀있지만, 이 좁은 관점을 넘어서서 보는 법을 배우면 자신과 다른 사람에 대해 훨씬 넓으면서도 정확한 시각을 갖는다.

버려짐으로부터 자신을 보호하기 위해 미리 자신을 부정하는 방어적인 태도를 용감하게 내던질 때, 4유형은 '긍정적인 그림자'를 통합하여 진정한 선함을 인정하고 있는 모습 그대로의 자신을 수용하게 된다. 이로 인해 결함이 있는 존재라는 인식에서 나와서, 뭔가 부족하다고 느끼는 것은 안전하게 느껴질지라도 허상임을, 상처받을 것에 대한 두려움에 기인한 환상임을 다시금 깨닫는다. 성장의 여정을 통해 4유형은 자신이 본질상 온전한 존재임을 받아들이고 시기에서 평정심으로의 여정을 같이 걸어가는 사람들을 지지하는 데에 특별한 은사를 발휘하게 된다.

결론

에니어그램 체계는 고대 지혜의 전통에 뿌리를 두고 그 가르침은 인간의 변화에 대한 가능성을 보여준다. 그 지식은 내면 작업을 통해 건강한 의식 수준의 상태에 도달할 수 있도록 도와준다.

그러나 에니어그램에 의한 변화의 과정은 이 책에 제시된 세 단계의 성장 여정으로 끝나지 않는다. 저자로서 독자들이 이 책을 다 읽은 후에도 계속해서 성장의 여정으로 가는 동기부여를 받을 수 있도록 다음을 제안한다.

- 전문가의 도움을 받자. 자신이 좋아하고 신뢰하는 전문가와의 코칭은 인생을 바꿀 수 있다.
- 여정을 함께 걸어갈 수 있는 친구들을 찾자. 자신을 지지해주고 생각을 공유할 수 있는 공동체와 배운 것들을 나누자.
- 연구하자. 효과적인 방식으로 성장할 수 있도록 신뢰할 만한 정보를 의지하자.

- 자기비판을 하지 말자. 경험한 실수로부터 배우고 일어나서 여정을 향해 나아가야 한다. 자기비판은 계발의 여정에서 앞으로 나아갈 힘을 멈추게 하며 아무런 건설적인 작용을 하지 못한다. 자신과 사람들을 연민의 눈으로 바라보자.

내면 작업을 계속하다 보면 진정한 순례자에게 찾아오는 평안과 기쁨을 경험하게 될 것이다. 그 여정이 도전적일 수 있지만, 궁극적인 목적지에 도달하기 위한 회복력을 키워 줄 기회이다.

자기 계발은 에고를 넘어서는 것이기에 '에고를 강화하는' 함정에 빠지지 말자. 영성에 관심이 있다면 심리적 측면의 성장을 간과하지 말고, 심리적으로 접근하려 한다면 영적인 측면을 무시하지 말아야 한다. 영성을 고려하지 않은 심리학은 한계가 있으며 심리적 내면 작업이 없는 영성은 위험하다.

우리는 독자들이 에니어그램의 도움으로 최고의 잠재력을 실현하며, 에니어그램이 제공하는 통찰력으로 변화하고 성장 여정의 매 단계로부터 배울 수 있기를 바란다. 마지막으로, 참 자아로 깨어나는 우리 각자의 이야기가 다른 사람들도 그들의 여정에 오르도록 영감을 줄 수 있기를 바란다.

저자와 역자

저자

2002년부터 친구이자 동료로 지내온 비어트리스와 우라니오는 2004년부터 2009년까지 국제 에니어그램 협회에서 이사를 역임하였고 차례로 협회장직을 맡았습니다. 2018년 설립한 Chestnut-Paes 에니어그램 아카데미에서는 의식 수준의 향상을 위한 내면 작업에 에니어그램을 활용하고 있으며 세계적으로 에니어그램 이론 및 활용 분야에서 선구적인 활동을 하는 리더들을 지도하고 있습니다. 이들은 주로 자기 계발 강좌 및 내면 작업을 위한 피정을 인도하여 사람들이 내적 변화를 경험할 수 있도록 도우며, 코치, 치료사, 상담사와 리더들이 에니어그램을 능숙하고 효율적이며 윤리적으로 활용하도록 돕는 전문 워크숍을 열고 있습니다.

역자

한국에서 비어트리스 체스넛 박사님이 하위유형으로 처음 워크숍을 진행했을 때, 제가 통역을 했습니다. 그것이 인연이 되어서 박사님의 책인 〈완전한 에니어그램〉을 번역했고 이탈리아에서 진행하는 워크숍도 참석했습니다. 이번에 박사님의 새로운 책을 번역할 수 있어서 의미 있었고 하나님께 감사합니다. 박사님이 지도하시는 하위유형을 제대로 배운 후에 에니어그램을 보는 시각에 변화가 생겨서 지금까지 즐겁게 강의하고 있습니다. 이 책이 나올 수 있도록 수고해 주신 번역자분들, 추천사를 써 주신 선생님들, 교정을 봐주신 '라파 에니어그램' 강사님들, 책을 만들어 주신 연경문화사 대표님과 신지항님께 진심으로 감사합니다. 이 책을 읽는 독자분들이 내면 작업을 통해 건강한 선택을 할 수 있기를 소망합니다.

– **한병복** 라파 에니어그램 대표

10년 전 에니어그램을 처음 접했을 때 나라는 사람을 설명해주는 그 명쾌함에 설렘을 느꼈던 기억이 납니다. 호기심 가득, 열정으로 먼 길을 마다하지 않고 에니어그램을 배우러 다녔던 기억도 생생합니다. 이번 번역 작업은 에니어그램을 알기 전의 내 모습과 배울 때의 즐거움, 그리고 본성을 넘어서기 위한 씨름과 그 과정에서 마주할 수밖에 없었던 나의 어둠까지, 에니어그램과 함께했던 10여 년의 시간을 마주하는 시간이었습니다. 번역을 마치며 무엇보다 이 책에서 말하는 '깨어났을 때의 모습'에 어느덧 가까워져 있는 나 자신을 발견하고 감사했습니다. 그리고 나를 아는 데서 그치지 않고 하나님 안에서 진정한 본성이 드러나도록 변화해가고 평안에 이르도록 그 과정을 친절하게 안내하는 이 책을 번역할 수 있어서 참으로 감사했습니다.

– 박지애 심천한국국제학교 교사

교사로서 무엇을 어떻게 해야 하는가에 대한 본질적인 해답을 찾던 중에 에니어그램을 만났습니다. 에니어그램은 '나'를 아는 것이 그 출발점임을 가르쳐 주었으며, 나 자신과 제대로 된 만남을 통해 자유와 기쁨을 느끼게 해주었습니다. 그러나 나를 더 깊이 알아가는 과정에서 '성격'이라는 방식으로 반응했던 익숙하고 자동적인 생각과 행동들이 나를 한계짓고 사람들을 불편하게 하고 있었다는 사실을 깨닫게 되었습니다. 에니어그램으로 내면 작업을 하면서 나와 내 성격을 분리해서 보게 되고 진정으로 깨어 살아가는 삶이 어떤 것인지 경험할 수 있었습니다. 각 유형이 갇혀있던 성격으로부터 깨어나는 과정을 잘 안내해 주는 이 책을 통해 독자들도 이 과정을 함께 하며 참된 자아를 발견하고 진정으로 자신이 가진 빛을 발하는 삶을 살아가기를 바랍니다.

사랑과 격려로 길을 잃지 않게 도와주는 한병복 코치님과 힘이 되어주는 라파 에니어그램 공동체에 진심으로 감사하며, 이 여정으로 인도해주신 하나님께 감사드립니다.

– 이성심 서울월곡초등학교 교사

에니어그램을 만나 내 성격을 알게 되었습니다. 나를 직면한다는 것은 아프지만 의미 있는 일이었고, 제대로 보고 한 걸음씩 성장하고 싶었습니다. 배운 만큼 애쓰며 발버둥 치지만 마음처럼 되지 않는 날들을 보내던 즈음, 책을 번역하는 기회를 얻게 되었습니다. 이 책은 각 장의 첫 부분에 해당하는 예화부터 저의 눈을 사로잡았습니다. 태초에 선물 받은 나의 능력은 무엇이며 얼마나 자유롭고 멋진 모습인지 섬세하게 보여주었습니다. 잘 해내고 싶어 노력할수록 더 힘들어지고 말았던 것은 그 모습을 잊은 채 여전히 성격에 사로잡혀 잠든 상태로 살아가기 때문임도 깨닫게 해 주었습니다. 자기 이해는 성장을 위한 첫걸음일 뿐, 한 발짝 한 발짝 걸어 나가기 위해서는 의지와 실천과 은혜가 있어야 한다고 합니다. 이 책은 자신을 직면하고 아픈 마음을 안은 채 이제는 깨어나 충만한 삶을 누리고자 하는 간절한 의지를 가진 분께 실천을 위한 든든한 안내자가 되어줄 것입니다. 끝없는 성장의 여정에서, 깨어나면 깨어날수록 우리는 본연의 자연스러운 힘으로 건강하고 충만한 삶을 누릴 수 있을 것임을 믿습니다. 이 여정을 시작할 수 있도록 도와주신 한병복 코치님께 깊은 감사를 드립니다.

- 권현숙 충주공업고등학교 교사

에니어그램을 만나기 전에 사람은 마음먹기에 따라 자신을 바꾸고 고쳐 자신이 되고 싶은 사람이 될 수 있다고 생각했습니다. 책을 읽고 새로운 사람들을 만나며 부딪히고 도전함으로써 나의 의지대로 '나'라는 사람을 만들어가고자 했는데, 노력하면 노력할수록 나의 결함만 더 크게 보였습니다. 하지만 에니어그램은 내가 원래 이런 성격이고, 그래도 괜찮다고 말해주었습니다. 또한 사람들을 각자의 재능과 특징을 가진 존재로 보며, 완벽하지 않지만 나도 괜찮고, 어떤 사람도 괜찮다고 매 순간 느끼게 해주었습니다. 관점이 변화하자, 내게 주어진 유한한 시간을 어떻게 하면 가장 즐겁게 잘할 수 있는 일을 하며 살 수 있을지 한층 더 진실하게 물을 수 있게 되었습니다. 이 책을 읽는 독자분이 자신을 아는 기쁨과 더 넓어진 시야를 통해 얻게 되는 자유를 경험하게 되기를 기대합니다.

- 노신애